JN246502

「日本人」は
変化しているのか

価値観・ソーシャルネットワーク・民主主義

池田謙一 ［編著］

勁草書房

目　次

3つの大規模国際比較調査データを柱とした現代日本社会の分析

池田謙一

　「日本が加わった国際比較調査」と耳にすると，読者の方々はどんなことを知りたいと思われるだろうか。日本人は世界の中でどんな位置や立場にいるか，どんな考え方をしているのか，さまざまな問いが思い浮かぶだろう。本書はそのような問いに対して専門家による分析で答えようとする。日本で実施された調査4つが全て全国調査であるだけでなく，国際比較の対象となった多数の国々でも行われた全国調査を積み重ねた膨大なデータの比較の中で，日本や日本人に対する多角的な位置づけや意味づけを検討しようとする。

　また，本書は現代日本社会のトレンドにも関心を向けている。ここで行われた調査の背景となる2010年から2013年の日本社会のトレンドは，国内的には東日本大震災の前後を挟むとともに，民主党から自民党への政権交代が行われた時期にあたる。対外的には近隣の韓国や中国，ロシアとの間で大きな摩擦が生じていた時期でもあり，日本人の心理や環境も大きな節目を迎えていた。したがって日本だけを取り上げても，日本人がこの時期にどう変化したのか，あるいは日本人はこうだと思っていたのが現在は違うのか，強い関心が持たれる時期でもある。

　これら国際比較というヨコ糸と国内のトレンドないし歴史的な位置というタテ糸の中で，本書では次のような問いを投げかけ，答えようとしている。もちろん各章の問いかけは着実でより洗練されているが，この本の導入として全9章を短く単純化してしまうと，

- 1章：社会の豊かさと人々の価値観はどう関連しているのか。日本人はど

うなのか
- 2章：日本人が持つ東アジア的な文化的・ネットワーク的特徴は民主主義にプラスなのか
- 3章：「日本人的な価値観」は存在するのか，どのような人がそれを持つのか
- 4章：現代日本でも，職業や性別によって人々が持つネットワークに格差はあるのか
- 5章：インターネットの発展は，日本ではマスメディアを越えたのか
- 6章：大震災を経て，日本社会の心理的ムードは，政治にどのような影響を与えたのか
- 7章：日本人の投票以外の政治参加は，どのような価値観と関連しているのか
- 8章：世界的にポピュリズムが高まる中で，日本の民主主義は支持されているのか
- 9章：上昇傾向を見せる日本のナショナリズムの背景にあるものは何か

この本の中ではこのような問いを解こうとしている。

0.1　本書が基づく「WASC」データ

　この本は，2009年度から5年間にわたり研究を重ねた日本学術振興会科学研究費補助金・基盤研究（S）の成果に基づいている。それは，「国際比較のための価値・信頼・政治参加・民主主義指標の日本データ取得とその解析研究」（課題番号21223001。英文題名：Comparative research project on values, trust, participation and democracy in Japan）と題されて，全国面接調査を同一対象者に対して4回実施する，いわゆるパネル調査を核としていた。異なる国際比較調査を同一の対象者に対して実施することは世界的にもまれであるが，この研究は2つの目的を持って行った。

0.2 「WASC データ」の目的

　第1の目的は，世界規模レベル，アジア規模レベルの3つの国際比較データを，同一対象者をターゲットとしたパネル調査を通じて5年の間に順次取得し，この面での日本の貢献を果たすのみならず，他国では実現していない主要比較調査間の関連性を解析することであった。ここで対象とした調査は，世界価値観調査（WVS：World Values Survey），アジアンバロメータ調査（ABS：Asian Barometer Survey），選挙制度の効果の国際比較調査（CSES：Comparative Study of Electoral Systems）の3つである。

　第2に，これら3つの調査を補完する形で，近年発展のめざましいソーシャルネットワーク調査をパネル調査に加え，合わせて4回の調査として，制度，文化，価値・ライフスタイル，信頼，ソーシャルネットワーク，社会・政治参加，民主主義に関するデータを複合的に取得し，日本人の社会・政治的な行動・信念の広角的な構図を明らかにすることを目的とした。

　このような目的を設定したのは，わが国の社会科学の現状として，世界の中で可視的かつ利用可能・比較可能な形になっている，日本人の代表性あるサンプルに基づく社会調査データが不十分にしか存在していないという問題があり，この状況を改善する基盤となるデータを取得し，広く利用していただきたいと願うからである。

　世界の中では，社会調査データによる国際比較はアーモンドとバーバの『現代市民の政治文化』（Almond & Verba, 1963）研究を嚆矢として半世紀を超える歴史を持ち，今では GDP などと同様の形で，世界規模の指標・データを取得する動きとなり活発化している。このような国際比較の試みは，人々の行動や思考の背後にある，制度や文化のもたらす制約性を明らかにするとともに，そうした制約を越えて共通してみられる人間行動・信念の特徴と法則性の解明を可能にする。本研究が対象とする3調査はそうした流れを汲み，それぞれ共通の調査項目を用いた全国調査による国際比較研究を複数回行っており（WVS は第6回目，ABS は第3回目，CSES は第4回目の比較調査の実施に対応している），その規模も大きい。また例外なく個票データが公開されており，さらに参加各

国の制度と意識・行動との関連性をマクロ－マイクロな相互作用の視点から分析する補助データをも提供し，社会科学の進歩に大いに貢献するものである。

　本研究は，こうした国際比較への貢献をさらに日本のデータという視点から一歩進めようとするものだった。ポイントは2つある。

　第1の貢献は日本データの特異性からくる。日本は非西欧国家の中で60年以上に渡る民主主義の経験を持つ。また同様に経済・社会発展の視点からも非西欧型のモデルケースの一つである。さらに価値の視点からは，独自の文化を形成してきたことは広く論じられている。したがって，西欧で形成された社会・政治参加，民主主義や価値の理論が日本に適用可能かどうかを検討することは，それら理論の通文化性，一般化可能性に関する重要なリトマス試験紙となることを意味する。たとえば日本人の持つ東アジア的な価値がいかなる次元を持ち，またリベラル・デモクラシーに対して抑制的に働くのか支持的に働くのかといった，『文明の衝突』論（Huntington, 1996）で提起された価値の問題を日本を含めて緻密に検討できることにも大きな貢献が期待される。またアジア各国との比較において，日本の民主主義や社会・政治参加経験あるいは社会関係資本（social capital）の構造が，多様な文化的要素を持つアジアの中でも広く当てはまるかどうか，マイクロデータによる比較分析の対象として重要である。こうした観点から，国際比較データセットに日本のデータを含めることは世界的な要請でもある。まして，OECD の公式データにしばしば見られるような，比較データの中から日本のデータが欠けている，というような事態は克服しなければならない。「ジャパン・バッシンク」や「ジャパン・パッシング」どころか，世界のデータの中で「ジャパン・ミッシング」があってはならないはずながら，生じ続けている事態に終止符を打つべきであろう。

　第2のポイントとして，3つの調査の日本データを同時取得することによる貢献が可能である。3調査はその主眼が互いに異なりながらも，いずれも多様化し激変する社会の中で人々の社会との関わり方を系統的に検討するプロジェクトである。同じ対象者にこれら3調査の面接調査を実施することは，意義の高い相補的な研究を可能とする。ABS はアジア的価値と民主化のデータである。一方，それが世界の価値マップの中でどのように位置するかは必ずしも明らかではなく，WVS データは逆に広い範囲の文化やライフスタイル・生活行

動をカバーするあまりにアジア的価値の位置づけを詰め切れない。CSES は選挙制度と政治行動の連関を解く上で欠かせないデータであるが，政治行動と価値の関連性を念入りに検討することはできない。さらに，ABS では政治参加・選択と制度に関わるデータが十分になく，CSES では民主主義観や政治的信念・行動に関わるデータが十分にない。だが三者をうまく組み合わせれば，次のような検討が可能になる。WVS と ABS の組み合わせは産業的／脱産業的価値とアジア的価値（集団主義，リスク回避志向，長期志向，上下関係への志向性等）との関連性が，WVS と CSES の組み合わせによって日本の政治的制約下での産業的／脱産業的価値，社会的価値・態度と政治参加の多元的な様相との関連性が，ABS と CSES との組み合わせにより民主主義への支持的価値・態度，アジア的価値・態度と政治参加との重層的分析が可能になる。さらにソーシャルネットワークデータを取得することで，人々の価値・態度・行動や信頼の構造がいかに社会のネットワークの構造の中に埋め込まれ，制約されているかを明らかにしうる。こうして個のレベル，ネットワークというメゾレベル，制度や文化というマクロなレベルでの総合的な構図を浮かび上がらせることができるはずである。

　WVS と ABS と CSES の 3 調査を同時に取得したデータは世界でここにしかない。後に触れるように回答の重なりには問題もあり，ここで意欲を示したような相補的な研究には支障もあり，工夫が必要である。実際，それが本書の中でどこまで実質的に分析し得たかは，今後に多くの課題を残した感もあるが，データの全体は日本語，英語で公開されており，我こそはという内外の人々に上記の問題意識を解くチャレンジングな試みは開放されている。

　調査は WVS，ABS，ソーシャルネットワーク調査，CSES の順に実施されたので，それぞれの頭文字をとって，本研究プロジェクトは「WASC」（ワスク）と名付けられた。また，調査の年次の順にそれぞれの調査を 2010WVS 調査，2011ABS 調査，2012SN 調査，2013CSES 調査と略記する。日本データの公開先は「東京大学社会科学研究所附属社会調査・データアーカイブ研究センター SSJ データアーカイブ」（http://csrda.iss.u-tokyo.ac.jp/）の調査番号 SSJDA 0995 であり，「国際比較のための価値・信頼・政治参加・民主主義指標に関する 4 波のパネル調査の日本データ」として公開されている。

0.3　各国際比較プロジェクトの特色

　3つの比較調査プロジェクトにはそれぞれ国際委員会があり，どこでも各回の調査（各波の調査，ともいう）ごとにプロジェクトの基本コンセプトを念頭に置いた上で毎回の継続調査項目の選択と新たな研究テーマの設定・調査項目の作成を数年かけて行った。そうして完成された共通の調査票を用いて（言語は各国の公用語によって），参加各国で全国調査を実施するのである。日本チームもその中で，それぞれの委員会にコミットしている。

　各プロジェクトの特色はどんなものだろうか。

　WVS 世界価値観調査は，1981 年の開始以来日本では電通総研が主導権をとって実施してきたが，第6波の 2010 年データは本研究の中で面接パネル調査に組み込んで実施された。この調査は，ミシガン大学のイングルハート教授の『静かなる革命』(1977)，『カルチャーシフトと政治変動』(1990) 等によって世界的に知られる調査で，第1章の表1（谷口・栃原）に見るように大規模な調査を繰り返してきている。現在は 60 ヶ国以上が参加する最大規模の比較調査である。人々の日頃の行動の根底にある価値観を多角的に検討するのみならず，それが社会生活のさまざまな側面，たとえば，しつけや教育，宗教，家族やライフスタイル，職業生活，経済行動や政治行動，犯罪や倫理観に至るまでの広範囲な側面で人々の考え方と意識や行動を調査してきた。こうして異なる文明世界の比較データを取得することで，世界的な広がりを持つ価値マップを取得し，文明の共生の可能性を追求する基礎データとなり得ている。次のインターネット上のサイト（英語）ではこの世界価値観調査の全貌の紹介がなされ，全公開データが置かれている。http://www.worldvaluessurvey.org/wvs.jsp

　今回の世界価値観調査の 57 カ国の国際比較分析は，既に本書の姉妹書として 2016 年夏に『日本人の考え方　世界の人の考え方：世界価値観調査から見えるもの』と題されて，同一の出版社である勁草書房から出版されている。そこには世界のさまざまな価値・意見・行動の比較と，日本人がその中でどのように位置づけられるかが明らかにされている。本書と並んで同書をごらんいただきたい。

　ABS アジアンバロメータ調査は 2008 年にその第 1 回目の研究書がコロンビア大学出版局から『東アジアの人々は民主主義をどうとらえているか』(*How East Asians View Democracy*) と題されて出版され (Chu, et al., 2008)，その後も定期的に比較データが取得され，参加国もはじめの 8 カ国から今回の第 3 波調査では東アジア・東南アジアの 13 カ国，後の第 4 波調査 (2015-16 年) ではミャンマーまで含めた 14 カ国となっている。この研究はアジアンバロメータという名称から推測されるように，アジア，とくに東アジアと東南アジアにおける経済発展と民主化の様相を総覧し，またそれを価値観や社会意識・政治意識との関連性においてとらえることを目的としている。次のインターネット上のサイト (英語・中国語) にはこの調査の全貌の紹介がなされ，全公開データ利用の申請窓口が置かれている。http://www.asianbarometer.org/ (なお類似名の「アジアバロメータ」は異なる調査研究なので注意)。

　ABS はまた，グローバル・バロメータ (GBS) 研究プロジェクトの一貫として研究が進められている。ヨーロッパ中心のユーロバロメータ(Euro-barometer, 28 ヶ国)，ラテンアメリカのラティノバロメータ (Latino-barometer, 18 ヶ国)，アフリカのアフロバロメータ (Afro-barometer, 15 ヶ国) と合わせて，70 カ国以上の比較データを取得することで，民主化や民主主義の変容が何をもたらすか，文化に関わる意識や社会関係資本とどのように関連しているか，そうした問いに答えうるデータを，全国の代表性あるサンプルを用いて分析できる機会を提供している。

　CSES「選挙制度の効果の国際比較調査」は ABS よりやや早い 1996 年にスタートしている。2008 年には選挙研究の専門誌 *Electoral Studies* で特集が組まれ，また何冊かの英文の出版物を生み出し，多数の専門論文を生み出している。インターネット上のサイト，http://www.cses.org/ から登録によって全データをダウンロード可能である。本書のデータが対応している CSES 第 4 波のデータには 36 ヶ国 38 国政選挙のデータが含まれている。

　CSES という比較調査の目的は，投票を中心とした政治参加を規定する政治制度や情報環境のあり方と人々の政治意識・政治的選択肢の認識・政治行動との間にいかなる関連性があり，それが民主主義の支持，政治的効力感の向上，政治参加の洗練と上昇にいかに結びつくかを検討することにある。この研究の

文脈では，選挙制度を含む政治制度のマクロな要因がもたらす，人々の政治参加への影響力にも大きな関心があり，CSES の訳語として「選挙制度の差異がもたらす効果の国際比較研究」と訳せるように，提供データとして，今回の分析の対象とした調査データのみならず，当該国の選挙結果データ，政治制度データが詳細に盛り込まれ，制度そのものが与えるインパクトを国際的な制度比較と制度ごとの差異の分析を通じて十分に検討することができる。

0.4　調査の仕様

　パネル調査の各年の調査の仕様，主要質問項目，基本的知見は次の通りである。

－世界価値観調査第 6 波日本調査（2010WVS 調査）
　(1) 調査地域と対象：日本全国とし 18 歳－79 歳の一般男女
　(2) 標本抽出法：層化二段無作為抽出法
　(3) 標本台帳：20 歳以上は選挙人名簿
　　　　　　　　20 歳未満，および不可能なケースでは住民基本台帳で代替した
　(4) 標本数：4,500s（人）（新規対象 4,500s。うち予備 450s。最終アタック数は4,252s）
　(5) 有効回収数：2,443s。回収率（最終アタック数に対して）：57.5%。
　(6) 調査方法：訪問面接法・留置法併用
　調査実施の委託機関は(株)日本リサーチセンターであり，以後の全ての調査も同社によった。
・主たる質問内容
　・性別，年齢，学歴，職歴など仕事に関する項目，個人と世帯の収入関連項目
　・生活満足感，家庭や家族に対する価値意識，ライフスタイル
　・人生観，仕事観，人間観，宗教観
　・社会に対する意識（社会的分配，環境保護，治安，他者信頼，寛容性，高齢化，科学技術，マスメディア等）

- 政治意識（政治関心，政治的立場，政治制度信頼，政党・内閣支持，民主主義の認識）
- 国家と社会への意識（自国民としての誇り，戦争に対する意識，国際社会に関する意識）
- 物質主義的／脱物質主義的価値観

この調査データの先行公開可能な部分は，2012年7月よりiPad搭載の統計ソフトウェアアプリ CoCoMarketing の提供データとして組み込まれ，SSJデータアーカイブとは別に一般公開され，現在も広く社会的に利用されている。

- 基本的知見：日本人の政治への関心はかつてないほど高まっており，国民の安心な暮らしの実現における国の役割に対する期待が高い。その一方で，政治に対して感ずる効力感は低下し政治との乖離感は高く，政治参加も低下し，全体として国への依存度が上がっている。政府に対しては，財政規律を求めつつ，福祉など行政による再配分機能の充実をもあくまで求める厳しい要求を多くの人が突きつけており，行政の充実を求める傾向は2000年からの10年間で増大している。他方，個人の立場からは，競争と平等の両立に対する強い矛盾した見解を持つ人々が多数存在している。「収入はもっと平等にすべきか」で「平等」側の回答が2005年より24％もアップし，過去最大となり，格差社会を強く意識する一方で，競争の望ましさも強調し，競争しつつも共生していくことを望んでいる。そして，社会への参加を強調する脱物質主義的価値観は後退，明確に物質主義的・経済目標を強調するように変化が進んでおり，長引く不況も後押しして心の豊かさ志向がやや後退し，物質志向への揺り戻しが見られる。

－アジアンバロメータ第3波日本調査（2011ABS調査）

(1) 調査地域と対象：日本全国の20-89歳の一般男女とし，80代は割当で調査対象とした

（80代を割り当てとする理由は，独居世帯の調査に問題があるからである）

(2) 標本抽出法：層化二段無作為抽出法により前年の世界価値観調査と揃えた

(3) 標本台帳：選挙人名簿（不可能なケースでは住民基本台帳で代替）

(4) 標本数5,407s（新規対象4,500s，前年度継続907sで，最終アタック数は

5,336s）

(5) 有効回収数：1880s, 回収率（最終アタック数に対して）：35.2%[1]

(6) 調査方法：訪問面接法・留置法併用

- 主たる質問内容
  - 民主主義や民主化への賛否・支持。他の体制との比較優位性認知
  - 制度信頼（議会, 政党, 裁判所, 中央官庁, 地方政府, マスメディア等）
  - 政治参加, 社会参加
  - 政治関心・政党支持・イデオロギー
  - 経済評価（個人の経済状況, 社会の経済状況認知）
  - アジア的価値（政治や社会倫理, 社会関係に関する項目群）
  - 宗教的信念と宗教関連プラクティス
  - 日本独自項目の設定：東日本大震災後, 福島第一原子力発電所事故後の日本の状況を踏まえた項目群として, 震災や原発事故を踏まえた社会参加の度合い, 政権担当者に対する有責帰属の認識
- 基本的知見：全体としては, 2003年の第1回調査から今回の3回目の調査まで, 日本人の有する政治や行政への制度信頼の低さや民主主義への高い評価が安定しているのは, この間の政権交代, 経済変動, 東日本大震災の経験を踏まえれば驚くべきところである。一方, 大震災の経験を経て対人的信頼や他者への寛容性は増大し, さらに私的な対人的状況でのアジア的価値の強化につながる可能性が見える。だが, 公的なアジア的価値（例：政治的パターナリズム）に対するコミットメントのなさは日本データでは引き続き顕著であった。政治参加など社会への関与に関しては回復傾向にあり, 民主主義の持つ力に対する信頼も増大する傾向が見てとれた。

－ソーシャルネットワーク調査（2012SN調査）

(1) 調査地域と対象：WVS, ABSにおいて調査協力の承諾を得たパネルサンプル

1　2011ABS調査の回収率は低く, 調査期間を1ヶ月程度延長したが新規対象者の回答率を大幅に引き上げることは難しかった。調査年の3月に発生した東日本大震災後の社会的な状況の影響であるのか, 解釈は難しい（調査の実査は11-12月）。ただし訪問面接と留め置き調査を併用するほど長大な調査票であったにも関わらずデータの質は高かった。

(2) 標本抽出：新規の標本抽出なし（予算の制約による）

(3) 標本数：1,526s（内訳：2010 年からの継続パネル 511s，2011 年からの継続パネル 907s，2010 年協力意向者で 2011 年は非回収のパネル 108s）

(4) 有効回収数 1,127s，回収率 73.9%

(5) 調査方法：訪問面接法

- 主たる質問内容
  - 一般的信頼・互酬性などの信念
  - 日常的コミュニケーションの中での重要他者・政治会話他者・仕事関連の会話他者等のネットワークについて，ソーシャルネットワーク質問セット（ネームジェネレータによる質問バッテリ）
  - 社会関係のタテの多様性を測定するポジションジェネレータ指標
  - ヨコのネットワーク開放性指標
  - パースペクティブテイキング指標
  - 社会的・政治的寛容性の尺度

- 基本的知見：人々が持つソーシャルネットワークについて，ネットワーク上の他者との階層的関係や社会的・政治的同質性，共行動等を含むデータから見えるのは，第一に主要な対人関係の半数に上下関係（目上や目下の関係）が含まれる一方で，他者との政治的異質性の認識は全般的に低かった点である（「かなり」「非常に」異なっている他者は 1 割以下）。第二に，人はネットワーク上の他者と一緒に遊びや食事に出かけるなど共行動の度合いが高く，また共通の趣味や娯楽を持つことも多いことが判明した。また，回答者の過半数では他者に対する一般的信頼や人と人の間はお互い様という互酬性感覚が高く，社会的寛容性も高いが，それと比較すれば政治的寛容性は低めであった。

−選挙制度の効果の国際比較第 4 波日本調査（2013CSES 調査）

(1) 調査地域と対象：2012WVS, 2011ABS, 2013SN 調査のいずれか（または複数）において調査協力の承諾を得たパネルサンプルと，調査データの歪みを補正するための新規抽出サンプル

(2) 標本抽出法：層化二段無作為抽出法

(3) 標本台帳：選挙人名簿（不可能なケースでは住民基本台帳で代替）

(4) 標本数：4,184s（パネルサンプル 1,124s, 新規抽出サンプル 3,060s）

(5) 有効回収数：1,937s。回収率 46.3％

(6) 調査方法：訪問面接法

(7) 調査時期に関する特記事項：本調査は主要国政選挙直後の時期に実施することとなっており，日本では衆議院議員選挙の時期が不特定であるため，2013 年 7 月の参議院議員選挙にターゲットを絞って実施した。このため，調査時点は選挙後の 2013 年 7－8 月となった。

- 主たる質問内容
  - 民主主義への満足感。政治参加することの効力感
  - 投票選好関連質問群（政党支持，政党感情温度計，本人および主要政党のイデオロギー的位置認知，政治リーダー認知，業績評価，将来期待，投票行動，投票歴）
  - 政治知識度
  - 政府部門の公的支出の過剰・適切・過小認知（政策領域ごと）
  - 政府の経済業績評価と受益者の公平性認知
  - 政治参加と情報獲得メディアとの関連性（マスメディア，インターネット，対人コミュニケーションなどのメディア別の政治参加動員ルート）
  - インターネット利用項目
  - 家計経済・資産状況項目
  - 特記事項：日本ではこの選挙が初の「インターネット選挙」であった。
- 基本的知見：多くの有権者にとって多数の政党についての認識が定かでない現状が明らかになった。政党を「右寄り，左寄り」で判断してもらうと，新政党かどうかにかかわらず，全政党で 2 割以上がこれを判断できなくなっていた。その一方で「日本における民主主義のあり方」への満足度は比較的高く，「とても」「やや」満足を合わせると 7 割が肯定的に回答した。

　インターネット選挙関連では，メールや SNS といった手段によって政党や候補者から直接的にアプローチを受けた回答者は延べでも 1 割に達せず，選挙への参加の動員としてのインターネット利用は限定的であった。このことは，インターネット利用者が回答者の 60％を占め，そのちょうど半数で全体の 30％が SNS 利用者であることを念頭に置いても活発なものであったとは言えな

表1 パネル調査回答者の回答パターン

① 2010WVS	② 2011ABS	③ 2012SN	④ 2013CSES	回答者数		回答者数	N
○	○	○	○	341		① 2010WVS 単体	2443
○	○	○	×	69		② 2011ABS 単体	1880
○	×	○	○	15		③ 2012SN 単体	1127
○	×	○	×	15		④ 2013CSES 単体	1937
○	○	×	○	9			
○	○	×	×	156		2010WVS+2011ABS	575
○	×	×	○	0		2010WVS+2012SN	440
○	×	×	×	1,838		2010WVS+2013CSES	365
-	○	○	×	170		2011ABS+2012SN	1097
-	○	○	○	517		2011ABS+2013CSES	885
-	○	×	×	600		2012SN+2013CSES	873
-	○	×	○	18		2011ABS+2012SN+2013CSES	517
-	-	-	○	1037			

○は回答したことを指し，×は回答しなかったことを指す。
- は回答サンプルに入っていなかったことを指す。

い。ただし，少数ながら積極的にインターネット選挙を活用した回答者がいた。

0.5　パネル調査の回答結果

　表1に，4回のパネル調査の回答者数をリストしておく。それぞれの年度の調査単体ごとの回答数には十分な規模があるが，パネル調査の視点で見ると，とりわけ2010年度から2011年度の東日本大震災後の調査回にかけてサンプル落ちが大きく，そのために，パネルの複数回に回答した回答者数は大きいとは言えない。4回全てに回答した人は341人にとどまり，世界価値観調査を除く以後の3回全ての調査への回答者数は517人であった。3回分や4回分の調査の回答にわたって分析が必要な研究目的は必ずしも多くないので，2つのパネルの組み合わせがこのプロジェクトでは重要になる。その観点からは，ABS調査とソーシャルネットワーク調査や，ABS調査とCSES調査，あるいはソーシャルネットワーク調査とCSES調査の組み合わせでは，それぞれ少なくない数のサンプルが確保できていると言うことができよう[2]。

2　各サンプリング落ちによる補正を行うウェイト変数は，公開データに含められている。

0.6　本書の構成

　本書は二部構成である。第一部は価値観とソーシャルネットワークの豊富な
データを用いて，自己表現を求める日本人の脱物質主義的価値観や東アジア的
価値観が何をもたらすかを見ていく。またその中で日本人のソーシャルネット
ワークがどのように働いているかを探求する。次いで本書の第二部は，2010
年代初頭の日本人を取り巻く国内的，対外的，メディア的状況による，人々の
政治心理や行動の変動や，その変動を規定する要因を探っていく。以下，全体
の目次の概観・使用データと各章の内容の要約をごらんいただきたい。

〈第Ⅰ部：価値観とソーシャルネットワーク〉
第1章　谷口尚子・栃原修　経済環境と市民的価値観の変容（2010WVS 調査）
第2章　池田謙一・竹本圭佑　「東アジア的」な価値観とソーシャルネットワ
　　　　ークは民主主義と両立するか（2011ABS − 2012SN 調査）
第3章　繁桝江里　文化的自己観との関連に見る日本人の価値観（2010WVS −
　　　　2011ABS 調査）
第4章　竹本圭佑　「つながりやすい」職業は存在するか：職業ネットワーク
　　　　とジェンダーの関係から（2012SN 調査）

〈第二部：2010 年代初頭のメディア・制度信頼・民主主義〉
第5章　稲増一憲　2010 年代初頭の日本におけるマスメディアとオルタナテ
　　　　ィブメディアの補完関係（2011ABS − 2013CSES 調査）
第6章　前田幸男　政治状況と内閣支持（2010WVS − 2012SN − 2013CSES 調査）
第7章　山田真裕　投票外参加と価値観（2010WVS 調査）
第8章　安野智子　民主主義観と信頼の現在（2010WVS 調査）
第9章　小林哲郎　ナショナリズムの浮上（2010WVS − 2012SN − 2013CSES 調
　　　　査）

　第1章。イングルハートは，政治・経済が成熟した国では「脱物質的価値

（自己表現価値）」が重んじられるようになるとしたが，近年の日本ではその傾向が弱まっていた。谷口・栃原は分析を通じて，経済環境の悪化が「自己表現価値」のような民主的社会にとって望ましい価値観を阻害する可能性を示した。

第2章。東アジア的な価値観とソーシャルネットワークに特徴的なこととされる上下関係の強調，集団的な調和志向の強調が，通文化的に民主主義で肝要とされる政治参加・信頼・寛容性といった価値と両立するのかどうかを池田・竹本は検討した。価値観とソーシャルネットワークは比較的一貫した傾向を示し，調和志向は信頼や寛容性に対して抑圧的に働くが，上下関係のような垂直性の強調は開放的な関係を抑制しない一方で，パターナリズム的な機能を果たしていることを示した。

第3章では，「日本人的な価値観」を保守的な価値観と仮定して検討を進めると，実際にはそれは共有されていないことが判明した。そのうえで，日本人の価値観の個人差について文化的自己観という概念を用いて解明し，さらに，東アジア的価値観との関連も繁桝は検討した。その中で，東アジアに特徴的な調和志向的な価値観が愛他的というよりは自己志向的な欲求と結びつく傾向を示す一方，日本人の中でも個の主張の強い人々が逆に他者や社会を重視する傾向があることを発見した。

第4章では，竹本は職業ネットワークの一測定手法に焦点を当て，医者やウエイトレスといったそれぞれの職業の人々が個人のネットワークの中にどの程度存在するか，また職業ごとに生じる出現率のバイアスを国勢調査に基づいた職業人口と対比させることで検討し，職業威信の高い職業が高い社会的可視性を持つことを示した。その上で，「男は仕事，女は家」といった形で職業とも結びつきの強い性役割意識が人々のネットワークのあり方にも影響しうることを見いだした。

第5章。インターネット等のオルタナティブなメディアの普及が，2010年代前半の社会にもたらした影響について稲増は検証を行った。分析の結果明らかになったのは，オルタナティブなメディアとマスメディアは対立関係よりは補完関係にあること，前者の普及と後者の衰退は，ニュースや海外の情報に関心を持つ人とそうではない人との情報格差を拡げる可能性があるということであった。

　第6章の「政治状況と内閣支持」では，前田は東日本大震災の前と後で世論がどう変化したのかを分析している。震災は日本社会全体の心理的ムードにも大きな影を落としたが，その中で有権者が抱いた希望や不安という感情が政治的判断にどのような影響を与えたのかを，時の内閣に対する支持・不支持を軸に検討した。実際，感情は政治的判断に影響を及ぼしており，また政策に対する態度とも関連して内閣への支持に結びつきうる。

　第7章の「投票外参加と価値観」で山田は，世界価値観調査が有する価値観についての豊富な設問を利用し，投票以外の政治参加手段としての「投票外参加」に対する日本人の態度との関連を分析した。投票外参加においては総じて消極的な日本人であるが，政治制度や民主主義についての考え方が強い関連を有することが示された。

　第8章では，民主主義国においてポピュリズムの台頭が2010年代後半には顕著に表れたが，反面，西欧や日本を支えてきたリベラルな民主主義への支持は失われつつあるかを安野は検討し，若年層での支持の弱化，およびこのこととインターネット利用が権威主義と関連している可能性を指摘した。その一方で，教育程度や人への信頼，制度への信頼は民主主義を支える大きな要因であった。

　第9章。小林の分析によると，上昇傾向を見せる日本のナショナリズムは，不安や怒りなどのネガティブな感情やネット利用とは関連しておらず，ポジティブな楽観主義と正相関していた。一方，ナショナリズムに対しては東アジアにおける地政学的な変化，特に中国の影響に関する認知の効果が明瞭に見られ，ナショナリズムが国際関係問題と連動していることが示唆された。さらに，ナショナリズムの高まりはイデオロギー的保守化とも関連しており，より深い政治的価値観の変動と結びついている可能性が指摘された。

　最後に，本WASCプロジェクトは姉妹書である『日本人の考え方　世界の人の考え方——世界価値観調査から見えるもの』と同じく，勁草書房編集部の渡邊光氏に出版のお世話になった。期して感謝を申し上げる。出版がプロジェクト終了後3年を要したが，データの公開からは時間が経ち，既に多くの方に利用されていることを付加しておく。

第I部
価値観とソーシャルネットワーク

第 1 章

経済環境と市民的価値観の変容

谷口尚子・栃原修

1.1 研究の背景

　2016 年には英国が EU 離脱を決め，アメリカでは孤立主義的な大統領が当選，ヨーロッパ各国でも移民排斥を訴える極右勢力の台頭が見られた。今日先進国において，このような「反民主的」ともいえる現象が広がっている背景には，何があるのだろうか。本章では政治変動の底流にあると考えられる人々の価値観について，その人をとりまくミクロ環境（個人の暮らし向きや社会経済的地位など）やマクロ環境（経済・社会・政治的環境）の変化がどのような影響を与えているかを分析する。環境が人々の価値観に与える影響に関する研究は既に数多く行われているが，ミクロ環境とマクロ環境の影響を同時推定するマルチレベル・モデリングや，複数の国で複数回取得されたデータセット等の解析に適したパネルデータ分析を最新のデータまで含んで適用した研究例は，まだあまり多くない。そのため本研究では，関連する研究群で検討された統制変数の効果の確認も含め，改めて国際的な比較分析を行う。これを通じて，「模範的な国」を見出しにくい時代の市民的価値観について考えたい。

　環境変動と人々の価値観に関する研究においては，1970 年代に実施された欧州世論調査（Euro-Barometer Survey, EBS）に基づいて提起されたイングルハートの「脱物質的価値観論」が著名である（Inglehart, 1970, 1977）。彼は1981 年以降はより規模の大きい世界価値観調査（World Values Survey, WVS）に基づいて，人々の価値観の多様性と変容を実証してきた。この理論は，「欲求の階層論」「政治世代論」及び「脱工業化社会論」に影響を受けたとされる

（三宅他，1978；山﨑，2016）。すなわち，第一次産業（農林水産業等）を中心とする前近代な経済体制や不安定な政治体制の下では，人々の生命・生活のリスクは大きく，宗教や権威，家族・地域社会に頼る「伝統的価値観」が支配的となっている。やがて政治が安定し，第二次産業（鉱工業等）を通じて経済と科学技術が発展すると，人々の意識は伝統的価値を離れて「世俗的・合理的価値観」及び豊かさを追求する「物質的価値観」へとシフトする。そして，生命や生活のリスクが小さくなり，物質的欲求が満たされると，人々の欲求は非物質的なもの（個人の自由や尊厳，他者に対する信頼・寛容性，社会の改善等）へと向かう。この段階の意識が「脱物質的価値観」である。イングルハートとウェルツェルはさらに，民主的社会にとって好ましい脱物質的価値を「自己表現価値」として概念化した（Inglehart, 1997; Inglehart and Welzel, 2005）。「自己表現価値」とは，WVS の質問項目中の「身体の安全や経済的安定より，自己表現や人生の質を重視する」「署名活動に参加経験（もしくは参加意志）がある」「他者を信頼している」「同性愛を認める」「幸福を感じている」等への肯定的回答に代表される価値であり，逆にこれらに対する否定的回答は「生存価値」を表現すると解釈されている。「生存価値」が生存に必要な「衣食住」等の基礎的ニーズの充足を重視する物質的価値観であるのに対し，「自己表現価値」は精神的・社会的欲求の充足を重視し，民主主義体制を支える価値観であるといえる。

　これに加えて彼らは，WVS の「自国民であることに誇りを持つべきだ」「人生には宗教（神）が重要である」「権威を重んじる」「子供には従順さと信仰心を教えるべきだ」「妊娠中絶は認められない」といった項目への人々の肯定的回答から「伝統的価値」を，それらに対する否定的回答から「世俗的・合理的価値」を概念化した。前述のように，自然環境や政争に生存を大きく左右されるような段階の社会では，人は信仰・権威・規範を重視し，身近なコミュニティに依存する「伝統的価値」の中にある。しかし経済や科学技術の発展が自然の脅威を克服し，飛躍的に生産性を伸ばすと，人の意識は世俗化・合理化していく。これら「生存価値／自己表現価値」の対立を X 軸，「伝統的価値／世俗的・合理的価値」の対立を Y 軸として，各国における回答データの平均値をプロットしたものが，「カルチュラル・マップ」である（図1）。

図1 世界価値観調査に基づくカルチュラル・マップ

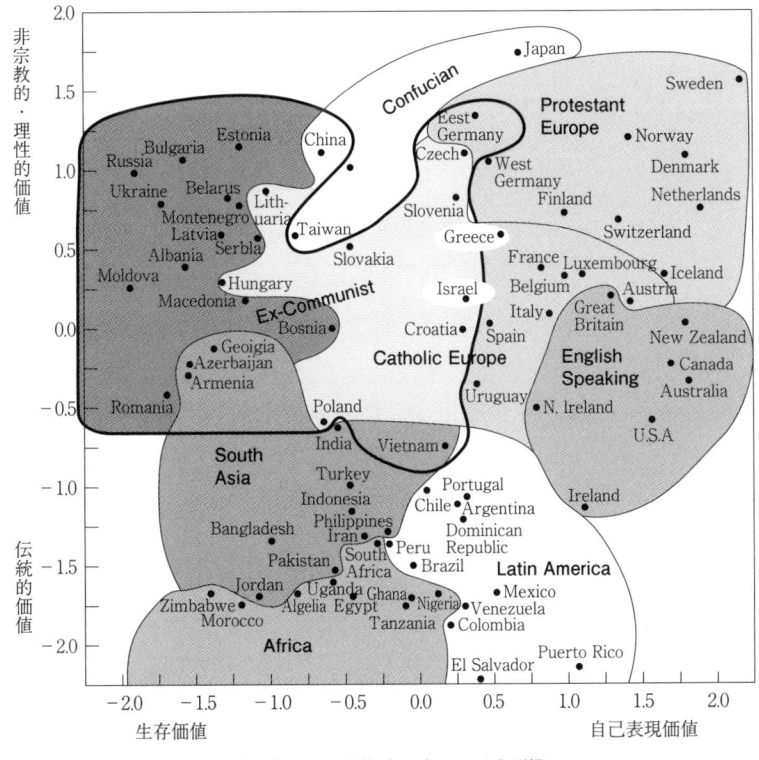

（出典） Inglehart and Welzel（2005）p. 63, 山﨑（2016）p. 23 より再掲。

　この図を見ると，「生存価値」と「伝統的価値」を重んじる左下の象限にアフリカ・南アジア諸国が，「生存価値」と「世俗的・合理的価値（非宗教的・理性的価値）」を重んじる左上の象限に旧共産諸国や日本を除く東アジア諸国が位置することがわかる。「伝統的価値」と「自己表現価値」を重んじる右下の象限には，強いキリスト教信仰を持つ中南米また北米諸国が位置する。そして「世俗的・合理的価値」と「自己表現価値」を重んじる右上の象限には，キリスト教プロテスタントの欧州諸国が並ぶ。これ基づきイングルハートとウェルツェルは，人々の価値観には地域的・文化的特徴があると共に，経済成長や社会の近代化が人々の価値観を世俗化・合理化させ，また民主化が民主主義を支

21

図2 カルチュラル・マップにおける日本人の価値観（位置）の変化

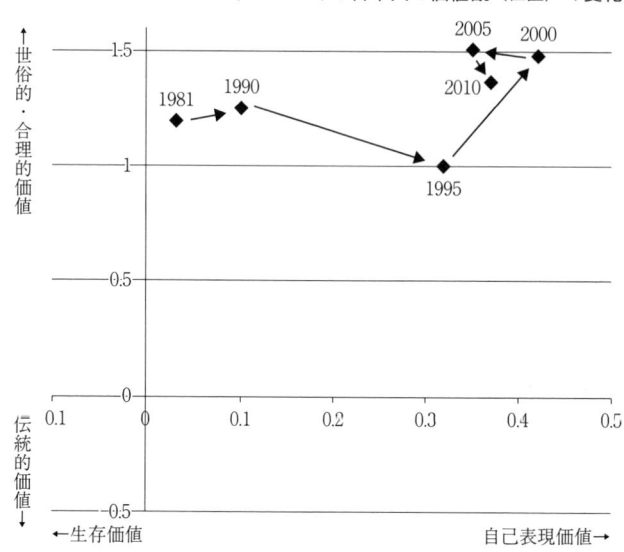

える市民的価値観を醸成するため，時代を経る毎に右上の象限に向かう傾向があると論じた。

　ところで，経済発展や民主化が市民的価値観を育むのだとしたら，それらの停滞は市民的価値観の後退を招くのだろうか。例えば，第二次世界大戦後の日本では急速に民主化や経済成長が進んだが，1990年代末のバブル経済崩壊以降は経済力が衰え，超少子高齢化によって社会全体が縮小するフェイズとなっている。WVS各波のデータに基づいて日本人の価値観の位置の変化を確認すると，2000年頃まではイングルハートとウェルツェルの仮説通り，「世俗的・合理的価値」と「自己表現価値」を重んじる右上の象限に向かって移動していたが，それ以後はそうした方向への動きが止まり，伝統的価値や生存価値を重んじる方向にやや逆戻りしつつあるようにも見える（図2）。図3で示すように，日本の民主化度（ここでは市民の政治的権利と自由の保障度を用いて表現する）は高い水準で維持されているが，バブル経済崩壊，リーマン・ショック，東日本大震災などが起きた時期には経済のマイナス成長も見られることから，日本における市民的価値観の停滞には経済環境の悪化が関係している可能性がある。

図3 日本の経済成長率と民主化度の推移

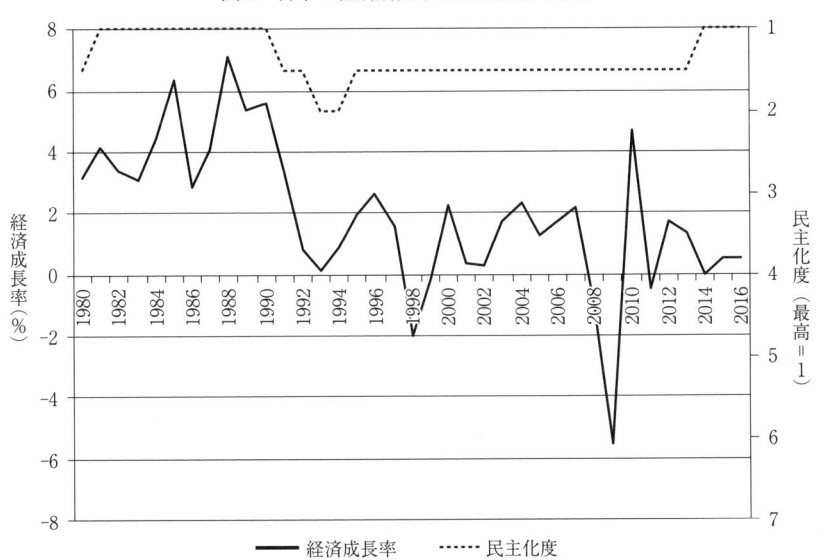

（注及び出典）図中右軸の民主化度は，Freedom House が算出した各国市民の政治的権利及び自由の保障度（https://freedomhouse.org/）。いずれも「1」を最高，「7」を最低とする指標で，上の図では2つの指標の平均値を示した。左軸の経済成長率は IMF の算出数値を参照（http://www.imf.org/external/ns/cs.aspx?id=28）。

1.2 先行研究における脱物質的価値観研究とその方法

　人々の脱物質的価値観と外的環境との関係に関する研究の分析枠組みには，社会・政治・経済環境がその国の人々の集合的・平均的価値観のあり方に与える影響を検討するマクロ分析，個人の属性や身近な環境等がその人の価値観に与える影響を検討するミクロ分析，社会・政治・経済環境が個人の価値観に与える影響を検討するマクロ－ミクロ分析等がある。

　まず，最初に触れたイングルハート（1970, 1977）は欧州世論調査の回答データを使ったマクロ分析を行っており，個人の価値観の形成に青少年期の経済・社会環境が影響を及ぼすと指摘した（社会化仮説）。しかしダルトン（Dalton,1977）は，各国の国内総生産（GDP）が同時期のその国の脱物質的主義の度合い（そ

の国の回答の平均値）を最もよく説明することを示し，青少年期の経済環境よりもその時々の経済環境の影響が大きいとした。同様にクラークとダット（Clarke and Dutt, 1991）は，1976〜86年の欧州世論調査の時系列データを用いて，調査時点の社会・経済環境が人々の価値観（その国の回答の平均値）に反映されるとした。

　イングルハートとウェルツェルのマクロ分析は，その国の主要産業や民主主義体制の成熟度と価値観が深く関わっていることを示した。一般に国の経済成長過程においては，主要産業が第一次産業（農林水産業）→第二次産業（鉱工業・生産業）→第三次産業（第一次・第二次産業を除くサービス業・金融業・情報産業など）とシフトすることが観察される。彼らはWVSとマクロデータを使って，自然の恵みや地域の共同体に基づく第一次産業中心の社会では伝統的価値が，科学技術に基づく第二次産業中心の社会では合理的・物質的価値が，高度な非物質的商品を扱う第三次産業中心の社会では脱物質的価値（自己表現価値）が重んじられることを明らかにした。

　次に，個人の属性や身近な環境等がその人の価値観に与える影響に関するミクロ分析例としては，1974〜79年のオランダの調査データを用いて社会化仮説の検証を試みたヴァン・デスの研究がある（Van Deth, 1983）。彼は異なる世代の回答者間の価値観の差異に着目したコーホート分析と，同一回答者のライフサイクルの違いに着目した分析の結果を比較し，ライフサイクルの影響が顕著であることを見出した。つまり，回答者の年齢の効果が世代差の効果よりも明瞭なのである。またローシュナイダー（Rohrschneider, 1990）は，1986年の欧州世論調査を用いて，社会階層が高い人の方が脱物質的価値観を持つ傾向にあるとした。さらにクヌッセン（Knutsen,1990）は，北欧諸国の人々を対象として1975〜1988年にNordic Social Science Councilが実施した調査のデータを用いて，物質的価値観と脱物質的価値観に対する個人属性（回答者の年齢・性別・社会階層・教育年数・職業・収入）の影響を分析した。その結果，教育年数は脱物質的価値観に大きな正の効果を与えており，その効果は回答者の社会階層によって異なることを示した。またブレイスウェイツ，マッカイ，ピッテルコウ（Braithwaite, Makkai and Pittelkow, 1996）の分析は，保守的なイデオロギーを持つ人ほど物質的価値観を持つ傾向にあることを示した。

そして，ある国の社会・政治・経済状況が個人の価値観に与える影響を探る分析例については，ダッチとテイラー（Duch and Taylor, 1993）が欧州世論調査を用いて，マクロ変数（回答者が住む国の一人当たり GNP，インフレ率，失業率，都市化度）とミクロ変数（回答者の年齢，教育程度，収入）が回答者個人の脱物質的価値観に与える影響を分析した。その結果，マクロ的には失業率が負の影響を，ミクロ的には個人の教育程度が正の影響を与えることを示した。またマークス（Marks, 1997）は，Australia National Social Survey のデータとマクロ変数を使って，物質的価値観と脱物質的価値観に影響する要因を分析した。分析の結果，ミクロ的には厳格な家庭環境が，マクロ的には 18 歳時の失業率が物質的価値観を強めることを明らかにした。

これらの先行研究は概ね，ミクロ的には個人の豊かさ（経済力，雇用状況，階層，教育資源など）とその人の脱物質的価値観とが正の関係にあり，マクロ的には失業率，すなわち経済の悪化と脱物質的価値観とが負の関係にあることを示唆している。しかしこれらの先行研究については，複数の国で複数回調査を行って統合したようなパネルデータを利用していながら，各国あるいは各調査時点固有の要因の効果を充分に統制していないという批判もあった（Haller 2002）。そこで近年では，こうした方法論的課題を克服するパネルデータ分析やマルチレベル・モデリングの手法が利用されるようになっている。例えばラカトス（Lakatos, 2015）は，脱物質的価値観や自己表現価値の意識構造とそれに影響する要因を探るためにコンジョイント分析とマルチレベル分析を行い，各回答者のコーホートと各時代のマクロ環境の影響を指摘している。

そこで本章では WVS データを使って，国の経済状況等がその国の全体的な価値観に与える影響に関するマクロ分析と，国及び個人の経済状況等が個人の価値観に与える影響に関するマクロ－ミクロ分析を行う。WVS のデータセットも典型的なパネルデータであるから，各国の特徴や各調査時点固有の特徴を統制しつつ，その国の経済状況等と価値観の関係を探ることができるパネルデータ分析が有効であろう。また，国及び個人の経済状況等が個人の価値観に与える影響を同時推定するマルチレベル・モデル分析を行えば，各国・各調査時点の状況を統制した上で，経済状況等が個人の価値観に与える影響を明らかにすることができるだろう。これらの手法により，方法論的改善を行いながら包

括的知見を得ることを試みる。

1.3　本研究の分析枠組み

1.3.1　従属変数

　本節では，本研究の分析のためのデータ・変数・仮説について説明する。WVS の調査手法・調査項目・記述統計等については，池田編著『日本人の考え方　世界の考え方』(2016) 及びその中の山﨑 (2016) で詳述されている。各波調査の実施時期・参加国 (地域) 数は表 1 の通りである。今回は，本分析に必要なデータ・変数が充分に揃う第 3 〜 6 波の調査データを利用する[1]。

　本分析の従属変数は，イングルハートとウェルツェル (2005) に倣って，WVS の 10 個の質問項目を因子分析にかけて抽出した「伝統価値／世俗的・合理的価値」因子及び「生存価値／自己表現価値」因子の得点である。表 2 はWVS 第 3 〜 6 波の世界データを用いた因子分析の結果で，各質問項目は先行研究通り 2 つの因子にまとまった。第 1 因子の得点が高い人ほど「世俗的・合理的価値」を，低い人ほど「伝統的価値」を重視し，第 2 因子の得点が高い人ほど「自己表現価値」を，低い人ほど「生存価値」を重視する傾向にあると解釈されたい（このように解釈するために，表中では元の質問文の表現を多少変えてある）。第 1 因子の寄与率は 21.3%，第 2 因子の寄与率は 17.4% であった。マクロ－ミクロ分析では個人の因子得点を，マクロ分析ではその各国平均値を従属変数とする。

表 1　WVS 各波の実施時期と参加国数

調査回 (波)	調査実施年	参加国 (地域) 数
第 1 波	1981 〜 1984 年	10
第 2 波	1990 〜 1994 年	18
第 3 波	1995 〜 1998 年	51
第 4 波	1999 〜 2004 年	41
第 5 波	2005 〜 2009 年	54
第 6 波	2010 〜 2014 年	60
	参加国 (地域) 数合計	108

(出典)　山﨑 (2016) p. 4。

1　本 WASC プロジェクトで直接取得された日本データは，2010WVS 調査である。

表 2　因子分析（主因子法）の結果

	第 1 因子 世俗的・合理的価値因子	第 2 因子 自己表現価値因子	共通性
神は自分の人生にとってそれほど重要ではない	0.688	0.219	0.52
自国民であることの誇りはまったく感じない	0.650	−0.207	0.47
中絶は正当化される	0.589	0.428	0.51
子供に従順と宗教的信仰を教えることは重要ではない	0.588	0.242	0.37
権威を尊敬していない	0.522	0.052	0.28
同性愛は正当化される	0.406	0.603	0.53
署名活動に参加経験（また参加意志）がある	0.197	0.571	0.37
身体の安全や経済的安定より自己表現や人生の質を重視する	−0.005	0.549	0.3
自分は幸福だ	−0.318	0.528	0.38
他者を信頼するのに慎重になる必要はない	0.137	0.368	0.15
因子寄与率	0.213	0.174	

（注）　WVS 第 3 ～ 6 波の世界データに基づく結果。

1.3.2　独立変数

本分析の独立変数には、国の経済・政治・社会環境に関するマクロ変数と、個人の属性や立場等に関するミクロ変数がある。まず、国毎に異なるマクロ変数を説明する。

(1)　マクロ変数

「一人あたり GDP」（国民生活の水準や安定性の高さ）：本研究が関心を持つ経済環境に関連する変数の内、国の経済・政治・社会環境のデータセット中の「GDP per capita（current US$）」を使う。この変数は国民生活の水準や安定性の高さを示すと考えられ、「欲求の階層論」や脱物質的価値観に関わる先行研究から、この値が高い国においては伝統的価値や世俗的・合理的価値より自己表現価値が重視されると予想される。

「失業率」（経済環境の悪化）：同様に World Data Bank データセットから、経済環境の悪化を表す変数として各国の「失業率」を使う。失業率はその国の自己表現価値の水準や各国個人の自己表現価値を低める方向に働くことが確認されている。自己表現価値因子を構成する項目に「身体の安全や経済的安定より自己表現や人生の質を重視する」があるが、厳しい雇用環境の中で生活が脅かされれば、自己表現価値を追求する余裕がなくなると考え

本研究が関心を持つ経済環境のデータを World Data Bank のデータセットは国民生活

27

られる。

「第一次産業就業者比率」と「第二次産業就業者比率」（産業の構造と発展度）：さらに同データセット中の「第一次産業就業者比率」と「第二次産業就業者比率」を用いる。第一次産業就業者比率が高い国は前近代的であると考えられ，伝統的価値が重んじられるとされる。また「第二次産業就業者比率」の高い国は産業化を進めている社会であることから，合理的で物質的な価値観が浸透しているとされる。他方で「第三次産業就業者比率」が高い国では物質的商品より非物質的商品（情報や金融商品など）が経済の中心となっていることから，価値観も脱物質化していると考えられている。

「民主化度」：次に政治に関わる変数を説明する。イングルハートとウェルツェル（2005）のカルチュラル・マップが示したところによれば，経済発展や民主化が進んでいない国々では伝統的価値や生存価値が，経済発展は進んでいるが民主化途上の国や旧共産主義国家では世俗的・合理的価値が，経済成長後の民主主義国家では自己表現価値が重んじられていた。このように政治体制やその民主化度も人々の価値観に影響すると考えられることから，国際NGOのFreedom House が算出した各国市民の政治的権利及び自由の保障度を民主化の指標として使う。2つの指標はいずれも「1」を最高値，「7」を最低値とするが，本分析ではこれらの値を逆転させて平均化したものを「民主化度」とした。

「共産主義体制経験国」：加えて，建国から現在に至るまでに共産主義体制をとった国を「1」，それ以外を「0」とする「共産主義体制経験国ダミー」変数を作成した。共産主義国は，伝統的価値や宗教的信条を制約した上で，社会・経済発展の面である程度成功を収めている。このことから，世俗的・合理的価値を高める変数であると予想される。

「高等教育進学率」：そして社会に関わる変数として，World Data Bank データ中の「高等教育進学率」を使う。ミクロ的には教育水準が高い人の方が世俗的・合理的価値や自己表現的価値を重視することが確認されているので，マクロ的な教育の効果についても検討してみる。

「インターネット普及率」：さらに同データから「インターネット普及率」を利用する。ウェルツェル（2013）によれば，インターネット普及率はその国の

豊かさや科学技術水準の高さを示すと同時に，情報の受信・送信の自由化・平等化を示すものでもあることから，世俗的・合理的価値や自己表現的価値を後押しする要因と考えられる。

(2) ミクロ変数

次に，個人に関するミクロ変数（分析に使用する WVS の各項目）の内容を説明する。「**年代**」：回答者の「年代」はイングルハートとウェルツェル（2005）に倣い，中間の年代層（46-65 歳）を基準にし，「16-29 歳」を「1」，「30-45 歳」を「2」，「66 歳以上」を「3」とするダミー変数を作成した。イングルハート（1990）は，若い年代・世代ほど脱物質的価値を重視するとしている。

「**性別**」：また男性を「1」，女性を「0」とする「性別」ダミー変数を使用する。性別の効果は年代ほど大きくないが，男性は伝統的価値より世俗的・合理的価値を，女性は生存価値より自己表現価値を重んじる傾向があるとされる。

「**高等教育進学**」：教育程度を表す変数については，WVS の「高等教育進学」項目への回答において，「大学（以上）進学」に該当した場合に「1」，それ以外に該当した場合に「0」とするダミー変数を作成した。高等教育を受けた人ほど，社会・経済・政治環境に対する理解が深まるとされ，世俗的・合理的価値観や脱物質的価値観が強まると指摘されている（Duch and Taylor 1993）。

「**所得**」：次に個人の経済状況を示す変数として，WVS の「所得」を示す変数を使用する。回答の選択肢は「1」から「10」までの 10 点尺度で構成されており，値が高くなるほど所得が高いことを示す。

「**労働者クラス**」：また同調査の「社会階層」項目から「労働者クラスダミー」変数を作成した。「労働者クラス」「下層クラス」に所属すると回答した場合に「1」，それ以外の「中層クラス」「上層クラス」に所属すると回答した場合を「0」とした。

「**失業者**」：そして「雇用に関する地位」項目から「失業ダミー」変数を作成した。具体的には，現在の就業状況について「失業」とした回答者を「1」，それ以外を「0」とした。雇用市場において厳しい立場におかれている低所得層・労働者クラス・失業者は，物質的欲求が満たされにくい環境にあるので，まずはそれを満たしたいという物質的価値観（生存価値観）や世俗的・合理的

表 3　従属変数・独立変数及び仮説の方向性

	従属変数	
	世俗的・合理的価値	自己表現価値
国レベルの独立変数		
一人あたり GDP	+	+
失業率	+	−
第一次産業就業者比率	−	−
第二次産業就業者比率	+	−
民主化度	+	+
共産主義体制経験国家	+	−
高等教育進学率	+	+
インターネット普及率	+	+
個人レベルの独立変数		
男性	+	−
若年層	+	+
高等教育進学	+	+
失業	+	+
所得	+	+
労働者クラス	+	−
左派イデオロギー	+	+
インターネット利用度	+	+

価値観が強まると考えられている（Marks 1997）。

　「政治的イデオロギー」：その他，個人の「政治的イデオロギー」について，WVS の「政治的立場」項目を使用した。回答の選択肢は「1」から「10」までの 10 点尺度で構成されており，「1」に近づけば「右派イデオロギー」寄り，「10」に近づけば「左派イデオロギー」寄りを指すように変換した。右派的な人ほど物質的価値観（生存価値観）を重視する傾向にあるとされる（Braithwaite, Makkai and Pittelkow, 1996）。

　「インターネット利用度」：また WVS の「情報源：インターネット」から，個人の「インターネット利用度」ダミー変数を作成した。具体的には，「インターネットを毎日利用する」と回答した人物を「1」，それ以外を「0」とした。インターネットは情報の受信・発信の平等化を促進するツールであり，世俗的・合理的価値観や脱物質的価値観（自己表現価値観）を強めると考えられる。なお，この WVS の質問項目は第 5 波以降に採用されたものであるため，本研究でも第 5 波・第 6 波を対象とする分析でのみ投入する。

　これらの変数と仮説の方向性を整理したのが，表 3 である。

1.4 分析結果

1.4.1 パネルデータ分析

　最初に，国の経済・政治・社会環境がその国の人々の平均的価値観に与える影響を探るマクロ分析を行う。特に，国の経済状況の悪化がどのような影響をもたらすかに注目する。先述したように，WVS は複数の国で複数回調査を行って統合したパネルデータで構成されていることから，ここではパネルデータ分析を行う。従属変数は各国回答者の世俗的・合理的価値，自己表現価値それぞれの因子得点の平均で，独立変数は国を単位とした一人あたり GDP，失業率，第一次産業就業者比率，第二次産業就業者比率，民主化度，高等教育進学率，インターネット普及率である。なお，共産主義体制経験国ダミー変数は時間による変化が少ないことから，パネルデータ分析の独立変数からは除外する。

　一般的なパネルデータ分析では，プーリング推計モデル・固定効果推計モデル・変量効果推計モデルの 3 つのモデルで推計し，その説明力の検定を行って，最適モデルを検討する。本分析では，固定効果モデルと変量効果モデル間のハウスマン検定の結果，固定効果モデルが有効であることを確認した。そこで表4 に，固定効果推計モデルに基づくパネルデータ分析の結果を示す。

　これによれば，まず各国回答者の世俗的・合理的価値因子の平均に有意な影響を与えていたのは，インターネット普及率のみであった。インターネットは高度な科学技術・教育水準が実現している国で普及すると考えられることから，伝統的価値よりは世俗的・合理的価値を促進するものであることは首肯できる。他方で自己表現価値因子の平均に対しては，一人あたり GDP が強い正の効果を，失業率と第二次産業就業者比率が有意な負の効果を与えていた。先行研究で繰り返し述べられてきたように，人は生存・生活に必要なニーズを満たしてから自己表現価値といった抽象的価値を追求するようになると考えられる。この分析結果も，その国の豊かさが，自由や多様性に対する寛容，他者への信頼，政治参加意欲などを重んじる価値観を育むことを示している。そして，第三次産業就業者比率に比して第二次産業就業者比率が高い国，失業率が高い国では，

表4　各国の平均的価値観に対する経済・政治・社会環境の影響

（パネルデータ分析，固定効果推計モデルの結果）

	従属変数					
	世俗的・合理的価値			自己表現価値		
独立変数	係数	t 値	有意性	係数	t 値	有意性
一人あたり GDP	−0.011	−0.193		0.129	3.671	***
失業率	−0.003	−0.441		−0.008	−1.686	+
第一次産業就業者比率	0.007	1.264		−0.003	−0.902	
第二次産業就業者比率	0.013	1.079		−0.017	−2.344	*
民主化度	0.004	0.101		0.037	1.402	
高等教育進学率	0.000	−0.315		0.002	1.266	
インターネット普及率	0.003	2.003	*	0.000	−0.296	
R 二乗		0.050			0.195	
N		191			191	

（注）　WVS 第3〜6波の世界データの中で，分析に必要なデータが揃っている国を対象とした分析。
　　　　+p < 0.1; *p < .05; **p < .01; ***p < .001.

自己表現価値とは逆の生存価値が重視されることが示された。第二次産業（生産業・鉱工業）によって今まさに経済成長を遂げんとしている国，また不況等により失業率が高い国では，まずは物質的欲求の充足が追求されると考えられる。本分析結果においては，有意な効果を持つ独立変数は少なかったものの，その効果の方向性については仮説通りであったといえる。

1.4.2　マルチモデル分析

　次に，社会・政治・経済環境が個人の価値観に与える影響を検討するマクロ－ミクロ分析を行う。ここでは，個人の経済状況やその他の属性・意識等の影響についても同時推定できるマルチレベル・モデリングを利用する。従属変数が各回答者の世俗的・合理的価値，自己表現価値それぞれの因子得点（連続変数）であることから，マルチレベルの重回帰分析（ランダム切片モデル）を行う。個人レベルの独立変数は性別，年代，高等教育進学，失業，所得，労働者クラス，左派イデオロギー，インターネット利用度，そして国レベルの独立変数は一人あたり GDP，失業率，第一次産業就業者比率，第二次産業就業者比率，民主化度，共産主義体制経験国，高等教育進学率，インターネット普及率である。

　表5〜8は，WVS の第3〜6波データに基づく各分析結果を示している。

表5　個人の価値観に対する個人レベル変数と国レベル変数の影響（第3波データ）
（マルチレベル重回帰分析，ランダム切片モデルの結果）

	従属変数					
	世俗的・合理的価値			自己表現価値		
	係数	t値	有意性	係数	t値	有意性
個人レベルの独立変数						
男性	0.064	5.572	***	−0.005	−0.462	
若年層（16-29歳=1, ほか=0）	0.205	13.250	***	0.210	13.531	***
中間層（30-45歳=1, ほか=0）	0.154	10.830	***	0.148	10.370	***
高齢層（66歳以上=1, ほか=0）	−0.253	−12.061	***	−0.163	−7.763	***
高等教育進学	0.173	11.102	***	0.294	18.815	***
所得	0.016	6.081	***	0.054	20.538	***
労働者クラス	0.084	6.646	***	−0.151	−11.967	***
失業	0.108	4.960	***	−0.106	−4.928	***
左派イデオロギー	0.055	21.074	***	0.008	3.055	**
国レベルの独立変数						
一人あたりGDP	0.296	2.935	**	0.105	1.224	
失業率	0.014	0.662		0.001	0.101	
第一次産業就業者比率	0.003	0.038		−0.009	−1.356	
第二次産業就業者比率	0.020	1.149		−0.008	−0.517	
民主化度	0.058	0.633		0.155	1.963	*
共産主義体制経験国	0.953	4.501	***	−0.477	−2.551	**
高等教育進学率	−0.008	−1.270		−0.004	0.739	
インターネット普及率	0.033	1.003		0.044	1.895	+
ケース数（個人）	21803			21803		
ユニット数（国）	30			30		
AIC	53484			53526		

(注)　WVS第3波データの中で，分析に必要なデータが揃っている国を対象とした分析。
　　　+p < 0.1; *p < .05; **p < .01; ***p < .001.

　まず表5は，第3波（1995～1998年実施）データを分析した結果である。従属変数を個人の世俗的・合理的価値因子得点とした場合の結果を見ると，男性・高学歴者・高所得者の方が伝統的価値よりも世俗的・合理的価値を重視することがわかる。これは，社会経済的地位が高い人の方が，より進歩的・科学的価値観を持つことを示している。同時に社会経済的地位の高さを統制すれば，労働者や失業者は伝統的価値よりも世俗的・合理的価値を重視しており，信仰心や権威主義，自国民としてのプライドなどが薄まる傾向にある。また，壮年層に比べ若い世代の方が世俗的・合理的価値を，より上の世代の方が伝統的価値を重視している。左派イデオロギーの保持も進歩的価値の重視を促進している。

表6　個人の価値観に対する個人レベル変数と国レベル変数の影響（第4波データ）
（マルチレベル重回帰分析，ランダム切片モデルの結果）

	従属変数					
	世俗的・合理的価値			自己表現価値		
	係数	t値	有意性	係数	t値	有意性
個人レベルの独立変数						
男性	0.038	3.208	**	0.014	1.184	
若年層（16-29歳 =1, ほか =0）	0.113	6.970	***	0.089	5.35	***
中間層（30-45歳 =1, ほか =0）	0.036	2.346	*	0.052	3.329	***
高齢層（66歳以上 =1, ほか =0）	−0.218	−8.786	***	−0.126	−4.935	***
高等教育進学	0.123	7.526	***	0.235	13.973	***
所得	0.011	3.709	***	0.053	17.779	***
労働者クラス	0.039	2.821	**	−0.089	−6.278	***
失業	−0.005	−0.245		−0.069	−3.400	***
左派イデオロギー	0.022	8.917	***	0.010	4.060	***
国レベルの独立変数						
一人あたり GDP	0.255	1.381		0.003	0.015	
失業率	−0.001	−0.155		−0.003	−0.232	
第一次産業就業者比率	0.049	0.776		0.005	0.451	
第二次産業就業者比率	0.057	1.847	+	0.023	0.739	
民主化度	0.242	2.452	*	0.020	0.118	
共産主義体制経験国	1.360	2.551	***	−0.267	−0.708	
高等教育進学率	−0.011	−0.962		0.000	0.142	
インターネット普及率	0.004	0.201		0.038	2.030	+
ケース数（個人）	16321			16321		
ユニット数（国）	22			22		
AIC	36906			37799		

(注)　WVS 第4波データの中で，分析に必要なデータが揃っている国を対象とした分析。
　　　$+p < 0.1; *p < .05; **p < .01; ***p < .001.$

　次に国レベルの独立変数の効果に着目すると，一人あたり GDP と共産主義体制経験国変数のみ，世俗的・合理的価値の重視に対してプラスの影響があった。国の豊かさ，そして宗教を排する共産主義体制が，人々の考え方を世俗化・合理化することを表している。

　他方で従属変数が自己表現価値の場合，若年層・高学歴者・高所得者・左派イデオロギー保持者がそれを重視するという結果になった。これに対し，高齢層・労働者クラス・失業者は生存価値を重視しており，非物質的欲求より物質的欲求の充足を求める傾向にある。国レベルの独立変数の効果に関しては，民主化やインターネットの普及が進んでいる国の人ほど自己表現価値を重視し，

共産主義体制経験国の人は生存価値を重視するという結果となった。

　この結果をまとめると，個人の属性や置かれた状況を示す独立変数はその個人の価値観を強く規定しており，特により恵まれた環境にある人は自己表現価値を重視し，逆に低所得・労働者・失業者といった経済的に困窮する立場にある人は生存価値を重視していた。国の特性が個人の価値観に与える影響については，経済成長と共産主義体制が世俗主義・合理主義を高め，民主化やインターネット普及に代表される社会の成熟が自己表現価値の重視に繋がることが示された。これらの結果も先行研究や仮説に合致したものであるといえる。

　同様の分析枠組みで，第4波（1999〜2004年実施）データに基づいて分析した結果が表6である。第3波データを用いた分析結果と異なる点は，世俗的・合理的価値因子得点を従属変数とした場合に，個人の失業状態と国の豊かさの効果が有意でなくなったことである。その一方で，第二次産業就業者比率や民主化度が有意にプラスに働くようになった。国の経済状況より政治のあり方の方が個人の価値観に影響を与えるようになったのかもしれない。また自己表現価値因子得点を従属変数とした場合，個人レベルの独立変数の効果は第3波データとほぼ同じ傾向で，高等教育進学と所得が強く関わっていることがわかる。国レベルの独立変数については，インターネット普及率のみ有意にプラスに影響していた。さらにモデル推計のパフォーマンスをAIC（赤池情報量基準）で確認すると，この第4波データに基づく分析の方が第3波データのそれより良いようである。

　次の表7は，第5波（2005〜2009年実施）データに基づいた分析結果である。世俗的・合理的価値因子得点を従属変数とした場合，個人及び国レベル共に独立変数の有意な効果の方向性は仮説通りであるが，ここでは個人の所得の影響が有意でなくなっている。また，自己表現価値を従属変数とした場合に，個人レベルでは男性の方がそれを重視するという傾向が初めて見られた。また国レベルでは，共産主義体制経験国ダミー変数のみが有意な仮説通りの効果を示していた。この第5波データから，個人レベルの独立変数にインターネット利用度を含めたが，その効果は仮説通り，世俗的・合理的価値と自己表現価値を強める方向で確認された。若年層・高学歴者・高所得者ほどインターネットをよく利用すると考えられるが，そうした属性の効果を統制しても，単独で比較的

表7　個人の価値観に対する個人レベル変数と国レベル変数の影響（第5波データ）
（マルチレベル重回帰分析，ランダム切片モデルの結果）

	従属変数					
	世俗的・合理的価値			自己表現価値		
	係数	t 値	有意性	係数	t 値	有意性
個人レベルの独立変数						
男性	0.050	5.080	***	0.021	2.004	*
若年層（16-29 歳 =1, ほか =0）	0.069	4.935	***	0.093	6.166	***
中間層（30-45 歳 =1, ほか =0）	0.045	3.544	***	0.050	3.706	***
高齢層（66 歳以上 =1, ほか =0）	−0.196	−10.763	***	−0.143	−7.365	***
高等教育進学	0.136	9.288	***	0.148	9.452	***
所得	−0.002	−0.843		0.052	19.575	***
労働者クラス	0.044	3.837	***	−0.151	−11.967	***
失業	0.072	4.040	***	−0.058	−2.936	**
左派イデオロギー	0.044	19.842	***	0.024	9.858	***
インターネット利用度	0.127	9.820	***	0.176	12.741	***
国レベルの独立変数						
一人あたり GDP	−0.016	−0.103		0.221	1.538	
失業率	−0.043	−1.486		0.008	−0.292	
第一次産業就業者比率	0.002	0.188		−0.001	−0.124	
第二次産業就業者比率	0.017	0.818		−0.011	−0.574	
民主化度	0.013	0.15		−0.041	−0.517	
共産主義体制経験国	0.523	2.074	*	−0.347	−1.504	+
高等教育進学率	0.002	0.335		−0.003	−0.527	
インターネット普及率	0.015	1.584		0.004	0.322	
ケース数（個人）	21247			21247		
ユニット数（国）	30			30		
AIC	46308			49204		

（注）　WVS 第5波データの中で，分析に必要なデータが揃っている国を対象とした分析。
　　　+p < 0.1; *p < .05; **p < .01; ***p < .001.

　強い効果が見られたことから，インターネットが個人の考え方に与える影響は大きいという可能性がある。

　最後に，第6波（2010 ～ 2014 年実施）データを用いて行った分析の結果を表8に示す。世俗的・合理的価値因子得点を従属変数とした場合，個人レベルの独立変数では労働者クラス変数の有意な効果が消え，また所得が有意なマイナスの効果を示すという傾向が見られた。1つ前の第5波データに基づく分析結果においても，所得の効果は有意ではないがマイナスの符号に変わっていたので，所得が価値観に与える効果が大きく変化してきたのかもしれない。高所得

表8 個人の価値観に対する個人レベル変数と国レベル変数の影響（第6波データ）
（マルチレベル重回帰分析，ランダム切片モデルの結果）

	従属変数					
	世俗的・合理的価値			自己表現価値		
	係数	t値	有意性	係数	t値	有意性
個人レベルの独立変数						
男性	0.064	7.395	***	−0.019	−2.180	*
若年層（16-29歳 =1, ほか =0）	0.041	3.373	***	0.053	4.159	***
中間層（30-45歳 =1, ほか =0）	0.053	4.741	***	0.039	3.325	**
高齢層（66歳以上 =1, ほか =0）	−0.170	−11.807	***	−0.110	−7.082	***
高等教育進学	0.120	11.414	***	0.220	24.932	***
所得	−0.013	−5.66	***	0.050	20.690	***
労働者クラス	0.007	0.733		−0.120	−12.151	***
失業	0.078	4.641	***	−0.110	−6.673	***
左派イデオロギー	0.050	27.254	***	0.014	7.119	***
インターネット利用度	0.100	9.551	***	0.19	17.415	***
国レベルの独立変数						
一人あたり GDP	0.204	1.172		0.442	2.853	**
失業率	−0.017	−0.501		0.002	0.107	
第一次産業就業者比率	−0.003	−0.187		0.000	−0.025	
第二次産業就業者比率	0.007	0.357		−0.007	−0.409	
民主化度	0.038	0.483		−0.088	−1.534	
共産主義体制経験国	0.291	0.101		−0.224	−1.112	
高等教育進学率	0.002	1.092		0.000	0.046	
インターネット普及率	0.009	1.295		0.000	−0.063	
ケース数（個人）	29448			29448		
ユニット数（国）	30			30		
AIC	65601			68307		

（注）　WVS第5波データの中で，分析に必要なデータが揃っている国を対象とした分析。
　　　+p < 0.1; *p < .05; **p < .01; ***p < .001.

者の保守化，あるいは低所得者の脱宗教化等の可能性を，今後検討する必要がある。そして，世俗的・合理的価値因子得点に有意な影響を与える国レベルの独立変数は1つもなかった。一方，自己表現価値因子得点を従属変数とした場合，個人の独立変数はすべて効果を示したが，性別に関して初めて女性の正の効果が有意となった。また国レベルの独立変数では，一人当たり GDP が初めて有意な正の効果を示した。また，自己表現価値因子得点を従属変数とした分析における独立変数の有意な効果の符号の方向は，すべて仮説通りである。特に，第3～6波を通じてもっとも効果が大きいのは所得と高等教育進学変数で

あるが，この第6波で最大となっている。しかし，国レベルの独立変数の効果があまり見られず，モデル推計のパフォーマンスも第3～5波データに基づく分析と比べて良好とはいえないものとなった。

1.4.3　分析結果のまとめ

本研究の分析結果について，仮説と照らし合わせたものが表9である。各独立変数の「＋」は有意な正の効果，「－」は有意な負の効果が見られたことを表している。

まず，国レベルの変数を用いたパネルデータ分析の結果によれば，世俗的・合理的価値因子得点の各国平均値を従属変数とした場合，有意に影響したのはインターネット普及率だけであった。インターネットの普及は，その国の豊かさや民主化度・自由度，教育水準や科学技術水準の高さなどを総合的に表現する指標とも考えられ，伝統的価値観よりも現代的価値観と深く関係していると推測される。他方で自己表現価値因子得点の各国平均値を従属変数とした場合は，一人あたりGDPがプラスの，失業率と第二次産業就業者比率がマイナスの影響を与えていた。国の豊かさは市民的価値観，すなわち民主主義体制を支える政治参加意欲や他者への寛容・信頼を育むと考えられるが，産業化・経済発展の最中にある国や不況下にある国では，市民的価値観が醸成される余裕がないことが窺われる。

次に，国及び個人に関連する独立変数が個人の世俗的・合理的価値因子得点と自己表現価値因子得点に与える影響を検討したマルチレベル重回帰分析の結果を確認する。個人の世俗的・合理的価値観に対し，国レベルの独立変数で安定的に正の影響を与えていたのは共産主義体制経験国ダミーであった。しかし第6波では有意な影響はなくなっており，共産国の減少（あるいは東西冷戦構造の崩壊を契機とした東側諸国の民主化）を経て，共産主義体制が価値観に与える影響は小さくなったのかもしれない。それ以外の国レベルの独立変数の効果を見ていくと，第4波においては第二次産業就業者比率と民主化度がプラスに働いていた。国の産業化や民主化は，社会における世俗主義・合理主義を促進すると考えられる。

個人レベルの独立変数も，概ね仮説通りの有意な効果を示している。年代の

表9　仮説と分析結果

国レベルの独立変数	従属変数：世俗的・合理的価値						従属変数：自己表現価値					
	仮説	パネルデータ	第3波	第4波	第5波	第6波	仮説	パネルデータ	第3波	第4波	第5波	第6波
一人あたり GDP	+		+				+	+				+
失業率	+						−	−				
第一次産業就業者比率	−						−					
第二次産業就業者比率	+			+			−	−				
民主化度	+			+			+		+			
共産主義体制経験国	+		+	+	+		−		−		−	
高等教育進学率	+						+					
インターネット普及率	+	+					+		+	+		

個人レベルの独立変数	仮説		第3波	第4波	第5波	第6波	仮説		第3波	第4波	第5波	第6波
男性	+		+	+	+	+	−				+	−
若年層	+		+	+	+	+	+		+	+	+	+
高等教育進学	+		+	+	+	+	+		+	+	+	+
所得	+		+	+		−	+		+	+	+	+
労働者クラス	+		+		+		−		−			
失業	+		+		+	+	−					−
左派イデオロギー	+		+	+	+	+	+		+	+	+	+
インターネット利用度	+		データなし	データなし	+	+	+		データなし	データなし	+	+

効果を細かく振り返ると，「16-29 歳」と「30-45 歳」という比較的若い年代層が世俗的・合理的価値を重視し，「66 歳以上」という高齢層が伝統的価値を重視する傾向にあった。これについては，例えば主要産業が第一次産業で，宗教や権威への服従が重視されていた時代に青少年期を過ごした世代の方が，現代の若者世代より伝統的価値観を持つというイングルハートの社会化仮説，及び年齢を重ねるほど人は伝統的価値観を持つようになるというヴァン・デス (1983) のライフサイクル仮説の両方の解釈が可能である。そして高等教育進学が世俗的・合理的価値に対し一貫して正の効果を示したことも，イングルハート (1977)，ヘレヴィク (Hellevik, 1993)，クヌッセン (1990)，ローシュナイダー (1990) らの分析結果と一致している。また左右イデオロギーとの関係については，左派ほど世俗的・合理的価値を重視する傾向が一貫してみられる。労働者クラスや失業者という立場も世俗的・合理的価値観を促進するということは，例えば信仰心等より現実的利益を追求せざるを得ない状況を示しているのかもしれない。唯一仮説と逆の方向に効果が変化したのが個人の所得であった。以上から，世俗的・合理的価値については，国の政治状況がその国の平均的価値観の有り様に影響し，また個人的には現実的利益を追求する立場の人においてその重視が強まることが確認できた。

　一方，個人の自己表現価値観に対する国レベルの独立変数の効果に関しては，その国の豊かさや民主化度，インターネット普及率が正の影響を与える点では世俗的・合理的価値観と同じだが，共産主義体制経験国だけはマイナスの有意な効果を与えていた。そして個人レベルの独立変数の効果については，まず年代は「16-29 歳」と「30-45 歳」という比較的若い年齢層で自己表現価値志向が強いことを示し，「66 歳以上」という高齢層で生存的価値志向が強いことが示された。これは，伝統的価値／世俗的・合理的価値の対立軸に対する効果と類似している。さらに高等教育進学者ほど自己表現価値を重視していることは，教育程度の高い人ほど公共に対する理解が深まり，社会活動や政治参加に積極的になるという指摘に沿う (Galston 2001)。左派イデオロギー保持も同様の方向の効果を持っており，国際協調や個々人の平等を重んじる左派思想が脱物質的価値観に通じるとしたブレイスウェイツ，マッカイ，ピッテルコウ (1996) の指摘に沿うものである。

　これに対し，労働者層・失業者ダミー変数は一貫して自己表現価値に有意な
マイナスの効果を与えていた。こうした立場の人において，まず生活の安定を
重視しようとする物質的価値観が強まることは繰り返し指摘される通りである。
逆に，所得は一貫して正の効果を示しており，欲求の段階的充足説の予測と一
致する。また，第5波から投入したインターネット利用度は，自己表現価値に
単独で明らかな影響を与えている。インターネットが個人の自由で闊達な情報
収集・発信を促し，自己表現の場などを提供したことが影響したと考えられる。
　パネルデータ分析の結果とも併せると，国の政治的発展（民主化と共産主義
体制）と現実利益の追求をせざるを得ない立場が世俗的・合理的価値観を強め，
国の民主化と好調な経済，そして個人の比較的恵まれた立場が自己表現価値観
を強めるという傾向が確認できた。これらは概ね，先行研究・仮説に沿った結
果であったといえる。

1.5　結論と展望

　イングルハート（Inglehart, 1970, 1977）に始まる価値観の変容に関する研究は，
「伝統的価値観−合理的価値観」と「物質的価値観（生存価値観）−脱物質的価
値観（自己表現価値観）」という2つの重要な価値対立を軸に，大規模世論調査
データを駆使する形で発展してきた。ここから，各国の社会・経済・政治環境
とその国民の価値観の関係がマクロに分析されてきた。さらに個人的属性等の
影響に注目するミクロ分析と接合することでマクロ—ミクロ分析も発展したが，
その方法論的課題も指摘されてきた。そこで本研究は，WVSデータに基づく
マクロ分析に適したパネルデータ分析を行い，また国及び個人の特性が個人の
価値観に与える影響を同時推定するマクロ—ミクロ分析に適したマルチモデル
分析を行った。従属変数にはイングルハートとウェルツェル（2005）の枠組み
を援用して「世俗的・合理的価値」及び「自己表現価値」の因子得点を用いた。
また先行研究とそこから導出された仮説に沿って，国及び個人レベルの独立変
数を用意した。
　分析の結果，マクロ的にはその国の豊かさや民主化度，インターネットの普
及などがその国の世俗的・合理的価値観を強め，また自己表現価値をも高めて

いた。他方で第二次産業比率の高さや共産主義体制の経験は，社会において世俗的・合理的価値観を高めるが自己表現価値観を低めるという相反効果があることを示した。また失業率の高い国では自己表現価値観は重視されていなかった。この結果は，例えば第一次産業が中心であるような前近代国家では伝統主義が，第二次産業が中心であるような経済発展中の国家あるいは共産主義体制の国家では世俗主義・合理主義が，高度経済成長を終えて第三次産業中心の経済に移行した国では脱物質主義が重視されるというイングルハートとウェルツェル（2005）などの先行研究の指摘に沿うものであった。こうしたマクロ環境の影響をコントロールした上でミクロ変数の効果を確認すると，社会経済的地位が高い人の方が伝統的価値よりも世俗的・合理的価値を，また生存価値よりも自己表現価値を重視していた。しかし，労働者層や失業者は現実的な利益を重視するという点で伝統的価値よりも世俗的・合理的価値を重視していたが，同様の理由で自己表現価値よりは生存価値を重視していた。こうした結果は概ね先行研究や仮説を支持するものであった。

　特に経済状況が自己表現価値に与える影響に注目すると，マクロ的には国の豊かさがプラスの，失業率がマイナスの効果を与えていた。またミクロ的には，高所得はプラスの，労働者・失業者の立場がマイナスの影響を与えていた。したがって本研究の問題意識のように，経済環境の悪化は民主的社会を支える市民にとって望ましい自己表現価値のような価値観を阻害する可能性が示唆された。

　経済と価値観の関係について，日本のケースに即して考えてみたい。日本は第二次世界大戦後に高度経済成長を通じて先進国の仲間入りをし，1981 ～ 90年初頭にはバブル経済を経験，1995 年頃まで賃金上昇が続いた。この間，WVS データによれば，人々の価値観は東アジアの国でありながらプロテスタント・ヨーロッパ型の価値観に近付き，合理主義・脱物質主義の志向を強めていた。しかし 2000 年頃にはバブル経済崩壊後の不況が本格化し，経済成長率や実質賃金の低下と共に失業率の上昇が見られるようになった。2000 ～ 05 年の期間には若干の好景気も生じたが，2008 年のリーマン・ショックや 2011 年の東日本大震災で再びマイナス成長となった。図 2 によれば，2000 年以降の日本人の価値観には，わずかながら物質主義や伝統主義への回帰傾向が見られ

る。日本は世界に類例がないほどの急速な発展と衰退を経験した国の事例として，今後も動向が注目されるかもしれない。とりわけ，東アジア情勢の緊迫化によって近隣諸国へのネガティブな感情も生じており，経済の停滞と相俟って市民的価値観が揺らぐことも心配される。

　最後に，本研究の分析的課題や今後の展望について付け加える。パネルデータ分析においては，WVS 各波で調査国の組み合わせが異なり，また分析に必要な独立変数が欠損しているために使えないデータも少なくないことから，かなり不完備なパネルデータとなっている。このことが推定のパフォーマンスに影響している可能性は充分にある。またマルチレベル分析においては，個人レベルのほとんどの変数が有意な効果を示したが，それは分析対象となるケース数が非常に多いからかもしれない。各国の価値観を代表させるために充分なケース数を確保する必要があるが，過剰な推定を行っている可能性を排除する方策を今後考えなければならない。また，ランダム切片モデル以外のモデルによる推計も試みる必要がある。このような限界はあるが，第6波まで含んだ形で包括的分析を行った例はまだ少ないため，主要な変数の効果を確認するという点では意味があったと考えられる。WVS のような大規模国際調査は，方法論の発展に支えられつつ，今後も世界の人々の価値観の把握や分析に大きく貢献すると期待される。

第 2 章

「東アジア的」な価値観とソーシャルネットワークは民主主義と両立するか

池田謙一・竹本圭佑

2.1 価値観とソーシャルネットワークの重要性

　異なる価値観を持つと人々の生活への向き合い方や社会に対する見方も異なる，とは世界価値観調査の一つの大きな前提であり，じっさい同調査は価値観の差異が，彼らが文化圏と呼ぶ複合的なパターンの違いとなって人々の行動や社会的志向性を形造っていることを鮮やかに浮かび上がらせてきた[1]。東アジア文化圏もそうしたパターンの一つである。

　一方，価値観が持つ意味が実際に作動するのは，人々が日常暮らすソーシャルネットワークを通じた相互作用においてである。人々の行動は真空の中で生じるのではなく，社会的文脈，つまり家族や友人や同僚といったソーシャルネットワークの中で生じる。ソーシャルネットワークが持つ行動の規定力は20世紀実証研究の偉大な遺産の一つであるラザスフェルドの投票行動研究の成果によって知られることとなり，生活の広い範囲で実証されている。したがって，人は価値観をベースに行動を決めていくというだけではなく，相互作用の中でその行動が決まっていく，という側面も有する。

　そして社会的な相互作用は決してランダムなものではなく，比較的安定的な社会関係の中において生じる。この社会関係の中では勢力（power）の不均衡が日々の関係性に内在化して機能している。伝統的な日本や東アジアの世界では，親子間，組織内成員の上下間，支配者と被支配者間に典型的に見るような

1　山﨑（2016, pp. 23-27）の紹介を参照されるとわかりやすい。

社会的な関係性において上位者の優位性が明瞭で，しかもそのことが文化的に，つまりは社会的な価値として正統とされてきた。「目上」や「目下」という言葉が自然な文脈の中で容易に理解され，そのネットワーク的な関係性を踏まえて行動が行われるのみならず，その関係性に価値的な含意が含まれている。それは親孝行に代表される親密な関係性の中だけでなく，社会全体を上下の枠組みにおいてとらえる儒教的な観念にみるように広範に正統とされてきたのである（これを以下では垂直性強調価値観と呼ぶ）。

　同様にして，日本や東アジアでは調和的な社会関係が強調され（以下では調和志向価値観），価値の上でもネットワークの中でも人々の行動を制約してきた。人々のネットワークが同質的になりがちであることはアメリカの大規模な総合社会調査（GSS）などでもはっきりと実証されているが（Marsden, 1988; McPheson et al., 2001），東アジアではその同質性に対して高い価値評価を与える。

　こうした上下関係や同質性にまつわる価値観とネットワークの二つが現代の日本での文化的な実践の視野の中にどれだけ入り込み，人々の行動を規定しているかを検討することが本章の課題である。民主主義論の観点からみるとネガティブな効果をもたらす可能性があるからである。上下関係も同質性も遠い過去の残滓ではない。日々の日常生活の中で日本人はこれらを折に触れて意識させられていることに鑑みれば，これは重要な課題である。

　本章ではソーシャルネットワークと価値観を検討する中で，この二つが相互に関連しうることにも注目したい。これが本章のサブの課題である。ソーシャルネットワークが階層的に構造化されていたり，ネットワーク内の同質化の度合いが高い状態の下で，上下関係を肯定したり，異質性を排除するような価値観と結びつくと，ネットワークと価値観との一貫した組み合わせとなり，それが一貫しない場合よりも，より強く人々の行動や社会的志向性を規定するのではないか，と考えるのである。逆に，人が自らの価値観とは一貫しないソーシャルネットワークの中に埋め込まれている場合には（互いに葛藤を起こして），価値観やネットワークがもたらす規定力は弱化するとも推定できるだろう。二つが一貫しているとデフォルトで仮定することはできない。二つが密接に結びついた一つのシステムとしていつも機能するとは限らない。東アジア的な価値観と西欧的な民主主義的価値観という異なる淵源を持つ価値観がともに存在し，

またそれらをめぐって変化の激しい文化的社会的状況をとりわけ 20 世紀後半に経験した日本では，この一貫性の様相について検討する意義がある。

本章では分析の対象とする行動や社会的志向性として，民主主義論や社会関係資本論の観点から重要な，信頼（一般的信頼と制度信頼），互酬性，政治参加，寛容性（信頼型寛容性と安心型寛容性）を取り上げる。そして，東アジア的な価値観として検出される垂直性強調や調和志向的な価値態度，また上下関係や同質的なソーシャルネットワークが，信頼・互酬性・参加・寛容性に対してマイナスの効果をもたらすことがないのかどうかを吟味していく。

2.2 東アジア的価値観とソーシャルネットワークのもたらす 規定性の研究概観

このように，価値観とネットワークという二重の制約（constraints）の下での人間行動には一定の予測可能性があり，また価値観とネットワークが相互にポジティブに支え合うという一貫性が予想できる。まずは，価値観とネットワークのそれぞれについて，既存の知見を概観しよう。

第一に，人が有する価値観が行動を規定するという知見は，政治行動研究の分野でも後発の文化心理学の分野でも多大の蓄積がある。古典的なアーモンドとバーバの「市民文化」研究は（Almond & Verba, 1963; Verba, Nie & Kim, 1978），政治文化となって現れる政治的態度や価値意識の差異が政治参加などの行動の差異をもたらしていることをそれぞれ 5 カ国，7 カ国の代表性あるサンプルで実証し，大きなインパクトを与えた。また，イングルハートは（Inglehart, 1977, 1990; Norris & Inglehart, 2009 など），彼の主張する物質主義的・脱物質主義的価値観と政治的志向・行動との関連性を実証する世界価値観調査をこれまで 6 回にわたって主導し，西欧や北米のみならず，アジア，アフリカ，南米，中東，東欧，中欧などまで網羅した価値観のマップを提示し，価値観と人々の社会認識・行動の関連性を示してきた（第 6 回調査の世界 57 ヵ国のデータを用いて日本を焦点とした著作にまとめたのが本書の姉妹編である池田編（2016）である）。一方，心理学的な視点からは，50 ヵ国以上にわたる IBM 社員の価値と文化の比較研究を嚆矢としたホフステードの研究（Hofstede, 1991）が成長し

て比較文化心理学（cross cultural psychology）として心理学の一角を占めるまでに至っている。

　他方，人がネストしているネットワークがいかに人の行動を規定するかは，所属階級・階層の規定力に焦点を当てた社会階層研究とは別に発展をしている。社会階層とは独立してソーシャルネットワークが投票行動や消費行動を強く規定するというラザスフェルドらの古典研究は（Lazarsfeld et al, 1944; Katz & Lazarsfeld, 1955），政治学の分野ではハックフェルトを中心に研究が深化し（Huckfeldt & Sprague, 1986; Wolf, Morales & Ikeda, 2010），20世紀末にはパットナムらの社会関係資本論（Putnam, 1993, 2000）とも融合する形で，人が占めるネットワークのコンテクストやネットワークによる視野の制約がその人の志向性や行動を規定するメカニズムを明らかにしてきた。他方，社会学ではローマンらの都市社会におけるネットワークの研究を経て（Lauman, 1973），グラノベッターやバートによって，ネットワークの構造そのものに大きな焦点が当てられ，人々の行動のアウトプットがその人のネットワーク構造上の位置やネットリーク内の資源の利用可能性に規定されることを明るみに出した（Burt, 1992, 2005; Granovetter, 1974; Lin, 2001）。

2.3　価値観とソーシャルネットワークの東アジア的な性質の先行研究

(1) 価値観の先行研究

　価値観とネットワークの持つ役割を検討するため，本研究では価値観として，儒教的な東アジア的価値観とコスモポリタンな西欧的民主主義価値観の競合を念頭に検討する。なかんずく前者に焦点を当てる。

　本書がカバーする WASC 調査には世界価値観調査も含まれているので，物質主義的／脱物質主義的価値観も分析可能であるが，本章の枠組の中ではそれを行わない。というのは，生き甲斐や生存／安全といった個人の欲求（マスローの欲求の階層）の理論に基づいてイングルハートによって理念的に構築された価値観ではなく，本章ではより社会的な視点に立つ価値観で，直接的に政治行動や社会参加に関わる公的な価値観や，私的な集団内での社会関係性に関わる価値観を検討する。典型的には儒教に体系的に見られる東アジア的価値観を

肯定する志向性がリベラルな民主主義の観点からみてネガティブな効果をもたらす可能性を分析する。より具体的には公的・私的な2つの側面で価値観とネットワークに共通する特性である上下関係への志向性と調和志向を検討する。このことが西欧とアジアの中間的な位置にある日本データの分析には，重要な意味がある。

近年，東アジアの民主主義を巡って「民本」"Minben" 概念がしばしば注目される (Shi & Lu, 2010; Spina, Shin & Cha, 2011; Murthy, 2000)[2]。民本では，その直接的な意味である「人民が国の政治の礎である」ことを強調するのみならず，選挙や三権分立，市民の権利の尊重といったリベラルな民主主義の根本となる手続き的な制度よりも，政治的リーダーシップを通じて人々の福利を実質的に増進することを重視する。それは儒教的な政治文化と親和性が高く，政治的リーダーと市民との間に非対称性があることを基本的な前提としている。そしてパターナリズム的で自己陶冶された，倫理的かつ慈悲深い知的なリーダーが先頭に立ち[3]，そのリーダーと支配されるものたちの間では階層間で互酬性が成り立つことで十全な政治が確立すると強調する[4]。この階層的な権力の受容こそが実りある民主的な実践を生み出すとまで主張されることがある。つまり手続き的民主主義よりも substance（実質）重視のもたらす経済的ないし生活上の豊かさが民主主義の支持につながるのだという論点である (cf. 尹, 2017; テキ, 2014)。さらに，リーダーが調和的な政治的秩序を求めることによって，市民がどれだけ国の礎であったとしても市民の異論を条件によっては抑圧可能であり，リーダーは守護者として市民の上に立つと潜在的に仮定される。

こうした考え方は，古くからの東アジアの政治文化の線上で理解しえ，また後述するように東アジアの中で一定の支持があるものの，リベラルな民主主義の下で育まれた社会関係資本論で想定されるソーシャルネットワークや政治参

---

2 吉野作造の民本主義のコンテクストからは独立して用いられている。

3 リーダーのみならず，階層に関わりなく，東アジア的な価値観では教育による人格陶冶を強調する。社会の調和と秩序を維持するために，法や罰に頼るのではなく，上下ともに人々が徳を意識し，自らの義務を自発的に果たすことこそが肝要だと考えるのである。

4 ここでなされるとされるパターナリスティックな立場からの介入の限度はなく (Shin, 2012)，経済的豊かさ，政治的安定，社会的調和を確保して人々の福利増進を保証するためには何ごとも可能だと考える。このことはリベラルな民主国家が私的事象に立ち入らない中立性を保とうとする志向性を有するのとは異なる。

加のあり方とは一致しない（Putnam, 2000）。社会関係資本論では，垂直的な上下関係を基本的な社会関係とは想定せず，水平的なネットワークの中で，また異論を抑圧しないで議論を戦わせる市民の間でこそ，リベラルな民主主義が機能すると主張しているからである。政治学における社会関係資本論発展の先駆けとなったパットナムの 1993 年の著書は *Making Democracy Work* と題され，水平的な社会関係の中で民主主義が機能することを示そうとしたものであった。

さて東アジアでは，民本的な考え方が実証的に多くの人に共有されているかを見ると，必ずしもそうではない。2005 年世界価値観第 5 波調査によると，東アジアの人々がとりわけて階層性を強調するような価値観を持つわけではない。平等主義や個人主義的な価値観の持ち主が多数派を占めており，それはラテンアメリカを含む他の非西欧的な文化よりもそうであった（Shin, 2012）。また，アジアンバロメータ調査第 2 波（ABS2; 2007-2008）によると，リーダーによる倫理性の高いリーダーシップはアジアでは支持の程度が二分されており，韓国やシンガポールでは支持が高いが，日本・中国・台湾では 3 割程度の支持に過ぎなかった（Shin, 2012）。

さらに，猪口とブロンデル（2010）のミレニアム 18 ヵ国調査（ヨーロッパ，東アジア，東南アジアを含む）でも，東アジアに特徴的な価値観はある程度認められるものの，突出してユニークで他と異なるわけではないと結論づけている。

だが，東アジア的な価値観が民主主義と両立するかどうかが問題であり，またその両立は疑わしいとする見解も確かに存在する。ABS2 を分析したシン（Shin, 2012）によれば，数の上では多数派ではないとはいえ，儒教的な考え方の支持度が高いほどリベラルな民主主義の支持が低いという相関は，儒教を育んできた東アジアを通じて共通に見られる特徴であり，儒教的な政治的価値はリベラルな民主主義とは両立しにくいと結論づけている。

池田（2012）は，こうした東アジア的な価値観を分析する際に，公的な事象に対する価値観と私的な事象に対する価値観に分離して検討することに因子分析からも妥当性があると示した上で，ABS2 のデータにおいて，東アジア・東南アジア 13 カ国の中で日本は私的なパターナリズムにおいても調和志向においても最弱である一方，公的な価値である民主主義への志向性は最強であることを示している。価値の支持の強度という点からは，弱い公的東アジア的価値

観と中程度の弱さの私的な東アジア的価値観という特徴付けが可能であった。同様にシンは（Shin, 2012），儒教的な考え方でも公的なものと私的なものと分離する傾向が認められ，公的状況では儒教と縁の深い東アジアもいまはリベラル方向に移動している，つまり儒教的な志向から離れていると指摘している。

　また，尹（2017）は，私的な東アジア的価値観が中国人の間では階層性志向・コンフリクト回避志向・集団優位志向の三次元構造をなしていることを確認的因子分析で明らかにした上で（私的なパターナリズム，調和志向，集団主義に対応），これらの価値が公的な権威主義とパターナリズムと合わさって中国人の持つ民主主義への態度を規定してきたことを示している。

　さらに，池田（2012）は，政府に対する制度信頼を説明されるべき従属変数としたときに私的なパターナリズム（垂直性強調価値観）は正の効果を示し，調和志向は弱い負の効果を示すことを見いだした。また統治への政治参加を接触型政治参加（行政職員や国・地方の政治家や自治体職員，政党，市民団体などへの接触行動）と行動的な政治参加（請願書署名，デモ参加，政治的影響力の行使など。同論文では潜在抗議型と呼んでいる）に分けた分析では，パターナリズムが抗議型の参加を促進し，調和志向は抑制的に働く傾向があった。儒教的な解釈をすれば調和志向は予測に合致するが，パターナリズムは合致せず，この論文では政府のパターナリズムが十全に機能していないことに対するリーダーへの抗議の意味があると解釈された[5]。

(2) ソーシャルネットワークの先行研究

　ソーシャルネットワークの東アジア的な特性の効果，つまりソーシャルネットワークの垂直性・同質性に関する知見は価値観とは別系統の研究の中でわずかではあるが池田らの研究を通じて積み上げられてきた。当初は選挙研究の文脈で日本の代表的な選挙調査 JES の中にソーシャルネットワークの階層性と同質性の変数を組み込むことで検討され，後に日本版総合社会調査 JGSS によ

5　儒教的な価値観では，支配者と人々との間には信頼によって相互にコミットする関係が成立する必要があり（Shin, 2012），信頼を失えば，支配は単なる抑圧的な行為となって革命を招くという論理構造を持つ。制度信頼の解釈と合わせると，パターナリズムが制度信頼を促進しているのに信頼される側の政府は十分に機能していないではないか，と抗議の形で政治参加している，という構造が推定される。

る東アジアとの連携研究 EASS2012 年版の比較研究において，東アジアのソーシャルネットワーク研究者（社会学者である Yanjie Bian や Ray-May Hsung ら）との共同で精査された。本章の分析は，さらに WASC 調査の中でソーシャルネットワーク調査として 2112 年に実施されたデータに基づいて行う。

　ここでの主たる考え方は池田とリッチー（Ikeda & Richey, 2011）が示したように，ソーシャルネットワーク上の東アジア的な特性を周囲他者との目上・目下という上下関係と同質的なネットワークの形成に求めるもので，そのことがもたらすリベラルな民主主義へのマイナスの効果を検討する。

　池田とリッチーの分析は JES3 の 2001-2006 年にわたる 9 回のパネル調査（同一人物の追跡調査）に基づいて行われ，周囲他者から成るネットワークの特性が政治知識の増加，投票参加，投票先の方向性の決定，寛容性の醸成，一般的信頼の増進に関連しているかが吟味された。分析の結果が示したのは，日本の有権者が周囲のネットワークの上位者と同方向（同政党）に投票する傾向性はあるが，それが強いられたものである形跡は弱く，かといって知恵ある上位者の影響力によるものでもなく，東アジア的価値観の影響とみられる可能性は薄いという点であった。周囲他者の政治知識は確かに有用であるが，それは上位他者から来るというよりも異質他者が届けるものであることが見いだされ，この点でリベラルな民主主義論と合致する結果であった。同様に異質他者の効果は寛容性の醸成にもプラスであり，これもリベラルな民主主義論と一貫するものであった。

　また，池田とボアーズ（Ikeda & Boase, 2011）は JGSS2003 データを分析し，社会関係資本論の立場からネットワークの同質性の効果を検討した。同質性は価値観の上では調和志向に親和的だと考えられるが，分析結果はネットワークの同質性も異質性もともに政治参加一般にプラスであることを析出した。東アジア的な解釈が可能な同質性の抑制効果は見えにくい。

　さらに，池田と竹本の研究は（Ikeda & Takemoto, 2016），東アジアの日本・韓国・台湾・中国の比較調査（EASS2012）の分析に基づくもので，周囲他者のネットワークおよび加わっているボランタリーな集団内でのネットワークの階層性と同質性が人々の寛容性と一般的信頼や制度信頼に対して及ぼす効果を検討した。本章ではその結果から日本データのみの分析にしぼり（同論文では

4カ国分を分析）周囲他者の効果に改めて注目すると，寛容性に対してはネガティブな効果は見られず，一般的信頼に関しては上下関係を持つネットワークで予測通り信頼が低下した（予測のロジックに関しては下記参照）。また制度信頼に関しては，調和の是認によって信頼が増大する予測は支持されたが，階層性の効果は見られなかった。

(3) 先行研究のまとめ

以上を要するに，東アジア的な価値観やネットワークの負の効果が明瞭に見えるとは言いがたい。日本においては，そもそも東アジア的な価値観に対する支持の絶対強度は強くなく，またソーシャルネットワーク内に上下関係を含むケースは必ずしも多数派ではなく（Ikeda & Richey, 2011），さらにソーシャルネットワークの同質性は東西を問わず広く観察され，それが東アジア的であるとは断定しがたい。にもかかわらず，価値観の調和志向は政治参加や制度信頼にマイナスであり，ネットワークの上下関係は同一方向の投票行動を引き起こし，一般的信頼を落とす，などのネガティブな効果が生じていることを否定しきれない。

なお，東アジア的な価値観やネットワークの視点からの予測は，リベラルな民主主義の予測と常に反するとは限らないので，解釈が曖昧になることにも注意しよう。特に調和志向やネットワークの同質／異質性からの予測には重なる部分がある。民主主義論的に見てネットワーク上の異質他者の存在が知識や寛容性に対してプラスであるという予測は，同質的他者が知識や寛容性にマイナスとなるという東アジア的な予測と裏腹の関係にあり，片方が実証されることは他方の否定にはならない。こうしたことを踏まえた上で結果の解釈には慎重でなければならない。

2.4　価値観とソーシャルネットワークの相互一貫性と概念枠組

本章ではソーシャルネットワークと価値観が相互に一貫的な傾向を示すものだと考える。

具体的には，パターナリスティックに上下関係を強調する垂直性強調価値観

を持つ人はそうでない志向を持つ人よりも，個人のソーシャルネットワークの構成においても周囲他者との関係において上下関係を多く有するだろう。そして，この上下関係が影響力を持ちやすくなっているだろう。また，社会的な調和を強調し，異論を回避するような文化的志向性を有すれば，そうでない志向性の保持者よりも同質的な周囲他者を自己の直接的なネットワーク内に持つことを好み，異質な要素をもたらす他者に対する接触についてはより抑制的となるだろう。これらの関連性は，いずれかが因果的に先行するというわけでなく，相互に強化的なものであると考えられる。ソーシャルネットワークの上下関係とその勢力上の差異がもたらす効果は価値観によって正統化されて持続的な効果をもたらす。他方，パターナリスティックな垂直性強調価値観が正統文化だと考える人々はソーシャルネットワークの生成と選択において上下の差異の明確な社会関係を取得する傾向を持つだろう。同様のことは調和志向的価値観と同質的なネットワークとの間でも生ずるだろう。

　こうした一貫性の主張が統計的なデータで裏付けられた研究を筆者は知らない。実証ベースではなく，研究者たちはこれを当然の前提としてきた。が，本論ではこの点について実証的な吟味を行い，その上で，一貫性があることにより階層性や同質性の効果が強化される，つまり一貫性の高いところで価値観とネットワークの効果が強いという予測を検討する。

　そもそも価値観とネットワークの効果を同時に検討した研究は乏しい。直接的に焦点を当てている研究には国政選挙の国際比較研究 CNEP プロジェクトのデータを用いたガンサーら（Gunther, 2005; Gunther, Puhle & Montero, 2007）のものがある。彼らは，人々を結びつける媒体（intermediation）たるメディア，中間集団，そして自己の周囲のネットワークの持つ党派的バイアスが「価値が投票選択に関連性を持つのを媒介している」ことを実証している。

　だが，彼らが分析対象とした諸国での「価値」は保革イデオロギーと相関の高い伝統的保守と社会主義，社会民主主義志向といった尺度であり，本章で取り上げるようなソーシャルネットワークと直接相関したり，非西欧的な淵源に根ざす価値観ではない点，また本章ではネットワークによる党派的「バイアス」を扱うのではなくネットワークの特性そのものを扱う点，この 2 点で抽象度が異なる。さらに言えば，本章ではソーシャルネットワークを「バイアス」

図1 価値観とソーシャルネットワークが及ぼす効果

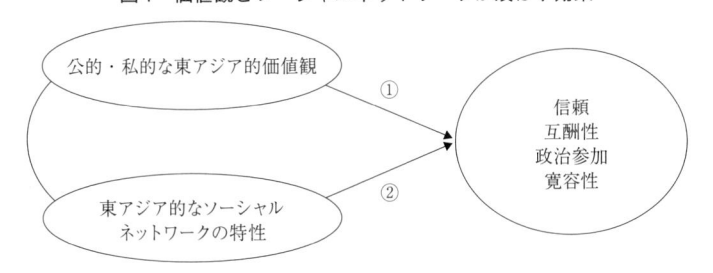

というようなレンズの歪みに見立てるような付加的な要因とは考えない。そうした考え方はネットワークより価値観が個人の判断として優先するという，西欧的な個人主義的バイアスでしかない。また彼らの論理的な枠組みは古典的なラザスフェルドの投票行動研究の枠組みから抜け出し得ていない。本章で主張したい枠組みは，価値観が人間の心理的な行動の制約（ないし基準）であるのに対し，ソーシャルネットワークは人間が生きるに当たっての環境的な制約であり，どちらかが優位であるのではなく，人間の行動の根本的な二大制約である，というものである。そして価値観においてもソーシャルネットワークにおいても，文化に根ざした重大な差異がありうると主張する。つまり，人と人の差異について垂直性強調価値観と調和志向価値観で正統化するのか，あるいは階層的なネットワークを水平的なネットワークに優先して社会を組み立てる基点と考えたり，異質な外部からのネットワークに対して否定的に志向するのか，といった文化に関する論理的枠組みに基づいた検討を行うもので，ガンサーらの古典的な政治学の枠組みの中のロジックとは本質的に異なる。

　以上をまとめると図1のような概念図となる。そして，①の関連性と②の関連性には交互作用があり，両者が一貫すれば関連性は強まる，と予想する。

　またここからは，我々の従属変数の規定要因としてより強固なのはネットワークという環境的制約なのか，価値観という心理的制約なのかという問いを立てうる。たとえば，東アジア的価値観もソーシャルネットワークの上下関係もともに寛容性にマイナスである場合，対等なネットワークを持っていても，アジア的価値観がマイナスなら非寛容になるのか，あるいはアジア的価値観を支持しない場合でも，上下関係のあるソーシャルネットワーク上の他者が存在す

るとき，寛容でいられるのか，という問いが立てうる。

2.5　従属変数の選択——社会関係資本論と民主主義論の観点から

本章で東アジア的価値観やネットワークによるマイナスの効果のターゲットとして吟味するのは，社会関係資本論や民主主義論においてしてしばしば検討されてきた信頼・互酬性・政治参加・寛容性である。分析においてはこれらを価値観やネットワークのあり方によって左右される従属変数として扱う。

パットナム（Putnam, 1993, 2000）はよく知られた社会関係資本論の研究の中で，リベラルな民主主義を機能させる基本的要因としてネットワーク，信頼，互酬性を挙げた。そしてこの三者が相互的に促進関係を持つことによって民主主義がより効果的に機能すると指摘した。本章では，ネットワークは人々の行動を律する要因であって，人々の行動の結果ではないと設定して独立変数として扱うため，信頼と互酬性を従属変数とする[6]。

互酬性（reciprocity）は互恵性とも呼ばれ，古くから人と人の相互作用の基本要因だとみなされ（たとえば Homans, 1961），人々が相互に他者の益となることを自発的に行う行動傾向を指す（他者に何かをしてあげたときに見返りを期待できるという特定的な互酬性と，情けは人のためならず，と言われるような意味での一般的互酬性に区分することが可能である）。しかし，どの社会においても等しい形で互酬性が作用するとは限らない。対等な他者間，階層差のある他者間，あるいは異なる世代間によって互酬性のあり方は異なってくる可能性がある。結城（1999）は異なる世代間の互酬性が集団内の長期的な公正性の維持のあり方として日本人に支持されていることを実験的に示している。また儒教文化の下では階層的な上下間での互酬的な志向性が維持される（尹, 2017, 1 章 p.14）。これらは北米やヨーロッパで成り立つとは限らない。本章では互酬性を促進する要因として東アジア的価値観とネットワークの特性のあり方が関連しているかを検討する。

信頼は，本章では他者に対する一般的信頼と制度一般に対する信頼（制度信

6　もちろん長期的視点から，信頼があるからこそ，また互酬性が維持できるからこそネットワークが維持され，機能し，発展するという関係性は成立しうるが，ここでは論点外とする。

頼）とを分けて考える。

　一般的信頼は，未知の他者に対する開放性と機会の創出に正に関連し，民主主義論において新しい絆を形成する集団形成や水平的な社会の促進に欠かせない要因だと考えられている。それは異質な考え方や習慣に寛容で受容的なマインドセットを用意するものでもある。

　制度信頼は，社会制度に対する基本的な信頼がなければ社会が機能していかないという点で，同様に重要な要因である。政府を信頼できなければ納税をためらうことさえ生じ得，また警察を信頼できなければ自分で身を護るしかないことになりかねない。社会全体から見れば，制度に対する信頼が低下すると，社会的な監視や強制力による威圧的強権的な社会統制の役割が増大しかねない。民主主義論では，制度信頼は社会が低コストで機能していく重要な要因であると考える。本章では，さまざまな社会的制度一般に対する信頼に焦点を絞って制度的信頼を測定する。

　次に，従属変数として寛容性と政治参加を加えた。マッツはそのよく知られた著書の中で（Mutz, 2006），異質な他者とのぶつかり合い（同書では政治的に対立する意見を持った他者との対立・議論）が，一方で対立する意見の表明を許容するといった，他者の政治的意見に対する寛容性を促進しながらも，他方では対立を嫌悪し回避しようとする結果として政治参加を抑制するのではないか，と主張し，実証的な証拠を提示した。意見の相違がもたらすこのような正負の二つの帰結は，意見の相違を戦わせた上で，調整，妥協，より高度な解決を目指すリベラルな民主主義においてパラドックスだと論じたのである。これまでの実証的な証拠は，寛容性については比較的安定した知見があるが，政治参加については条件により抑制と促進の双方の知見が存在する。ここではこのパラドックスの検討を，価値観とソーシャルネットワークの視点から，東アジア的価値観の負の効果が見られるかどうかについて分析していく。

　寛容性には2つのタイプが区別される。本章で扱う寛容性とは全体として「自らが反対したり拒否したりすることがらに『耐える』こと」であり，「自らが反対する観念や関心を（他者が）表明することを許容しようとすること」（Sullivan, Pierson & Marcus, 1981, p. 2）であると定義されるが，対立する他者を許容しても自らの安全性が何らかの脅威にさらされないような安全性が制度的

な手段で確保されていると認識する「安心型寛容性」と，他者の極端な考えでもそれを表明したり行動することを原則として許容するべきであり，そうした他者と共存可能だと考える「信頼型寛容性」の2つが概念的に区別しうる（池田・小林, 2007）。これらの区分は，山岸（1998）による安心と信頼の概念的区別に対応している。

この区分に基づくと，安心型寛容性は，制度やルールの仕組み，あるいは罰などの強制的な統制手段で不人気な観念を持つ人々が制度を超えて暴走しないように統制できる（と認知する）限り，確保される。信頼型寛容性は，制度的な支えのいかんよりも他者が意見を表明できる自発性に対する態度であり，自らの自発的意思で発言する限り不人気な考え方でも許容すればよいと考える。

政治参加とは，アーモンドとバーバの古典研究以来，市民の側から社会に対するアクションとして，政治・行政に関わる公職者との接触，メディアへの働きかけ，より直接的な政治行動となる請願書の署名，市民・住民運動参加やデモ参加，投票参加，選挙活動への参加などを含んできた（池田ら, 2010）。本章では政治参加が社会関係資本論で予測するような効果を持つのか，マッツ的な抑制効果は存在するのかを，東アジア的価値観との関連性において検討する。

2.6　仮説形成——東アジア的価値観との関連で

(1) 信頼

東アジア的価値観は，社会的関係を制約する方向に作用すると考えられる。パターナリズム的な垂直性強調価値観はタテ型に構造化された社会関係を統制する志向性を持つため，オープンで新しい社会関係を歓迎しない傾向を持つだろう。未知の他者との遭遇時に上下関係の見極めを重視することも新しい関係形成には阻害となるだろう。このため，高い一般的信頼はサバイバルしにくいと考えられる。また，一般的信頼の高さは異質でオープンな社会関係への志向性と親和性を持つのに対して，調和志向価値の選好は，より固定的でクローズで調和的予測がしやすい社会関係を志向することを通じて，一般的信頼とは負の相関を持つだろう。

同様に，ソーシャルネットワークについても，上下関係の見極めを重視する

文化規範の下で新しいネットワーク他者のもたらす不確定性は選好されにくいだろう。このため，タテ型のネットワークを有するほど一般的信頼が低くなる傾向があるだろう。ネットワークの同質性に関しても同様であるが，これは社会関係資本論の予測と合致する。したがって，仮説は「垂直性強調価値観や垂直的ネットワークが強いほど一般的信頼を低く持つ傾向がある」，「調和志向価値や同質的なネットワークが強いほど一般的信頼を低く持つ傾向がある」。

(2) 制度信頼

東アジア的価値観のもとでは制度信頼はどのような作用を受けるだろうか。ここでは階層的なネットワークへの志向性があるため，集団や組織・団体において明確な階梯を選好しやすく，ネットワーク内の上位者はこうしたタテ型の集団や組織の正統性を強調するだろう。またこの正統化を通じて集団や組織に対する異議を抑圧する傾向を持つだろう。上位者の考え方と合致しない考え方は許容されにくく，上位者側の論理との同質性が重視されるだろう。これら階層肯定と異議抑圧のロジックは，現行の諸制度全般への肯定的態度，すなわち制度信頼と親和性が高いのではないだろうか。したがって仮説は「階層的なネットワークを支える垂直性強調価値観や階層的ネットワーク構造は制度一般への信頼と正の相関を持つ」。また「同質性を調和志向価値観として強調すること，同質性の高いソーシャルネットワークに属していることと，制度的信頼との間には正の相関がある」と仮説を立てられる。

(3) 互酬性

東アジア的な文化の下では，上位者は下位者に対してその人格において情け深く面倒見がよく，他方で下位者は上位者を信頼し率直に従うことが，階層的な社会を安定的に発展させる互酬的機能を果たすと考えられる。このことは階層性の支持とタテ型的な互酬性の支持が正相関することを予想させる。本章で扱うデータでは，データの説明の第7節で見るようにタテ型の互酬性に特化した尺度を測定できていないが，タテ型の互酬性の支持から一般化して互酬性全般を支持する傾向につながる可能性はあるだろう。しかしリベラルな民主主義の視点でも，一般化された互酬性は支持されるはずなので，ここでの仮説は両

視点に対して弁別的ではない。

　一方，同質性に関してはどうだろうか。東アジアでは，互酬性は固定した長期的なタテ型関係において強く関連するのだとすれば，その関係から外れうる異質な他者に対しては互酬性を期待しない可能性があるだろう。

　同様にソーシャルネットワークにおいても，価値観から期待されるように階層差がポジティブな機能を果たしている限り，階層的なネットワークの保持者は互酬性支持，異質的ネットワークを含むと不支持となるのではないかと考える。

(4)　政治参加

　シン（Shin, 2012, p. 146）は，「慈愛に満ちたパターナリズムという儒教的な考え方は，人々の政治過程への参加を歓迎しない。公務に携わる者との相互作用も促進しない」と主張する。一方，そこには「政府がそれに値しないとき以外には」という条件が付く。このことは一般的にはパターナリズムは政治参加を抑制するものの，政府に対する信頼が低い場合には逆の可能性があることを示唆する。池田（2012）は後者の可能性がアジアンバロメータ13カ国データの分析では生じていることを示している。だが仮説の方向性は確たるものではないので，RQ（リサーチクエスチョン）として「垂直性強調価値観は政治参加を抑制するか」とする。

　シンはさらに，東アジアでは「調和のあるコミュニティを強調し，利害の競合ではなく，コミュニティの福祉のための協働を要求する。調和が，個人の生活でもコミュニティの生活でも究極の目的なのだ」と論じた。この点では東アジア的価値観と政治参加との結びつきは，あいまいである。政治参加はときに利害の競合と連動し，ときに協働的な側面をもつからである。RQとして「調和志向価値は政治参加を抑制するか」とする。

　ソーシャルネットワークとの関連では，価値観との一貫性に鑑みて，RQ「タテ型ネットワークも同質的ネットワークも政治参加に抑制的となるか」としておく。

(5) 寛容性

信頼型寛容性と東アジア的価値を反映するソーシャルネットワークとの関連性はどうとらえられるだろうか。東アジア的価値が情け深いパターナリズムを標榜するものだとしても，ネットワークの持つ階層的性質は信頼型寛容性と両立しにくい。上位者が下位者に対して上位の意見に従わせようとする基本的な図式に優位性があり，異質な立場や意見に許容的にはなれないからである。階層性の中にあっては，下位者は上位者に対して不同意を示すことにためらいを示し，基本的に上位者が正しいと仮定することが期待され，他方で下位者からの不同意を上位者は抑圧する傾向を持ち，結果として異なる意見を受容しにくくなるだろう。つまり，仮説「垂直性強調価値観やネットワークに属している人々はそうでない人々より信頼型寛容性が低いだろう」。同様の線上で「価値観やソーシャルネットワークが同質性を強調するところでは，異質な意見を回避する傾向が生じ，結果として異質な他者を含むネットワークでは信頼型寛容性が低いだろう」との仮説も立てられるだろう。

一方，安心型寛容性は異なる予測をする。なぜならこの種の寛容性は制度そのものへの信頼に付随するので，予測は制度信頼と同期するだろう。つまりパターナリスティックな制度を支持する限り，仮説「垂直性強調価値の保持者は安心型寛容性が高い」。

また，異質性を抑圧することは制度やルールの作用の予測可能性（統制可能性）を高めるので，仮説「調和志向価値観を支持するほど安心型寛容性は高くなる」。

ソーシャルネットワークとの関連についても同様の予測できるだろう。タテ型ネットワークと同質的ネットワークは制度の統制可能性を高めるからである。

2.7　データ

本章では，WASC データのうち第 2 パネルと第 3 パネルのデータを分析する。前者は 2011 年 11 月から実施されたアジアンバロメータ調査第 3 波（2012ABS調査）であり，価値観や政治的態度の変数を多く含んでいる。後者はその約一年後の日本オリジナルのソーシャルネットワークを主題とした調査である

(2013SN 調査)。東アジア的価値観の検証をメインテーマの1つとするアジアンバロメータには，これまでネットワークに関する項目は含まれていなかったため，WASC データによって初めて東アジア的価値観とネットワークの相互作用の検証が可能となった。WASC データのうち第2パネルの回答者数は1,880 人，第3パネルは1,127 人であり，その双方に回答したのは1,097 人である（女性：547 人，第3パネル調査時点での平均年齢：57.46 歳）。

(1) 独立変数1 ——東アジア的価値観

アジアンバロメータの東アジア的価値観項目群の因子分析を試みた研究としては池田らのもの（Ikeda, Kobayashi, & Nathan, 2011）がある。13 か国を対象に国ごとに因子分析を試みた結果，因子構造は国ごとに安定しないものの，特に儒教圏（日中韓台）では公的な事象に対する価値観と私的な事象に対する価値観はおおむねはっきりと分けることができる，というものであった。

彼らは13 項目を一括して因子分析を行ったが，今回は彼らのデータよりもさらに項目が追加されていることもあり，ここでは私的な事象に対する価値観と公的な事象に対する価値観の2つに最初から分割して日本データの因子分析を行った（表1，表2）。固有値基準を用いると，私的な事象に関する価値観では「垂直性強調」「調和志向」「長期志向」「集団主義」の4因子，公的な事象に関する価値観では「垂直性強調」「調和志向」の2因子が抽出された。これらの因子得点を価値観を表現する独立変数として用いる。

なお，私的な価値観で析出した長期志向と集団主義は，垂直性強調や調和志向と並んで東アジア的価値観の別の次元としてとらえられることがある。既に見たホフステードの研究はその一例であり，また互酬性の項で触れたように，少なくとも日本では長期志向は垂直的な互酬性と正の関連性を持つと想定される。

また，公的価値観と私的価値観との局面を分離したので，いずれの局面が従属変数に対してより規定的かという新たな問いを発することが可能である。一般的な予測としては，従属変数が公的な事象に関わる可能性が高いほど公的価値観の変数の規定力が強いと予想されるが，一般的信頼や互酬性は私的価値観との間でも正の関連性を示すだろう。

表 1　私的な事象に対する価値観の因子分析（最尤法・プロマックス回転）

	私的な価値観			
	垂直性強調	調和志向	長期志向	集団主義
① 家族のためには，自分の個人的利益は二の次にすべきだ	-0.02	0.10	0.19	0.21
② 集団の中では，全体の利益のために個人の利益を犠牲にするべきだ	-0.08	-0.01	-0.05	0.91
③ 国益のために，個人の利益は犠牲にしてもよい	0.20	-0.02	-0.01	0.49
④ 人とつき合うときは，長期にわたる人間関係を深めることの方が，目先の利益を守ることよりも重要だ	-0.04	0.00	0.62	0.06
⑤ 人とつき合うときは，目先の利益を追うだけではなく将来の見通しについても考えるべきだ	0.08	-0.03	0.64	-0.08
⑥ たとえ理不尽でも，子どもは親の要求に従うべきだ	0.63	-0.11	0.05	0.00
⑦ 姑と嫁が対立した時は，たとえ姑が間違っていても，姑に従うように夫は妻を説得するべきである	0.64	-0.02	-0.03	0.02
⑧ 生徒なら教師の権威を疑うべきではない	0.42	0.19	0.08	0.06
⑨ 集団の中では和を重んじ，いさかいを避けるべきだ	-0.02	0.55	0.19	0.03
⑩ たとえ人と意見の不一致があったとしても対立は避けるべきである	-0.06	0.82	-0.07	-0.03
⑪ 職場の同僚たちが反対するのであれば，自分の意見に固執するべきではない	0.06	0.44	0.03	0.01
⑫ 裕福になるか貧しくなるか，成功するか失敗するかはすべて運命によって決まっている	0.29	0.29	-0.18	-0.07
⑬ 子どもを1人だけ持つならば，女の子より男の子のほうが良い	0.29	0.02	-0.01	0.02
⑭ 人とつき合うときは，一時的な損益だけにとらわれるべきではない	-0.05	0.04	0.48	-0.04
固有値（回転前）	2.93	1.82	1.35	1.09

因子間相関				
垂直性強調	1.00			
調和強調	0.44	1.00		
長期志向	0.04	0.35	1.00	
集団主義	0.21	0.24	0.31	1.00

表2 公的な事象に対する価値観の因子分析（最尤法・プロマックス回転）

		垂直性強調	調和志向
①	法を解釈する場合，政府は宗教上の指導者に相談するべきである	0.51	− 0.09
②	女性は男性ほど政治に関わるべきでない	0.45	0.02
③	教育のない人でも，高い教育を受けた人と同じくらい，政治に対して発言権を持つべきだ	− 0.24	0.05
④	政府のリーダーたちは家長のようなもので，われわれは彼らの決定にすべて従うべきだ	0.66	− 0.05
⑤	社会の中で特定の思想を議論してよいかどうかは政府が決定すべきだ	0.70	0.03
⑥	人々が多くの団体を組織すると，地域の調和が崩れるだろう	0.03	0.53
⑦	重要な問題については，裁判官は行政府側の主張に沿った判決を下すべきである	0.49	0.21
⑧	常に国会に監視されていたら，政府は重要な仕事をなしとげられない	0.12	0.50
⑨	倫理的に正しいリーダーには，すべての決定をゆだねることができる	0.35	0.25
⑩	もし人々の考え方があまりにも多様すぎたら，社会は無秩序になるだろう	− 0.19	0.85
⑪	国が困難な状況に直面したときには，政府は事態に対応するために法律を無視してもよい	0.21	0.13
	固有値（回転前）	3.31	1.29
	因子間相関		
	垂直性強調	1.00	
	調和強調	0.55	1.00

　価値観の影響を検討する際は因子得点を用いるが，ここでいったん素点での国際比較を行ってみよう。上述の因子分析で公的・私的価値観それぞれの垂直性強調因子と調和志向因子に因子負荷量が 0.4 以上の項目（日本データでの数値）に注目し，その素点の国ごとの平均値を図示した（図2，図3）[7]。数字が大

7　中国データでは公的な東アジア的価値観における垂直性強調因子を構成する一部の設問が欠損しているため，右図中には存在しない。なお，公的・調和志向得点は 2.64 点で 13 か国中 6 位である。

図2, 図3 価値観の国際比較 (左：私的領域, 右：公的領域)

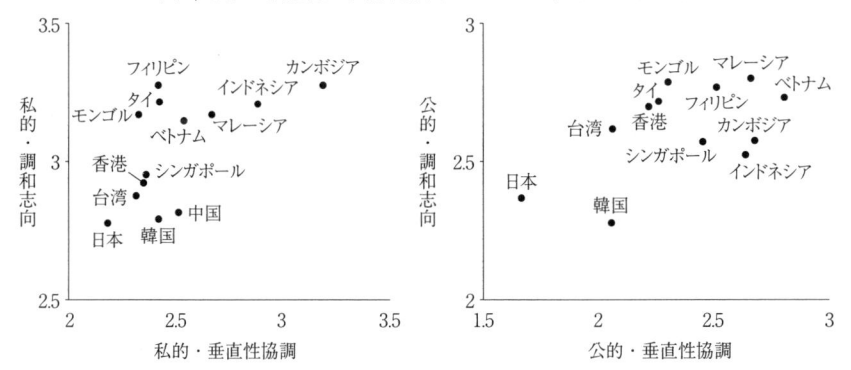

きいほどその価値観にコミットしている人が多いことを示す。公的な調和志向得点こそ韓国が最も低いものの，それ以外では日本の得点は最も低く，他のアジア諸国に比べると伝統的な東アジア的価値観からはかなり解き放たれているといえる。こうした得点が高い国は，フィリピン（カトリック），インドネシア・マレーシア（イスラム教），カンボジア・ベトナム（仏教）など宗教色の強い国々である。

(2) 独立変数2──ソーシャルネットワーク

本章で用いるソーシャルネットワークの指標はネームジェネレータ（name generator）と呼ばれる測定手法に由来する。ネームジェネレータは対象者のネットワーク他者を数名特定し，そのそれぞれについて一連の質問を行っていくもので，起源を1960年代まで遡ることができる，ネットワーク研究ではスタンダードな手法である。「大切なことを相談する人」を数名挙げてもらう方法が一般的だが，「まとまった額のお金を貸してくれそうな人」や「工具や調味料を貸してくれそうな人」を尋ねるものなどバリエーションに富む。本調査では，まず「重要なことを話したり，悩みを相談する人」を2名まで挙げてもらい，さらに「日本の政治家や選挙・政治について話をする人」も2名まで挙げてもらった（重複は許容した）[8]。こうして特定された最大4名の相手に関して

---

8 池田とボアーズ（Ikeda & Boase, 2011）はこの2種の他者に加えて「仕事について相談する相手」まで加えると，人々の「重要他者」の大部分をカバーすることを論じている。

属性や自分との関係性などを尋ねていった。ネームジェネレータで挙げられる相手は，回答者と親しく，付き合いが長く，接触頻度が高いことが多く，いわゆる強い紐帯に分類される。

　ネームジェネレータから3つの指標を作成した。まず，ネットワークの垂直性としては，ネームジェネレータで特定した他者それぞれに対し，自分（回答者）から見て目上・目下・対等のどれにあたるか分類させる項目を使用した。目上・目下・対等のカテゴリーごとにカウントしたものをネームジェネレータで挙げられた他者の総数で除し，「ネット目上率」「ネット対等率」とした（分析上ネット目下率は除いた）。ネット目上率で平均 $M = 0.28$，標準偏差 $SD = 0.34$，ネット対等率で $M = 0.50$，$SD = 0.41$ であった。ネットワークの異質性は池田ら（Ikeda & Richey ,2011）と同様に投票先の非類似性から作成した。つまり，ネームジェネレータでは特定した他者それぞれに対し，次の国政選挙で投票すると思われる政党を尋ねている。回答者自身についても同様の質問を尋ねたうえで，ネットワークの全てのダイアド（他者—他者のダイアド含む）ごとに，投票先が一致すると考えていると−1，投票先が異なると考えていると＋1として合計した。ダイアドのどちらか一方でも「わからない」や「投票に行かないと思う」が存在した場合は0を与えて計算すると，$M = -0.51$，$SD = 2.18$ となった。このとき，すべてのダイアドのうち約24％で投票先が一致し，約12％で不一致であった。

　以上，価値観とネットワークの変数を別々に作成したが，第4節ですでに述べた通り，それらが一致した場合により強力な効果を生み出すと予測している。これに関しては，価値観とネットワークの交互作用項を作成・投入して検証する。具体的には，「私的・垂直性強調×ネット目上率」「私的・垂直性強調×ネット対等率」「私的・調和志向×ネット異質性」「公的・垂直性強調×ネット目上率」「公的・垂直性強調×ネット対等率」「公的・調和志向×ネット異質性」の6種類である。作成に当たってネットワーク変数は標準化した。

(3) 従属変数

　本章では6種類の従属変数を扱う。以下の通り変数化した。なお，欠損値はいずれもリストワイズ除去した。

　一般的信頼：「ほとんどの人は信頼できる」「ほとんどの人は他人を信頼している」，ほとんどの人は基本的に善良で親切である」の3問について4件法で尋ね平均値をとった。数字が大きいほどよく信頼していることを示す。

　制度信頼：16の機関・団体に対する信頼を4件法で尋ね，数字が大きいほどよく信頼していることを示すよう処理し，平均値をとった。16の機関・団体は以下である：宗教団体，自衛隊，新聞・雑誌，テレビ，労働組合，警察，裁判所，政府，政党，国会，行政，大学，大企業，銀行，環境保護団体，女性団体。

　互酬性：「誰かに助けてもらったら，自分もまた他の誰かを助ける」「人から親切にしてもらった場合，自分も誰かに親切にする」「助け合っている人々を見ると，自分も困っている人を助けようという気持ちになる」の3問について4件法で尋ね平均値をとった。数字が大きいほど互酬性が強いことを示す。

　政治参加：「選挙で投票した」，「自治会や町内会で活動した」「必要があって地元の有力者と接触した（会う，手紙を書くなど）」「必要があって政治家や官僚と接触した」「議会や役所に請願や陳情を行った」「選挙や政治に関する集会に出席した」「選挙運動を手伝った（候補者の応援など）」「市民運動や住民運動に参加した」「請願書に署名した」「献金やカンパをした」「デモに参加した」「インターネットのホームページや掲示板などで政治について意見を表明した」「マスコミに連絡，投書，出演などして意見を表明した」「政治的，道徳的，環境保護的な理由で，ある商品を買うのを拒否したり，意図的に買った」の14項目について過去5年の経験を尋ねた。経験があると答えた項目数をカウントした。

　信頼型寛容性：家族，上司や先輩，親しい同僚，親しい友人のそれぞれについて，政治や社会のあり方についての意見が違っていてもよいと思うか，同じ方がよいと思うか，4件法で尋ね，平均値をとった。数字が大きいほど，意見が違っていてもよいと答えたこと示す。

　安心型寛容性：「民主主義に反対の主張をする団体が，公会堂や公民館で集会をしようとしたとき，役所は規則に従った申請があれば，それを許可しなくてはならない」「自分とは全く違う価値観を持つ人たちがそれに基づいて生活していても，私たちは彼らを寛容に受け入れる必要がある」「日本に在住許可

を持つ外国からの移民の数は減った方がよい」「民主主義に反対する団体は違法とすべきだ」の 4 項目（5 件法）について，数字が大きいほど寛容となるよう一部を反転した後で主成分分析を行い，その第一主成分を指標とした。

最後に，統制変数として性別，年齢，学歴，都市規模のデモグラフィック要因に加え，2 種類の政治的有効性感覚と政治関心を使用することとした。

2.8 分析結果

(1) 価値観とソーシャルネットワークの一貫性

表 3 は独立変数間の相関表である。価値観とネットワーク変数の相関を見ると，私的・公的を問わず垂直性強調と調和志向がネットワークの対等率との間に負の相関を有している。また，公的な垂直性強調と調和志向はネットワークの目上率と正の相関があった。2 変量，かつ弱い相関ではあるものの，「パターナリスティックに上下関係を強調する垂直性強調価値観を持つ人はそうでない志向を持つ人よりも，個人のソーシャルネットワークの構成においても周囲他者との関係において上下関係を多く有する」といった，価値観とネットワークの一貫性をここに読み取ることができる。ただし，ネットワークの異質性だけは価値観変数と全く有意な相関が見られなかった。

(2) 仮説検証のための回帰分析

政治参加を従属変数とする分析はポワソン回帰を，それ以外では通常の OLS 回帰を行った（表 4）。表では統制変数だけのモデルは省略した。それぞれの従属変数に対し，(1)デモグラフィック要因＋価値観変数，(2)デモグラフィック要因＋ネットワーク変数，(3)デモグラフィック要因＋価値観変数＋ネットワーク変数，(4)(3)モデル＋交互作用変数の 4 通りの結果を示す。

一般的信頼を従属変数としたモデル（model 1 ～ 3）では，私的価値観のうち集団主義が正の効果，公的価値観では垂直性強調が正の効果，調和志向が負の効果を持った。またネットワーク変数はほぼ有意ではなかった。仮説を支持する結果となったのは調和志向価値観だけで，垂直性強調価値観では仮説（垂直性を強調する価値観を持つほど一般的信頼が低くなる）とは逆の結果となった。

表3 独立変数間の相関表

		私的価値観				公的価値観	
		垂直性 強調	調和 志向	長期 志向	集団 主義	垂直性 強調	調和 志向
私的価値観	垂直性強調	1.00					
	調和志向	0.53***	1.00				
	長期志向	0.05	0.43***	1.00			
	集団主義	0.26***	0.27***	0.38***	1.00		
公的価値観	垂直性強調	0.34***	0.18***	− 0.12**	0.05	1.00	
	調和志向	0.27***	0.24***	− 0.03	0.06	0.68***	1.00
ネットワーク	目上率	0.06	0.03	− 0.07*	0.01	0.17***	0.08*
	対等率	− 0.12***	− 0.09*	0.03	− 0.04	− 0.10**	− 0.11**
	異質性	− 0.02	− 0.03	− 0.05	− 0.06	0.01	− 0.03

		ネットワーク		
		目上率	対等率	異質性
私的価値観	垂直性強調			
	調和志向			
	長期志向			
	集団主義			
公的価値観	垂直性強調			
	調和志向			
ネットワーク	目上率	1.00		
	対等率	− 0.63***	1.00	
	異質性	− 0.02	0.04	1.00

(*$p < .05$; **$p < .01$; ***$p < .001$, 欠損値はリストワイズ除去した)

　制度信頼のモデル（model 5 〜 7）では，公的価値観のうち垂直性強調が正の効果を持ったのみであった。この部分は仮説と一致するが，それ以外の変数は有意ではなく仮説とは異なる結果であった。

　互酬性（model 9 〜 11）に関しては私的・長期志向が正の効果で，公的・調和志向が有意傾向ながら負の効果を持った。ネットワーク変数では異質性の係数が負で有意となった。個人の価値観として調和を志向するほど互酬性は低くなるが，ネットワークが同質であるほど互酬性が高まるという，価値観とネットワークで相反する結果となった。仮説で予測された向きと一致するのはネットワークである。

　政治参加のモデル（model 13 〜 15）を見ると，私的な垂直性強調価値観が正

表4　重回帰分析の結果

| | 一般的信頼 | | | | | | | | | | | | 制度信頼 | | | | | | | | | | | |
| | model 1 | | | model 2 | | | model 3 | | | model 4 | | | model 5 | | | model 6 | | | model 7 | | | model 8 | | |
	B	S.E.	t	B	S.E.	t	B	S.E.	t	B	S.E.	t	B	S.E.	t	B	S.E.	t	B	S.E.	t	B	S.E.	t
性別（女性＝1）	0.08	0.05	1.62	0.05	0.05	1.06	0.09	0.05	1.76†	0.09	0.05	1.77†	0.02	0.03	0.81	0.01	0.03	0.44	0.03	0.03	0.83	0.03	0.03	0.93
満年齢	0.01	0.00	3.34***	0.01	0.00	2.88**	0.01	0.00	2.61**	0.01	0.00	2.62**	0.00	0.00	2.67**	0.00	0.00	1.78†	0.00	0.00	1.82†	0.00	0.00	1.96†
学歴	0.05	0.03	2.01*	0.04	0.03	1.73†	0.05	0.03	1.88†	0.05	0.03	1.73†	-0.02	0.02	-1.02	-0.03	0.02	-1.71†	-0.02	0.02	-1.00	-0.01	0.02	-0.83
都市規模	-0.02	0.02	-1.40	-0.02	0.02	-1.17	-0.03	0.02	-1.41	-0.02	0.02	-1.38	-0.02	0.01	-2.24*	-0.02	0.01	-2.07†	-0.02	0.01	-2.30*	-0.02	0.01	-2.17*
内的有効感	0.03	0.02	2.01*	0.04	0.02	2.30*	0.04	0.02	2.06*	0.04	0.02	2.06*	0.02	0.01	1.75†	0.02	0.01	1.64	0.02	0.01	1.73†	0.02	0.01	1.76†
外的有効感	0.13	0.04	3.65***	0.16	0.04	4.59***	0.13	0.04	3.75***	0.14	0.04	3.85***	0.13	0.02	6.27***	0.15	0.02	6.90***	0.13	0.02	6.15***	0.13	0.02	6.18***
政治関心	-0.02	0.04	-0.43	-0.01	0.04	-0.35	-0.02	0.04	-0.47	-0.02	0.04	-0.46	0.01	0.02	0.39	0.02	0.02	0.41	0.01	0.02	0.46	0.01	0.02	0.53
私的・垂直性強調	0.04	0.04	1.01				0.04	0.04	1.03	0.04	0.04	1.00	0.04	0.02	1.61				0.04	0.02	1.57	0.04	0.02	1.64
私的・調和志向	0.01	0.04	0.31				0.02	0.04	0.47	0.02	0.04	0.47	0.01	0.02	0.54				0.02	0.02	0.66	0.01	0.02	0.46
私的・長期志向	0.01	0.04	0.18				0.00	0.04	0.02	-0.01	0.04	-0.17	0.02	0.02	0.98				0.02	0.02	0.91	0.01	0.02	0.55
私的・集団主義	0.07	0.03	2.38*				0.07	0.03	2.53*	0.08	0.03	2.41*	0.01	0.02	0.43				0.01	0.02	0.43	0.01	0.02	0.78
公的・垂直性強調	0.11	0.04	2.75**				0.12	0.04	2.95**	0.11	0.04	2.89**	0.06	0.02	2.28*				0.06	0.02	2.45*	0.07	0.02	2.66**
公的・調和志向	-0.11	0.04	-2.79**				-0.12	0.04	-2.97**	-0.12	0.04	-2.98**	-0.02	0.02	-0.84				-0.03	0.02	-1.07	-0.03	0.02	-1.04
ネット目上率				-0.08	0.10	-0.85	-0.12	0.10	-1.24	-0.11	0.10	-1.11				-0.05	0.06	-0.92	-0.08	0.06	-1.29	-0.07	0.06	-1.24
ネット対等率				0.02	0.08	0.19	0.01	0.08	0.14	0.01	0.08	0.10				-0.07	0.05	-1.40	-0.07	0.05	-1.46	-0.08	0.05	-1.73†
ネット投票先の異質性				-0.01	0.01	-1.28	-0.02	0.01	-1.53	-0.02	0.01	-1.72†				-0.01	0.01	-1.06	-0.01	0.01	-1.16	-0.01	0.01	-1.34
私的・垂直性強調×ネット目上率										0.04	0.04	1.04										-0.03	0.02	-1.51
私的・垂直性強調×ネット対等率										-0.01	0.04	-0.26										-0.07	0.02	-3.02**
私的・調和志向×ネット異質性										0.04	0.03	1.41										0.00	0.02	0.00
公的・垂直性強調×ネット目上率										-0.02	0.04	-0.60										-0.02	0.02	-1.09
公的・垂直性強調×ネット対等率										0.00	0.04	0.06										-0.02	0.02	-0.68
公的・調和志向×ネット異質性										-0.01	0.02	-0.50										-0.02	0.01	-1.28
（定数）	1.78	0.21	8.51***	1.73	0.22	7.89***	1.84	0.23	8.11***	1.83	0.23	7.99***	2.04	0.13	15.74***	2.14	0.14	15.84***	2.14	0.14	15.16***	2.11	0.14	14.96***
R²	0.08***			0.06***			0.09***			0.09***			0.14***			0.12***			0.15***			0.16***		
Adj. R²	0.07			0.05			0.07			0.07			0.12									0.13		
N	735			735			735			735			640			640			640			640		

(†p < .10; *p < .05; **p < .01; ***p < .001)

表4　重回帰分析の結果（前頁からの続き）

	互酬性												政治参加											
	model 9			model 10			model 11			model 12			model 13			model 14			model 15			model 16		
	B	S.E.	t	B	S.E.	t	B	S.E.	t	B	S.E.	t	B	S.E.	χ²	B	S.E.	χ²	B	S.E.	χ²	B	S.E.	χ²
性別（女性=1）	0.13	0.04	3.39***	0.11	0.04	3.05**	0.12	0.04	3.32***	0.12	0.04	3.26**	-0.04	0.05	0.81	-0.07	0.04	2.81†	-0.04	0.05	0.66	-0.04	0.05	0.87
満年齢	0.00	0.00	2.30*	0.00	0.00	2.71**	0.00	0.00	2.18*	0.00	0.00	2.20*	0.01	0.00	24.45***	0.01	0.00	39.25***	0.01	0.00	28.35***	0.01	0.00	28.39***
学歴	-0.06	0.02	-2.98**	-0.05	0.02	-2.59*	-0.06	0.02	-2.93**	-0.06	0.02	-2.91**	0.04	0.02	2.91†	0.05	0.02	5.19*	0.04	0.02	2.70	0.04	0.02	2.85†
都市規模	-0.02	0.01	-1.30	-0.01	0.01	-0.94	-0.02	0.01	-1.36	-0.02	0.01	-1.35	-0.03	0.02	4.25*	-0.03	0.02	4.13*	-0.03	0.02	3.96*	-0.03	0.02	4.25*
内的有効感	0.02	0.01	1.42	0.02	0.01	1.67†	0.02	0.01	1.32	0.02	0.01	1.33	0.05	0.01	10.14**	0.05	0.01	11.98***	0.05	0.01	10.40**	0.05	0.01	10.47**
外的有効感	0.02	0.03	0.71	0.02	0.03	0.81	0.01	0.03	0.47	0.01	0.03	0.43	0.08	0.03	7.11**	0.07	0.03	5.68*	0.08	0.03	6.69**	0.08	0.03	5.83*
政治への関心度	0.05	0.03	1.91†	0.08	0.03	2.72**	0.05	0.03	1.74†	0.05	0.03	1.68†	0.13	0.03	14.24***	0.13	0.03	15.64***	0.12	0.03	11.43***	0.11	0.03	10.74***
私的・垂直性強調	-0.02	0.03	-0.71				-0.02	0.03	-0.73	-0.02	0.03	-0.65	0.09	0.03	7.60**				0.10	0.03	8.81**	0.11	0.03	9.63**
私的・調和志向	0.03	0.03	1.07				0.03	0.03	1.04	0.03	0.03	1.01	-0.03	0.03	0.74				-0.03	0.04	0.93	-0.04	0.04	1.00
私的・長期志向	0.10	0.03	3.66***				0.10	0.03	3.72***	0.10	0.03	3.65***	0.02	0.03	0.21				0.02	0.03	0.29	0.02	0.03	0.51
私的・集団主義	0.03	0.02	1.21				0.02	0.02	1.08	0.02	0.02	1.04	0.02	0.02	0.85				0.02	0.03	0.82	0.02	0.03	0.57
公的・垂直性強調	0.01	0.03	0.41				0.02	0.03	0.50	0.02	0.03	0.51	-0.11	0.04	9.46**				-0.11	0.04	9.94**	-0.11	0.04	10.03**
公的・調和志向	-0.05	0.03	-1.69†				-0.06	0.03	-1.89†	-0.06	0.03	-1.92†	0.01	0.04	0.02				0.01	0.04	0.08	0.01	0.04	0.08
ネット目上率				0.05	0.07	0.62	0.05	0.07	0.65	0.05	0.07	0.72				0.15	0.09	3.19†	0.18	0.09	4.34*	0.17	0.09	3.53†
ネット対等率				-0.01	0.06	-0.10	-0.02	0.06	-0.30	-0.02	0.06	-0.35				0.18	0.07	6.80**	0.20	0.07	8.09**	0.19	0.07	6.45**
ネット投票先の異質性				-0.02	0.01	-2.39*	-0.02	0.01	-2.41*	-0.02	0.01	-2.37*				-0.02	0.01	4.18*	-0.02	0.01	3.56†	-0.01	0.01	2.61
私的・垂直性強調×ネット目上率										0.01	0.03	0.48										0.03	0.03	0.81
私的・垂直性強調×ネット対等率										0.01	0.03	0.26										0.04	0.03	1.76
私的・調和志向×ネット異質性										0.00	0.02	-0.04										-0.02	0.02	0.75
公的・垂直性強調×ネット目上率										-0.02	0.03	-0.76										-0.02	0.03	0.38
公的・垂直性強調×ネット対等率										0.00	0.03	-0.13										-0.01	0.03	0.03
公的・調和志向×ネット異質性										-0.02	0.02	-0.84										0.00	0.02	0.00
（定数）	3.19	0.16	20.28***	3.01	0.17	18.12***	3.21	0.17	18.79***	3.21	0.17	18.61***	-0.23	0.19	1.48	-0.54	0.20	7.35**	-0.44	0.21	4.28*	-0.40	0.21	3.57†
χ²/R²	0.10***			0.07***			0.11***			0.11***			153.14***			143.67***			164.86***			168.00***		
AIC/Adj. R²	0.09			0.06			0.09			0.09			2897.83			2901.30			2892.11			2900.97		
N	750			750			750			750			752			752			752			752		

（†p < .10; *p < .05; **p < .01; ***p < .001）

表4　重回帰分析の結果（前頁からの続き）

	信頼型寛容性												安心型寛容性											
	model 17			model 18			model 19			model 20			model 21			model 22			model 23			model 24		
	B	S.E.	t	B	S.E.	t	B	S.E.	t	B	S.E.	t	B	S.E.	t	B	S.E.	t	B	S.E.	t	B	S.E.	t
性別（女性＝1）	0.06	0.06	1.06	0.02	0.06	0.38	0.07	0.06	1.21	0.08	0.06	1.37	0.00	0.07	0.06	-0.01	0.07	-0.15	0.01	0.07	0.14	0.01	0.07	0.17
満年齢	-0.01	0.00	-3.21**	-0.01	0.00	-2.45*	-0.01	0.00	-2.80**	-0.01	0.00	-3.17**	0.00	0.00	-0.96	0.00	0.00	-0.50	0.00	0.00	-1.08	0.00	0.00	-1.36
学歴	0.02	0.03	0.76	0.05	0.03	1.76†	0.02	0.03	0.67	0.02	0.03	0.55	0.06	0.04	1.60	0.11	0.04	2.72**	0.06	0.04	1.50	0.06	0.04	1.58
都市規模	0.02	0.02	1.02	0.03	0.02	1.38	0.02	0.02	1.13	0.02	0.02	1.09	0.01	0.03	0.46	0.02	0.03	0.75	0.01	0.03	0.48	0.01	0.03	0.42
内的有効感	0.03	0.02	1.28	0.05	0.02	2.68**	0.03	0.02	1.42	0.03	0.02	1.49	0.03	0.03	0.96	0.06	0.03	2.13*	0.03	0.03	1.01	0.03	0.03	1.09
外的有効感	-0.01	0.04	-0.25	0.01	0.04	0.23	0.00	0.04	0.05	0.01	0.04	0.25	0.11	0.05	2.15*	0.11	0.05	2.05*	0.12	0.05	2.23*	0.12	0.05	2.31*
政治への関心度	0.01	0.04	0.18	0.04	0.04	0.81	0.01	0.04	0.23	0.01	0.04	0.27	0.03	0.05	0.48	0.08	0.06	1.42	0.02	0.06	0.45	0.02	0.06	0.36
私的・垂直性強調	0.04	0.04	1.01				0.05	0.04	1.10	0.05	0.04	1.17	-0.05	0.06	-0.95				-0.05	0.06	-0.93	-0.05	0.06	-0.91
私的・調和志向	-0.09	0.05	-1.88†				-0.08	0.05	-1.83†	-0.08	0.05	-1.76†	-0.04	0.06	-0.62				-0.03	0.06	-0.53	-0.02	0.06	-0.36
私的・長期志向	0.01	0.04	0.25				0.01	0.04	0.16	0.00	0.04	-0.02	0.12	0.05	2.28*				0.11	0.05	2.18*	0.12	0.05	2.25*
私的・集団主義	0.04	0.03	1.09				0.04	0.03	1.22	0.05	0.03	1.46	0.00	0.04	0.07				0.01	0.04	0.11	0.01	0.04	0.15
公的・垂直性強調	-0.07	0.05	-1.44				-0.07	0.05	-1.47	-0.08	0.05	-1.73†	-0.13	0.06	-2.24*				-0.12	0.06	-2.12*	-0.12	0.06	-2.04*
公的・調和志向	-0.17	0.05	-3.63***				-0.16	0.05	-3.39***	-0.15	0.05	-3.21***	-0.17	0.06	-2.81**				-0.17	0.06	-2.84**	-0.17	0.06	-2.91**
ネット目上率				-0.04	0.11	-0.33	-0.02	0.11	-0.21	-0.11	0.11	-0.93				-0.12	0.15	-0.79	-0.08	0.14	-0.56	-0.12	0.15	0.41
ネット対等率				0.17	0.09	1.88†	0.14	0.09	1.57	0.08	0.09	0.86				0.10	0.12	0.81	0.04	0.12	0.38	0.02	0.12	0.84
ネット投票先の異質性				0.02	0.01	1.83†	0.02	0.01	1.66†	0.02	0.01	1.44				-0.01	0.02	-0.43	-0.01	0.02	-0.50	-0.01	0.02	0.51
私的・垂直性強調 ×ネット目上率										0.00	0.04	0.02										-0.09	0.05	-1.63
私的・垂直性強調 ×ネット対等率										0.00	0.04	0.04										0.03	0.05	0.60
私的・調和志向 ×ネット異質性										0.04	0.03	1.22										0.02	0.04	0.61
公的・垂直性強調 ×ネット目上率										-0.04	0.04	-0.92										-0.02	0.05	-0.35
公的・垂直性強調 ×ネット対等率										-0.15	0.04	-3.44***										-0.08	0.06	-1.47
公的・調和志向 ×ネット異質性										-0.02	0.03	-1.83†										0.01	0.04	0.19
（定数）	3.18	0.25	12.87***	2.66	0.26	10.16***	3.05	0.27	11.34***	3.11	0.27	11.58***	-0.61	0.31	-1.94†	-1.16	0.34	-3.42***	-0.59	0.34	-1.73†	-0.54	0.35	-1.58
R^2	0.10***			0.06***			0.11***			0.13***			0.10***			0.04***			0.10***			0.11***		
Adj. R^2	0.08			0.05			0.09			0.10			0.09			0.03			0.08			0.09		
N	736			736			736			736			726			726			726			726		

（†$p < .10$; *$p < .05$; **$p < .01$; ***$p < .001$）

図4　交互作用の検討（上：制度信頼の場合，下：信頼型寛容性の場合）

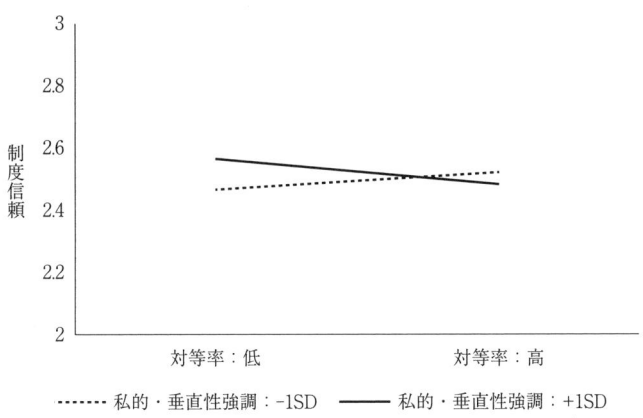

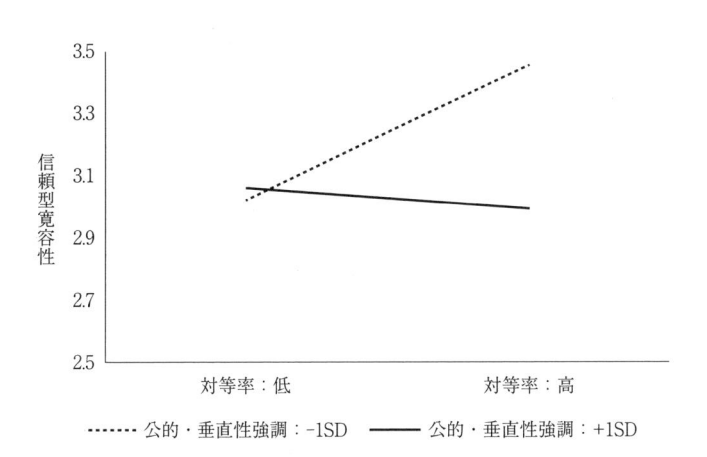

の効果を有するのに対し，公的な垂直性強調価値観では負の効果で逆の結果となった。ネットワーク変数では目上率と対等率がともに正，異質性が負で有意となった。

　信頼型寛容性を従属変数とする（model 17 〜 19）と，私的価値観・公的価値観ともに調和志向因子が負の効果となった（私的価値観では有意傾向にとどまる）。ネットワークでは対等率と異質性が有意傾向ながら正の効果を持った。係数が有意であった項はいずれも仮説を支持する結果と言える。

安心型寛容性（model 21 〜 23）では，価値観では私的・長期志向因子が正，2つの公的な価値観のどちらもが負で有意であった。ネットワーク変数は有意な効果を示さなかった。価値観の係数は仮説とは逆の方向を示している。

各モデルにさらに交互作用項を追加したモデル（model 4, 8, 12, 16, 20, 24）を見ると，係数が有意となったのは，制度信頼を従属変数としたモデルの私的・垂直性強調×ネット対等率，信頼型寛容性を従属変数としたモデルの公的・垂直性強調×ネット対等率の2項のみにとどまった。制度信頼を従属変数としたモデルでは交互作用項を投入して初めてネット対等率の主効果も有意傾向ながら負の効果を示した。図4に予測値のプロットを示した。ネットワークの対等率＋目上率＝1となるようにし，交互作用に含まれない変数は平均値に固定している。

制度信頼の場合（図4上）からグラフを見ると，対等率の低い上下関係の強いネットワークを保持している人では，私的価値観における垂直性強調因子が高いほど制度信頼が高い。一方，上下関係がなく対等なネットワーク内部にいる場合では，垂直性を強調する価値観を持つことの影響はほぼ消失している。

図4下は公的・垂直性強調×ネット対等率の交互作用から信頼型寛容性を予測するグラフである。ネットワークに上下関係があれば，公的な価値観としての垂直性強調の度合いによる差は見られない。しかしネットワークが対等の場合では，垂直性を志向しない人のみで高い寛容性が確認できる。

2.9　考察とまとめ

（1）価値観とソーシャルネットワークとの一貫性について

分析結果の最初に見てきたように，垂直性強調価値観は対等でない関係をより多く含むソーシャルネットワークと連動する傾向が見られた（「対等でない」とは目上と目下を含む関係を指す）。同様に調和志向価値観もより多くの上下関係と結びついていた。垂直性強調価値観と調和志向価値観との間には比較的高い相関があり，東アジア的価値観は2つの次元でソーシャルネットワークと一貫して維持されていると主張することは可能であろう。

また，回帰分析での交互作用効果の存在は，垂直性強調価値観と非対等なソ

ーシャルネットワーク保持の共存がもたらす制度信頼への相互強化的な効果を示し（東アジア的価値観の一貫的効果），また対極的に価値観の上で垂直性に否定的かつ水平的なネットワークの持ち主では信頼型寛容性が高いことを明らかにした（リベラルな民主主義で予想される一貫した効果）。

しかし他方，東アジア的価値観はソーシャルネットワークの異質性とはマイナスの相関を示さなかった。このことは，価値観に基づいて同質的な周囲他者の優先的選択を行うことに限界があるのか（ハックフェルトはネットワーク内を同質的に保つことの困難さを論じている（Huckfeldt, Johnson & Sprague, 2002）），あるいは投票先の非類似性認知から作成した本章の尺度がソーシャルネットワークの異質性の指標として十分に一般的ではなかったのか，いずれであるか判断は難しい。

(2) 仮説の成否の検討

仮説の成否との関連で予測と結果を図にまとめると，次の表5のようになる。公的・私的価値観の差異はひとまず措くとして，7つのケースで仮説は支持され，4つで不支持，2つで両義的な結果，11つのケースでどちらの有意傾向も示さなかった。東アジアにおける価値観やソーシャルネットワークの特性がリベラルな民主主義に対してネガティブに作用する憂慮には，部分的な支持がある。

もう少し細かく見ると，価値観に関する予測は互酬性と安心型寛容性に関する仮説でとくに芳しくない。

互酬性の場合は尺度の問題に起因する可能性が考えられる。従属変数の構成のセクションで見たように，ごく一般的な対人的互恵性を念頭において作成された互酬性尺度は，垂直と言うより水平的関係性を前提としている。つまりこの尺度は民主主義の望ましいアウトプットとしての一般的互酬性の測定には適したものであり，その点で東アジア的価値観の検討には必ずしも当てはまりがよくなかった。垂直的な互酬性と水平的な互酬性を区別した新しい尺度の開発を行い，東アジア的価値観の下での互酬性についてさらに検討することが求められる。

この方向を目指して研究を精緻化すべき理由として，分析の中で私的価値観

表5　予測は支持されたか

従属変数	予測		結果（東アジア的価値観）		結果（ソーシャルネットワーク）	
	垂直性強調	調和志向	垂直性強調	調和志向	垂直性強調	調和志向
一般的信頼	↓	↓	↓ (公的・逆)	↓ (公的)	×	×
制度信頼	↑	↑	↑ (公的)	×	×	×
互酬性	↑	↑	×	↑ (公的・逆)	×	↑
政治参加	↓ (RQ)	↓ (RQ)	↑　↓ (私的·逆)(公的)	×	↑　↑ (目上·逆)(対等)	↓
信頼型寛容性	↓	↓	×	↓ (公的私的とも)	↓ △	↓
安心型寛容性	↑	↑	↓ (公的・逆)	↓ (公的・逆)	×	×

＊「逆」との記述は予測と逆方向の結果であることを示す。

　の長期志向変数が互酬性に対してプラスの効果をもたらしたことが挙げられる。これは束アジア的価値観による予測と整合的である。なぜなら，垂直性強調の互酬性は長期的な関係を前提としているからである。親子の互酬性は世代交代によって実現し，上司と部下の互酬性は時を経て部下が次の上司となったときに可能となる，といった長期的な視野が共有されている文化で垂直的な互酬性は可能となる。長期的な関係性が保てないとわかると，垂直的な互酬性は崩壊するのである（結城，1999）。

　安心型寛容性の解釈については，制度信頼と同じ予測だとしたが，結果は逆であった。ここでも尺度を構成した質問項目を見ると，ストレートに安心型寛容性となっているか疑問なしとはしないが（安心型寛容性の尺度の構成は経験的に見てかなりの困難がある），視野を広げて別の解釈を試みよう。つまり，制度を信頼するからといって人々は必ずしも安心して寛容になれるのではなく，制度や統治への将来的な不安や心配を伴うような場合には，制度信頼があってもなお安心型の寛容性が高くなれないという解釈は可能だろうか。われわれの世界価値観調査第6波（2010WVS調査）の結果からは，世界的に見ると日本人の寛容性は低い方であり，また民主主義の支持度は盤石でも政府や政治への信頼は低い。その上で，日本人は社会の行く末をよくコントロールできないのでは

ないかという不安を抱えており，こうした状況を踏まえて，「統治への不安」が日本人の価値観の重要な特徴であると指摘した（池田，2016a）。統治への不安が安心型寛容性の発露を妨げている可能性はないだろうか。今後の検討課題であろう。

さて一方，仮説と合致する結果は，価値観では一般的信頼や信頼型寛容性に対する調和志向，制度信頼に対する垂直性強調の効果であった。

調和志向価値観は，開放的な関係を前提とするような従属変数に対しては予測されたように抑圧的に働いており，調和志向の持つ収斂的な様相を示した。

だが意外にも，垂直性強調価値観は開放的な関係性とはマイナスの方向性を示さなかった。垂直性強調価値観は他方，パターナリズム的には機能しており，制度への信頼を涵養し（池田（2012）と一致），公的な側面では政治に参加するよりはリーダーに委任する方向性を選択させる方向性が見える。

ソーシャルネットワークの効果は，東アジアではネットワークによる異質な情報の制約や社会関係による抑圧的プレッシャーとなって表われると考えられ，そうした制約やプレッシャーを考えてみると結果は理解しやすい。つまりネットワークは信頼型寛容性や参加を抑圧し，また同質的な情報制約が互酬性を機能しやすくすると理解できるだろう。ただし，これらは全般的には強力な効果だとは言いにくく，池田と竹本（Ikeda & Takemoto, 2016）の日韓台中のEASS2012 データの比較研究の結果と同様，ネットワークの同質性の効果は予測に合致するものが多いが，垂直性については大きな支持があるとは言いにくい。日常的な人間関係を持つ周囲他者に垂直的関係の多いことは，リベラルな民主主義にそれほど負のインパクトをもたらすものではないのかもしれない。本データでは周囲他者のネットワークの尺度のみを用いたが，EASS2012 で測定したような加入組織や団体の中にある垂直的なソーシャルネットワークの効果をさらに検討すべきであろう。

なお政治参加に対しては，ソーシャルネットワークの垂直性にも対等性にもいずれも正の効果があった。今回はネットワーク内の相手を目上・目下・対等に分類していること，さらには人数ではなくその比率を使用したことから，目下"以外"とのネットワークが政治参加を促進しているといえるだろう。これは動員によるものとして解釈可能である。動員は個人のリソース・政治志向と

並ぶ政治参加の規定因の 1 つであり，他者からの依頼や要請・圧力による政治参加を指すが，上下関係が存在する場合，目下から目上に対しては動員が発生しにくいことは想像に難くない。ただし，このことは目上に立つような人間が政治参加しがたくなるということを意味しない。例えば年齢が上がるほど目上とされることは多くなるだろうが，年齢は政治参加に対し強い正の効果を有している。ここでの議論はあくまでネットワークの影響に限定したものである。

　最後に，公的な価値観と私的な価値観との関連性について，私的な価値観からの予測の多くは有意ではなかった。ここでの従属変数の多くは公的な社会への態度や行動に関わるものであったから，この点は理解しやすく，また東アジア的価値観を日本人が公的な価値観と私的な価値観とに弁別していることにも対応する。興味深いことに，日本人の東アジア的価値観の支持の強度という点では公的価値観で弱く，私的価値観では中位の強度であった。日本はアジア諸国のなかで最も東アジア的価値への支持が低いとはいっても，私的な価値観に関してはいまだにある程度の支持を保っているのである。だとすると，ここで見られたのが数少ない公的な東アジアの価値観の強い支持者の効果であるのかどうか，さらに精査が必要だろう。

　結果を全体として見れば，価値観とソーシャルネットワークの間に一貫した効果を持ちつつも，ネットワークの効果（特に調和志向）がもっとも仮説と一貫していた。ただし，本研究における価値観とネットワークそれぞれの効果の比較に際しては注意が必要である。独立変数の東アジア的価値観の項目だけがWASC 調査の第 2 パネル（2011ABS 調査）で取得され，ソーシャルネットワークや従属変数はその 1 年後の第 3 パネル（2012SN 調査）によったからである。価値観とソーシャルネットワークの間の一貫性を検証する本研究において，このことは限界であると同時に強みでもある。ソーシャルネットワークの研究では同時性の問題を避けては通れないが，ここではネットワーク→価値観のパスを無視することができ，交互作用の解釈も「ある価値観を持った人が特定のネットワークを発達させた場合」とスムーズである。それを踏まえたうえであえて踏み込んだ解釈をすれば，ネットワークがもたらす情報制約や社会関係による抑圧の方が定常的な効果であって，価値観は人間の判断を介するために効果

がフレクシブルに変容する可能性があると推定しうるかもしれない。政治参加や寛容性の結果の解釈にもそれが現れている。しかし，価値観と他の政治心理的な要因，たとえば民主主義への態度（テキ，2014; 尹，2017）との間では価値観と密接な関連性が存在することがあり得る。価値観との一貫性の中で，東アジア的な民主主義の理解形成が生じていると考えられるからである。本章の課題の先には，こうした民主主義理解と価値観，ソーシャルネットワークの三者関係の研究という課題を設定することが可能だろう。

第 3 章

文化的自己観との関連に見る日本人の価値観

繁桝江里

　「日本人的な価値観」について，多くの人がなんらかのイメージを持っているのではないだろうか。たとえば，人に同調する，伝統を重んじる，リスクを取らず安全なほうを選ぶ，というような特徴が日本人的だと言われればそのように思えるかもしれない。では，全国の日本人が回答した世界価値観調査の結果は，そのようなイメージと一致するのだろうか。また，日本人の中でも特にどのような人が「日本人的な価値観」をより強く持つのだろうか。本章ではこの 2 つの問いについて，2010 年の世界価値観調査（第 6 波）（以下，2010WVS調査），および，2011 年のアジアンバロメータ(3)調査（以下，2011ABS 調査）のデータを用いて検討していく。

3.1　日本人の価値観

(1) 日本人は「日本人的な価値観」を持っているか

　図 1 は，シュワルツという研究者が提唱した 10 の基本的な価値観を示している（Schwartz, 1992）。

　図 1 に示されているように，10 の価値観は円環上に位置づけられ，隣り合う価値観は関連が強く，向かい合う価値観は対照的であるとされる。さらに，これらの価値観は「変化への開放性」対「保守」という軸，および，「自己超越」対「自己高揚」という軸による，2 次元上の 4 カテゴリーに配置される。「変化への開放性」カテゴリーには自己決定と刺激が含まれ，「変化への開放性」と「自己高揚」の 2 つのカテゴリーに快楽が含まれ，「自己高揚」カテゴ

図1　シュワルツの価値観の理論モデル（Schwartz, 1992; 和訳は筆者による）

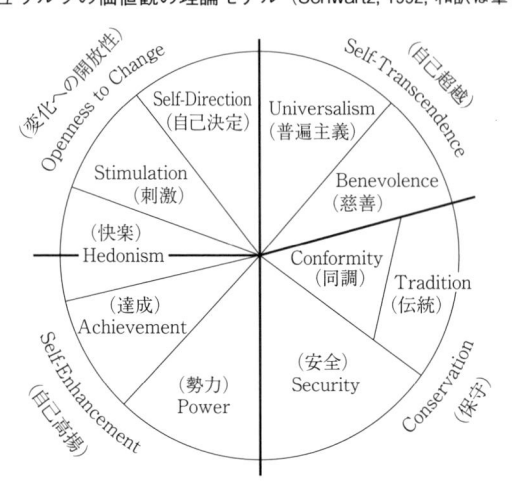

リーにはさらに達成と勢力が含まれる。「保守」カテゴリーには安全，同調，伝統が含まれる。伝統は同調よりも抽象的であり，また，変化への開放性との対比がより強い概念であるため，円環の外側に位置づけられている。「自己超越」カテゴリーには慈善と普遍主義が含まれる。図に示されている価値観の構造は普遍的であるが，その相対的な重要性は個人や集団，そして文化によって異なるとされる。また，各価値観は，互いに不連続なカテゴリーではなく，連続体に位置づけられるものであることが強調されている。

　シュワルツ（1994）は，「変化への開放性」対「保守」の軸は，個人主義と集団主義の次元と対応しているとしている。つまり，集団主義の場合は保守カテゴリーの価値観を重視する。本章では，日本人は集団主義的であるという仮定に基づき，「日本人的な価値観」を「保守カテゴリー」に含まれる安全・同調・伝統を大切にする価値観とする。「日本人的な価値観」と括弧つきにしているのは，あくまでもその特徴を仮に想定した上で，以後では，それが実態と合致するかどうかを検討していくためである。本章でこのように断定を避けた言い回しを用いるのは，そもそも日本人が集団主義的であるという仮定に対し異論を唱える主張もあるからである（高野，2008）。

　世界価値観調査では，シュワルツの10の基本的価値観について長年測定を

表1　基本的価値観に関する質問項目

カテゴリー	価値観	項目
変化への開放性	自己決定	新しいアイデアを考えつき，創造的であること，自分のやり方で行うことが大切な人
	刺激	冒険し，リスクを冒すこと，刺激のある生活が大切な人
	快楽	楽しい時間をすごすこと，自分を「甘やかす」ことが大切な人
自己高揚	達成	大いに成功すること，成し遂げたことを人に認められることが大切な人
	勢力	裕福で，お金と高価な品物をたくさん持つことが大切な人
保守	安全	安全な環境に住むこと，危険なことはすべて避けることが大切な人
	同調	常に礼儀正しくふるまうこと，間違っていると言われそうな行動を一切避けることが大切な人
	伝統	伝統や，宗教や家族によって受け継がれてきた習慣に従うことが大切な人
自己超越	慈善（周囲）	周囲の人を助けて，幸せにすることが大切な人
	慈善（社会）	社会の利益のために何かするということが大切な人
	普遍主義	環境に気をつかったり資源を守ること，自然へ配慮することが大切な人

続けている。表1に，4カテゴリーと10の価値観，および，対応する項目を示した。なお，慈善については，シュワルツ（1992）の定義では個人的接触頻度の高い人を対象としたものであり，これを測定する項目を「慈善（周囲）」とするが，世界価値観調査では社会を対象としたものも加えられており，この項目を「慈善（社会）」とする。世界価値観調査における質問項目は，「人によって大切なことは異なります。次のような人がいるとすれば，それぞれのあり方について，あなたはどの程度当てはまりますか。」という問いに対して，表1に示された項目について回答を求めるという形式である。回答の選択肢は，「1. 全く当てはまらない，2. 当てはまらない，3. 少し当てはまる，4. まあ当てはまる，5. 当てはまる，6. 非常によく当てはまる」の6段階である。

図2は2010WVS調査における日本の回答者の平均値であり，値が大きいほど「当てはまる」，すなわち，その価値観を大切にしていることを意味する。

図2　基本的価値観の平均値：日本データ

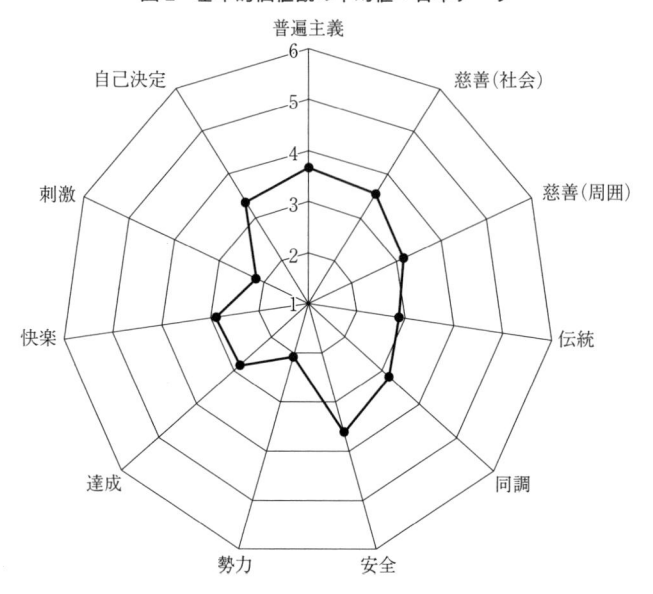

平均値が高いものから並べ，統計的に意味のある差があるところには「＞」，ないところには「＝」を入れると，「普遍主義＝安全＝慈善（周囲）＞自己決定＞同調＝慈善（社会）＞快楽＝伝統＝達成＞刺激＝勢力」となる。このように平均値を相対的に見比べると，ある程度はいわゆる「日本人的な価値観」の特徴を示しているようであるが，イメージに反して，伝統が11項目中8位と比較的下位であったり，自己決定が4位と比較的上位であったりする。さらに，たとえば平均値が上位3つの項目でも，平均値はいずれも4点より低い。これは選択肢の「少し当てはまる」と「まあ当てはまる」の間程度の値であり，さほど高い値とは言えない。たとえば，平均値が最も高い普遍主義を例に取ってみても，その回答の内訳は「非常によく当てはまる」と「当てはまる」の回答者を足しても全体の21.9％にとどまり，「まあ当てはまる」と「少し当てはまる」が68.2％と多く，「全く当てはまらない」と「当てはまらない」が9.9％である。したがって，「日本人的な価値観」とした安全・同調・伝統を日本人が共有しているとは言い難い。

図3 基本的価値観の平均値：5か国比較

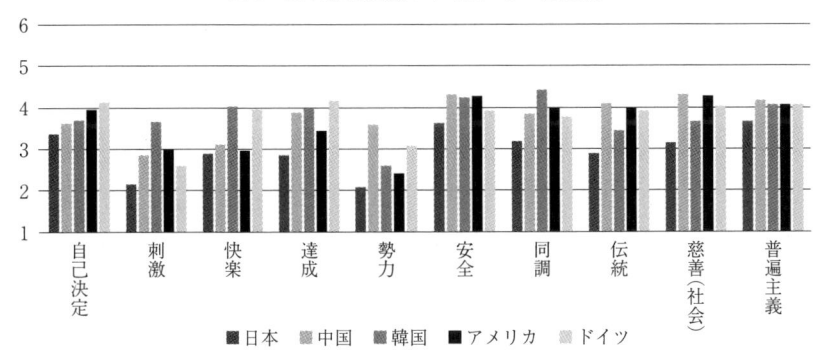

■日本　■中国　■韓国　■アメリカ　ドイツ

(2) 国際比較に見る日本人の価値観

さらに，日本を含め60カ国で行った調査結果を国別に比較してみると，日本人が「日本人的な価値観」を他の国よりも重視しているともいえないことがわかる。全参加国との平均値を比べてみると，日本の平均値は価値観の11項目中8項目で最下位であり，それ以外の3項目も下位から2または3番目である[1]。つまり，日本人はすべての価値観について平均値が低い，つまり，「当てはまらない」と回答する傾向がある。

図3には代表的な比較対象として，同じ東アジアの中国および韓国と，欧米の代表としてアメリカおよびドイツの結果を示した[2]。なお，慈善（周囲）は測定していない国があるため省略した。

図3に示すように，日本人の回答の中で最も平均値が高い普遍主義でさえ，他の国よりも値が低い。また，たとえば，安全・同調・伝統という「日本人的な価値観」においても，他国と比べた平均値の低さが目立つ。5か国間で統計的に有意な差があるかを分析した結果，快楽には日本とアメリカで差がないことを除けば，すべての価値観で日本は他の4国よりも値が低いことが示されている。

ただし，この平均値の低さから，単に「日本人はそれぞれの価値観を大切に

1　慈善（周囲）は28カ国でのみ，慈善（社会）は58カ国でのみ測定されている。
2　欧米の代表として取り上げられやすいイギリスやフランスのデータは，2017年5月の時点では世界価値観調査のホームページ上で公開されていない。

していない」と結論づけることは避けるべきである。そもそも調査の回答傾向には文化の影響があり，日本人は「非常に」や「全く」などの断定的な表現を含む回答を避けると言われている。さらに，質問項目に答える際に，「次のような人がいるとすれば，それぞれのあり方について，あなたはどの程度当てはまりますか」と問われたときに思い浮かべる「人」は，おそらく同じ国の周囲の人であり，その人たちと比べた場合の相対的な位置づけとして自分の価値観を回答している可能性がある。たとえば，周囲の人が同調的であればあるほど，それと比べた回答者本人が「当てはまる」と回答する傾向は弱くなるだろう。

3.2　日本人の中での価値観の違い——基本的価値観について

(1) 文化的自己観の個人差の観点から

　では，日本人の中でも，特にどのような特徴を持つ日本人が，「日本的な価値観」をより重視しているのかを探っていく。ここでは，「文化的自己観」という概念に注目して分析を進める。価値観が文化内や文化間でどのように捉えられているのかを理解するためには，文化的な概念との関連を検討することが重要である（Nelson & Shavitt, 2002）。

　文化的自己観は，文化の違いを理解する際によく取り上げられる概念である。所属する文化の価値観や慣習によって形成されるものであり，相互独立的自己観と相互協調的自己観の2つに大別される（Markus & Kitayama, 1991）。図4が相互独立的自己観と相互協調的自己観の概念図であり，どちらの自己観をより強く持つかは個人によって異なる。心理学の研究において，「自己観」，つまり，人が自分という存在をどのように理解するかということの個人差は，多くの対人的および社会的な態度や行動を方向づけることがわかっている。

　図4に示されるように，Aの相互独立的自己観を持つ人は，家族や友人，同僚などの周りの人と自己との境目が明確で重なりがない。つまり，自分を周りの他者から切り離された独自の存在として捉えている。したがって，自己を能力や性格など個人的な特徴によって定義するとされる。一方，図4のBが相互協調的な自己観を示している。相互協調的な自己観を持つ人は，周りの人と自分との境界が曖昧で，重なっている部分もある。自分のことを周りの他者

図4 文化的自己観の概念図（Markus & Kitayama, 1991：和訳は筆者による）

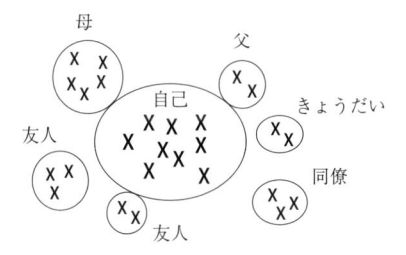

A 相互独立的自己観

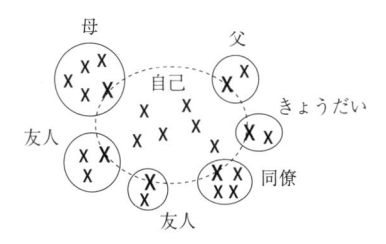

B 相互協調的自己観

との人間関係に埋め込まれた存在として捉えるため，自己をどう定義するかは他者や状況によって決まる。相互独立的自己観は個性的な存在としての自己，相互協調的自己観は社会的な存在としての自己に焦点を当てているといえる（高田，2012）。

　これら2つの文化的自己観のどちらが優勢になるかは，所属している文化に影響を受ける。国レベルで比較した研究の多くは，相互独立的自己観は欧米で優勢であり，相互協調的な自己観は日本を含む東アジアで優勢であることを示している。自己観と文化の特徴との関連としては，相互独立的自己観は個人主義的な文化を反映し，相互協調的自己観は集団主義的な文化を反映するとされる。ただし，一つの国や文化の中にも相互独立的な自己観が優勢な人と，相互協調的な自己観が優勢な人は混在しているため，同文化内での文化的自己観の個人差も測定可能である（高田，2012）。そこで本章では，文化的自己観と価値観との関連を分析することで，同じ日本人の中での価値観の個人差について理解を深めていく。

(2) 文化と価値観の関係

文化と価値観が関係していることを示す研究は数多くある。先に述べたように，シュワルツの10の基本的価値観に関して，個人主義は「変化への開放性」に位置する自己決定・刺激・快楽と関連し，集団主義は「保守性」に位置する安全・同調・伝統と関連するとされている（Schwartz, 1994）。以後の研究では，国レベルの文化的特徴である個人主義－集団主義を個人レベルの差として測定し，また，個人主義－集団主義の概念を精緻化したうえで，価値観との関連を見る研究が進んでいる。

たとえば，アメリカとデンマークのデータを比較した研究（Nelson & Shavitt, 2002）では，シュワルツの価値観の「達成」が文化内および文化間でどのように認識されているかを理解するためには，個人主義 - 集団主義の概念を測定することが有用であるとし関連を分析している。この2国はいずれも個人主義文化とされるが，個人主義の中にも，ヒエラルキーにおける地位の違いを重視する垂直的社会における個人主義と，公正さや同じ地位にいることを重視する水平的社会における個人主義がある（Singelis et al., 1995）。個人主義－集団主義だけでなく，水平的－垂直的という概念との組み合わせによる検討をした結果，垂直的個人主義であるアメリカ人のほうが水平的個人主義であるデンマーク人よりも個人的な達成を重視するという結果を得ている。さらに，それぞれの国の中でも，個人レベルで測定した垂直的個人主義が強い人ほど達成を重視し，また，水平的集団主義が強い人ほど達成を重視しないことが示された。この結果からは，「達成」という価値観は個人的地位を高めたいという動機づけに基づくものであり，一方で，集団として公正さを保つことに動機づけられる人には望まれない価値観であるといえる。

同様に，トルコ，フィリピン，アメリカのデータを用いた研究（Cuker, De Guzman, & Carlo, 2004）でも，シュワルツの価値観との関連を検討するために，個人主義－集団主義と水平的 - 垂直的との組み合わせを測定する尺度（Singelis et al., 1995）を用いた分析を行っている。分析の結果，水平的および垂直的な集団主義と「保守」の関連は3国すべてで明確に見られ，水平的および垂直的な個人主義と「変化への開放性」は弱いながらも関連していた。また，垂直的個人主義は「自己高揚」と関連するが水平的個人主義は関連しないこと，水平

的集団主義のほうが垂直的集団主義よりも「自己超越」との関連が強いことなどの結果が得られ，個人主義−集団主義と水平的−垂直的との組み合わせによって各価値観の特徴が明確になっている。

　個人主義−集団主義が個人レベルに反映されたものが文化的自己観，すなわち，相互独立的自己観−相互協調的自己観である。この文化的自己観の考えをさらに発展させ，シュワルツの10の価値観との関連をイギリス，ヨルダン，レバノン，シリアのデータで検討した研究もある（Harb & Smith, 2008）。具体的には，自己観にも水平的−垂直的の考え方を取り入れ，相互独立的自己観と対応する「個人的自己」，1対1の関係やそれに構成される小集団において解釈される「関係的自己（水平−垂直）」，より大きな内集団において解釈される「集合的自己（水平−垂直）」，そして，人類という種に属しているという「人類」の6重の自己観の構造を提唱している。先述の4カ国のデータで検討したところ，個人的自己は「変化への開放性」や「自己高揚」と関連し，同様に水平的関係的自己は「変化への開放性」や「自己高揚」の一部と関連するが，垂直的関係的自己は主に「保守」と関連していた。また，集合的自己は水平的か垂直的かに関わらず，「保守」や「自己超越」と関連し，すべての自己観が，達成との関連を示した。

　以上の研究では，個人主義−集団主義，または，相互独立的自己観−相互協調的自己観という単純な二項対立ではなく，それぞれに垂直と水平という二つのタイプがあることを想定すること，言い換えれば，下位領域を検討することにより，各価値観の特徴の理解が深まっている。そこで本章でも，個人レベルの概念である相互独立的自己観 ‐ 相互協調的自己観の下位領域を想定し，基本的価値観との関連を検討することにより，日本人の中での価値観の違いを体系的に理解していく。

(3) 文化的自己観と価値観の関係の分析結果

　下位領域を用いた検討のために欧米の研究でよく用いられる尺度は，水平−垂直の次元を組み合わせた下位領域を測定するもの（Singelis et al., 1995）であるが，本章では，日本での研究が積み重ねられている尺度として，高田（1996）が示す下位領域に注目しその尺度を用いる。

　高田（2000）によれば，相互独立的自己観は「個の認識・主張」と「独断性」，相互協調的自己観は「他者への順応」と「評価懸念」の下位領域に分かれている。「個の認識・主張」は「他者とは異なる自分自身を認識し表現する」，「独断性」は「他者に配慮せず自分の判断で行動する」，「他者への親和・順応」とは「他者との対立の回避や協調を重視する」，「評価懸念」とは「他者を意識し評価を気にする」という概念である（高田，2012）。高田（2004）は，「個の認識・主張」と「他者への親和・順応」が自他の関係の本質に対する認識を意味し，「独断性」と「評価懸念」は，他者への配慮または関心の程度に関わるとしている。なお，このような下位領域の区別はオーストラリアとカナダでは見られないため，この下位領域は日本人特有とも言え，興味深い。本章では，自他の関係の認識の違いだけでなく，他者への関心の高低という違いに着目することで，従来の二項対立的な研究，または，水平−垂直との組み合わせの研究では検討できていない視点での理解が深まると考える。

　2010WVS調査では日本データ独自の項目として，自己観の4つの下位領域を測定するため，高田（2000）の短縮版10項目を参考に2項目ずつを用いた（表2）。なお，「他者への親和・順応」は4項目あるが，「親和」は他の3つの下位領域，および，相互協調的自己観の一般的な定義に比べてやや情緒的な意味合いが強いと判断し，「順応」を表す2項目のみに限定した。

　表2の自己観の下位領域の4つを用いて，各価値観との関連を見る分析を行った結果を表3に示す。表3の上側は，図1で示した円環図の左側の価値観についての結果であり，下側は円環図の右側の価値観についての結果である。なお，価値観は年齢や性別などの属性的な要因に影響される部分もあるため，基本的な属性変数として，性別，年齢，教育年数，婚姻状態を同時に分析している。数値に「＊」がついている場合に，自己観および属性の変数（独立変数）が，各価値観（従属変数）と関連するといえる。正の数値は価値観を重視する傾向との関連，負の数値は価値観を軽視する傾向との関連を意味する。

　では，表3の結果を文化的自己観の4つの下位領域ごとに見ていく。

　まず，相互独立的自己観の「個の認識・主張」が強い人，つまり，「他者とは異なる自分自身を認識し表現する」という自己観を持つ人は，「快楽」と「安全」以外の9個の多様な価値観をより大切にする。日常的な会話で「個人

表2　文化的自己観に関する項目

自己観	下位領域	項目
相互独立的 自己観	個の主張	・自分の意見をいつもはっきり言う ・いつも自信を持って発言し，行動している
	独断性	・自分の周りの人が異なった考えを持っていても，自分の信じるところを守り通す ・自分でいいと思うのならば，他の人が自分の考えを何と思おうと気にしない
相互協調的 自己観	他者への 順応	・相手やその場の状況によって，自分の態度や行動を変えることがある ・自分の所属集団の仲間と意見が対立することを避ける
	評価懸念	・人が自分をどう思っているかを気にする ・相手は自分のことをどう評価しているかと，他人の視線が気になる

表3　文化的自己観と価値観の関連：重回帰分析結果

カテゴリー		変化への開放性			自己高揚	
従属変数	自己決定	刺激	快楽	達成	勢力	
独立変数	標準化偏回帰係数					
相互独立的自己観：個の認識・主張	.281***	.218***	−.014	.209***	.086***	
相互独立的自己観：独断性	.133***	.095***	.095***	.017	.072**	
相互協調的自己観：他者への順応	−.022	−.059**	.049*	.006	.010	
相互協調的自己観：評価懸念	.020	.024	.107***	.228***	.100***	
性別（男性1，女性2）	−.117***	−.129***	−.031	−.026	−.050*	
年齢	−.059*	−.102***	−.206***	−.135***	−.066*	
学校教育終了時の年齢	.046*	−.012	.072**	.019	.037	
婚姻状態（結婚・事実婚）	−.047*	−.130***	−.048*	−.033	−.036	
決定係数	.154***	.128***	.107***	.122***	.040***	
n	1917	1931	1973	1923	1977	

*$p < .05$; **$p < .01$; ***$p < .001$

カテゴリー		保守			自己超越		
従属変数	安全	同調	伝統	慈善(周囲)	慈善(社会)	普遍主義	
独立変数	標準化偏回帰係数						
相互独立的自己観：個の認識・主張	−.023	.060*	.077**	.205***	.186***	.139***	
相互独立的自己観：独断性	.070**	−.029	−.006	−.003	.013	−.015	
相互協調的自己観：他者への順応	.079***	.154***	.045	.040	.017	.012	
相互協調的自己観：評価懸念	.118***	.126***	.051*	.080**	.068**	.028	
性別（男性1，女性2）	.102***	−.012	.057*	.099***	−.017	.109***	
年齢	.000	.080**	.294***	−.005	.180***	.164***	
学校教育終了時の年齢	.072**	.073**	.074**	.030	.082***	.052*	
婚姻状態（結婚・事実婚）	.051*	−.023	−.014	−.025	−.041	−.019	
決定係数	.047***	.054***	.084***	.054***	.067***	.052***	
n	1959	1943	1923	1963	1910	1982	

*$p < .05$; **$p < .01$; ***$p < .001$

主義的」と言うと自己中心的なイメージを持つが，「個の認識・主張」が強い
ほど「同調」や「慈善（周囲）」「慈善（社会）」も大切にするという結果である。
すなわち，自己だけでなく他者や社会をも重視する点が意外な結果である。こ
れは，個を認識し主張することが，独断的であることとは別の概念であること
の表れであろう。つまり，自己が確立しているうえで他者と合わせることがで
きるという意味では，自他の統合というひとつの適応的な状態を示す関連だと
いえるのではないか。さらに，「快楽」と「安全」という，いわば自分に甘い
自己志向的な価値観とは関連しないことも興味深い。

　相互独立的自己観のもう一つの下位領域である「独断性」を持つ人，つまり，
「他者に配慮せず自分の判断で行動する」人ほど，「自己決定」「刺激」「快楽」
「勢力」「安全」の価値観をより大切にする。これらは円環図の左側の「変化へ
の開放性」と「自己高揚」のカテゴリーにほぼ集中している。この結果は，上
記の「個の主張・認識」の結果よりも，「個人主義」というイメージに近いだ
ろう。なお，「独断性」は，「自己高揚」カテゴリーの中でも「勢力」とは関連
するが「達成」とは関連しないという結果であるが，後者には「人に認められ
る」という言葉が入るため，独断性が強い人には重視されないと解釈できる。
また，「安全」を大切にすることは一見意外であるが，円環図上で「安全」は
「勢力」と隣り合っている。Schwartz（2012）によれば，この2つに共通する
のは，資源や関係性をコントロールすることで脅威を避けたり克服したりする
志向であり，そのようなコントロール志向の表れであると理解できる。以上の
結果からは，他者への関心が低い「独断性」の自己観を持つ人が，自己志向的
な価値観のみを重視することが明確に表れている。

　次に，相互協調的自己観の一つである「他者への順応」という自己観を持つ
人，つまり，「他者との対立の回避や協調を重視する」人は，「快楽」「安全」
「同調」を重視するが，「刺激」を重視しないことが示されている。刺激を求め
ることは，他者への順応とは相容れないことであると認識されていることが示
唆される。また，「慈善（周囲）」「慈善（社会）」との関連がないことから，他
者に順応することは他者志向的および社会志向的な価値観には繋がらず，むし
ろ，快楽や安全といった自己志向的な価値観に繋がる点が興味深い。ただし，
この結果は，2010WVS調査では高田（1996）の定義した「他者への親和・順

応」から，親和という情緒的な側面を除外し，順応のみを限定的に測定したことに起因する可能性に留意されたい。

また，相互協調的自己観の「評価懸念」を持つ人，すなわち，「他者を意識し評価を気にする」人は，「快楽」「達成」「勢力」「安全」「同調」「伝統」「慈善（周囲）「慈善（社会）」を重視する。つまり，「変化への開放性」カテゴリー以外の価値観すべてと関連している。「評価懸念」の自己観を持つ人は他者への関心が高いとされるが，実は自己志向的な欲求も強く，他者志向や社会志向の行動を取る理由が自己志向的であることが示唆されている。これは，「集団主義的な文化が自己の欲求を抑える自己犠牲のもとに成り立つ」というイメージが誤解であることを示す結果といえるだろう。

ここまでは自己観の下位領域ごとに結果を見てきたが，さらに，価値観の中で類似した結果を示しているものをまとめておく。まず，「快楽」と「安全」は，「独断性」「他者への順応」「評価懸念」と関連するという結果が類似している。「快楽」と「安全」は円環図においてはやや離れているが，「自分を大事にする」という意味で共通しているのだろう。10の価値観の中には，円環図の位置だけでは説明できない共通の特性がありうることを示す結果である。また，「伝統」「慈善（周囲）「慈善（社会）」は，「個の認識・主張」，または，「評価懸念」の自己観を持つ人に重視されるが，「他者への順応」の自己観を持つ人には重視されない。この結果からは，伝統や慈善のような社会的な対象を重視するという価値観は，周囲に合わせて自分を定義する人が持つわけではなく，むしろ，個として自己を定義する人，もしくは，他者からの評価を気にするという懸念が強い人が持つ価値観であることが示された。

以上のように，自己観の4つの下位領域は基本的価値観それぞれと異なる関連があることがわかった。つまり，先に示した日本人の価値観の個人差について，自己観という観点から理解を深めたといえる。各価値観は円環図においてグラデーションのように配置されるため，価値観の4つのカテゴリー間で明確に区別されるものではなく，分析結果もひとつひとつの価値観ごとに異なっていた。その中でも，「変化への開放性」のカテゴリーには相互独立的自己観の特徴が明確に反映されていたが，それ以外のカテゴリーでは，相互独立的自己観と相互協調的自己観の双方と関連するものも多い。すなわち，「独立」対

「協調」という単純な二項対立的な対比だけでは説明できないものであり，各価値観の意味を多面的に理解する必要性を示す結果である。

　最後に，属性変数の結果の全体像についてもまとめておく。まず，男性は円環図の左側の「自己決定」「刺激」「勢力」を，女性は右側の「安全」「伝統」「慈善（周囲）」「普遍主義」の価値観を重視することが示され，かなり明確な性差が見られている。年齢については，若いほど左側の価値観すべてを持ち，年齢が高いほど右側の価値観の「同調」「伝統」「慈善（社会）」「普遍主義」を持つことから，年齢を重ねることで価値観が円環図の左から右へと移行していくことがわかる。また，教育終了時の年齢が高いほど「自己決定」「快楽」「安全」「同調」「伝統」「慈善（社会）」「普遍主義」という多くの価値観を重視することが示され，教育は多様な価値観を強めると解釈できる。婚姻状態については，婚姻状態にない人は「変化への開放性」カテゴリーの価値観を持ち，婚姻状態にある人は「安全」を大切にすることから，パートナーと共に生きているかどうかが変化と保守を分けることが示されている。

　なお，表 3 の下部に示される決定係数という値は，分析による説明力の高さを意味するが，全体的にあまり高い値とは言えない。つまり，価値観の個人差には，文化的自己観の個人差および属性的な要因の個人差では予測しきれない部分がかなり多く残っているということである。その中で相対的に分析の説明力が高いのは，自己決定，快楽，達成，刺激といった価値観であり，これらは，シュワルツの円環図の左側に位置し，比較的個人単位で追及するものである。そのような価値観は，文化的自己観や属性変数という「個人の」変数によって説明できる割合が高いと言える。逆に言えば，図の右側のような対人的・社会的な側面を持つ価値観は，分析の説明力が下がるということであり，回答者の対人関係の特徴や社会集団への所属など，個人単位ではない変数の検討も必要であることが示唆される。

3.3　日本人の中での価値観の違い——東アジア的価値観について

　ここまでは，シュワルツが提唱した基本的価値観の円環図に基づき，日本人の価値観についての理解を深めてきた。その理解をさらに深めるために，

2010WVS調査ののちに，同じ回答者に対して行われた2011ABS調査の回答を用いた分析の結果を示していく。

2010WVS調査で測定した基本的価値観においては，仮に保守的な価値観を「日本人的な価値観」として検討を進めたが，ここでは，2011ABS調査で測定した「東アジア的価値観」について検討する。「東アジア的価値観」とは儒教に典型的に見られるような価値観であり，具体的には，政治や社会参加に関わる公的な価値観と，集団内での関係性に関わる私的な価値観という2つの側面において，価値観への志向性の強さを測定する（東アジア的価値観に関する詳細は第2章参照）。東アジア的価値観は，欧米対アジアという東西比較が多い比較文化研究では研究の対象になりにくく，文化的自己観との関連についての検討は行われてきていない。したがって，東アジア的価値観は個人が持つ文化的自己観によって説明できるのか，できるのであればどのような自己観がより説明力が高いのかを解明することは発見的な知見となる。

測定する項目は，公的な東アジア的価値観としての権威主義，および，私的な東アジア的価値観としての伝統主義である。それぞれの項目を因子分析した結果に基づき，公的な東アジア的価値観は2つ，私的な東アジア的価値観は4つの下位領域に分けて分析を行った（分析結果は第2章の表1および表2参照）。表4が下位領域名と対応する項目である。上下関係を重視する「垂直性強調」と調和を重視する「調和志向」の領域が公的および私的な価値観のそれぞれに含まれており，さらに，私的な価値観には「長期志向」と「集団主義」が含まれる。それぞれ，「あなたは，次のような意見についてどう考えますか。」という質問文に続き，以下の項目が提示され，それぞれの意見について「強く賛成」「どちらかといえば賛成」「どちらかといえば反対」「強く反対」の4段階で回答を得ている。なお，これらの項目に対する回答の平均値を他の調査対象であるアジア諸国と比べると，公的な調和志向得点は韓国の次に低い値であり，それ以外は最も低い値となっている（第2章参照）。

表5に示されるように，自己観の4領域は，公的および私的な東アジア的価値観の中で，上下関係を重視する「垂直性強調」とは関連がないが，調和を重視し対立や多様性を避ける「調和志向」とは関連していることが示されている。下位領域ごとに結果を見ていくと，まず，相互協調的自己観の「他者への順

表4　東アジア的価値観に関する質問項目

東アジア的価値観	下位領域	項目
公的な 東アジア的価値観	垂直性強調	• 社会の中で特定の思想を議論してよいかどうかは政府が決定すべきだ • 政府のリーダーたちは家長のようなもので，われわれは彼らの決定にすべて従うべきだ • 法を解釈する場合，政府は宗教上の指導者に相談するべきである • 重要な問題については，裁判官は行政府側の主張に沿った判決を下すべきである • 女性は男性ほど政治に関わるべきでない， • 倫理的に正しいリーダーには，すべての決定をゆだねることができる
	調和志向	• もし人々の考え方があまりにも多様すぎたら，社会は無秩序になるだろう • 人々が多くの団体を組織すると，地域の調和が崩れるだろう • 常に国会に監視されていたら，政府は重要な仕事をなしとげられない
私的な 東アジア的価値観	垂直性強調	• 姑と嫁が対立した時は，たとえ姑が間違っていても，姑に従うように夫は妻を説得するべきである • たとえ理不尽でも，子どもは親の要求に従うべきだ • 生徒なら教師の権威を疑うべきではない
	調和志向	• たとえ人と意見の不一致があったとしても対立は避けるべきである • 集団の中では和を重んじ，いさかいを避けるべきだ • 職場の同僚たちが反対するのであれば，自分の意見に固執するべきではない
	長期志向	• 人とつき合うときは，目先の利益を追うだけではなく将来の見通しについても考えるべきだ • 人とつき合うときは，長期にわたる人間関係を深めることの方が，目先の利益を守ることよりも重要だ • 人とつき合うときは，一時的な損益だけにとらわれるべきではない
	集団主義	• 集団の中では，全体の利益のために個人の利益を犠牲にするべきだ • 国益のために，個人の利益は犠牲にしてもよい

表5　文化的自己観と東アジア的価値観の関連：重回帰分析結果

カテゴリー	公的な東アジア的価値観		私的な東アジア的価値観			
従属変数	垂直性強調	調和志向	垂直性強調	調和志向	長期志向	集団主義
独立変数	標準化偏回帰係数					
相互独立的自己観：個の認識・主張	.088	.050	.068	.053	.068	-.014
相互独立的自己観：独断性	-.017	-.013	-.081	-.142**	-.021	-.001
相互協調的自己観：他者への順応	.073	.139**	.091	.217***	.100*	.110*
相互協調的自己観：評価懸念	.019	.067	-.085	-.110*	-.021	-.002
性別（男性1，女性2）	.026	.021	-.111*	-.005	.006	-.102*
年齢	-.131*	-.068	.125*	.159**	.052	.102
学校教育終了時の年齢	-.206*	-.262***	-.077	-.141**	.064	.013
婚姻状態（結婚・事実婚）	-.011	-.064	.122*	.024	.038	.053
決定係数	.066***	.113***	.090***	.136***	.019	.038*
n	488	480	465	491	488	486

*$p < .05$; **$p < .01$; ***$p < .001$

応」が強いほど，すなわち，「他者との対立の回避や協調を重視する」ほど，公的および私的な調和志向が強い。「調和志向」の項目内容からは，調和が愛他的な意図ではなく，リスクを避けるという自己志向的な意図に基づくことがわかる。さらに「他者への順応」は「長期志向」および「集団主義」とも関連する。全体的に見て，東アジア的な価値観を最も説明する文化的自己観は「他者への順応」であり，この自己観が東アジア的な価値観の土台となっているといえよう。

　そのうえで興味深いことに，2010WVS調査において基本的価値観のほとんどと関連があった相互独立的自己観の「個の認識・主張」は，東アジア的価値とは全く関連がない。これは，「他者とは異なる自分自身を認識し表現する」という自己観が，東アジア的な価値観については説明力を持たないことを意味している。また，相互独立的自己観の「独断性」が強いほど私的な「調和志向」を重視しないという結果は予測可能であるが，同様に，相互協調的自己観の「評価懸念」が強いほど私的な「調和志向」を重視しないことも示された。先に述べたように，「他者への順応」が強いほど「調和志向」を重視することから，同じく相互協調的自己観の下位領域である「他者への順応」と「評価懸念」が「調和志向」と逆の関連をしていることになる。「調和志向」の項目を見ると，自己犠牲のもとに達成されるものとして測定されている。他者の評価

を懸念するのは，他者を重視しているというよりは自己を重視するゆえであり，そのため，「自己を抑制してまで他者に合わせる」ことを望まないと解釈できる。この結果は，2010WVS 調査における基本的価値観についての分析で得られた結果と一致するものである。つまり，「評価懸念」という自己観を持つ人は，他者に関心があるが，その関心は，自分に対する他者の評価に関心を持つという自己志向的な欲求に基づくものであり，それゆえに，自己を犠牲にはしないという価値観を持つといえる。

　以上のように，私的および公的な東アジア的な価値観に対しては，相互独立的自己観による説明力がかなり小さい一方で，相互協調的自己観の「他者への順応」が，最も高い説明力を持つことから，東アジア的価値観との親和性が示された。また，相互協調的自己観を持つ人が他者志向的または社会志向的な価値観を持つわけではなく，「他者への順応」の自己観は変化やリスクを嫌う価値観に繋がること，「評価懸念」が自己を犠牲にするような価値観を持たないことなど，シュワルツの価値観との関連で見られた結果が補強されたといえるだろう。

3.4　まとめ

　以上のように，本章では，「日本人的な価値観」，つまり，保守的な価値観は日本の多くの人に共有されているわけではない，という回答結果を踏まえ，どのような人がどのような価値観を持つのかについて，文化的自己観という概念を用いた理解を試みた。

　一般的に，個人主義的，または，集団主義的と言うときにイメージするものは，個人主義は周囲や社会を気にせず，集団主義はその逆であるということであろう。しかし，個人主義 - 集団主義という文化の個人差を表すとされる，相互独立的 - 相互協調的自己観を用い，下位領域に分けて検討した結果，「個が確立している」という意味での相互独立的自己観を持つことが，「独断的である」という他者への関心の低さとは別の概念として切り分けられた場合には，むしろ，周囲や社会を重視することに繋がるという結果が示された。ただし，東アジア的価値観における「調和志向」のような，自己犠牲に基づく調和とい

う価値観は持たないこともわかっている。一方，相互協調的自己観であっても
それが「人の評価を気にする」という他者への関心の高さの意味であり，「他
者に合わせる」こととは別の概念として切り分けられた場合には，その関心の
高さが自己志向的な欲求が強いことを反映していることが示唆された。さらに，
自己志向的な欲求を満たすために他者や社会を重視することはあっても，その
ための自己犠牲は払わないということが示された。

　以上の結果は，相互独立的−相互協調的自己観という二項対立的な比較だけ
でなく，高田（2000）の尺度を用い，自他の認識の違いと他者への関心の違い
の2つの観点を組み合わせた4つの下位領域で検討してこそ得られた結果であ
る。このように，欧米の研究で用いられてきた文化的自己観の尺度とは異なる
尺度によって，国際的に研究が積み重ねられているシュワルツの10の価値観
との関連を検討したことは，先行研究の知見を補強することに繋がる。さらに，
文化的自己観の4つの領域と東アジア的価値観という，従来別々の研究領域で
検討されていた概念間の関連を示したことは，発見的な知見としての意義があ
るだろう。

　本章で得られた結果の意義としては，まず，一般的な日本人論をうのみにす
るのではなく，調査データに基づき，実際の日本人の価値観の様相を知ること
で，「日本人的な価値観」の適否を検討すべきであることを主張したい。「自分
は日本人的ではないけれど，一般的な日本人はこうだ」と思い込むことによっ
て，結局自分の行動が意に反して日本人的になるということもある。言い換え
れば，本来は存在しない日本人的な価値観に縛られることによって，それを実
在のものとしている可能性がある。

　さらに，同じ日本人の中でも価値観が多様であることに注目し，各価値観が
土台とする自己観が異なるという結果を踏まえることで，日本人同士で価値観
の相違が見られることの理由を理解することに繋がるだろう。特に，「個の認
識・主張」という相互独立的自己観を持つ人が他者や社会を重視し，「評価懸
念」という相互協調的自己観を持つ人が自己を重視しているという，いわばパ
ラドキシカルな関係は，「自己か他者か」「個人か集団か」という二項対立的な
理解の限界を意味する。このような関係を理解していることによって，簡便な
判断による誤解を回避することに繋がるだろう。

　以上を鑑み，日本人的な価値観について，日本人自身がステレオタイプ的にとらえそれに従った行動をするのではなく，どのような個人がなぜ，ある価値観を重視しているのかをデータに基づいて注意深く検討していくことが望まれる。

第4章

「つながりやすい」職業は存在するか？
職業ネットワークとジェンダーの関係から

竹本圭佑

　「人と人とのつながりは重要である」——このことに異論を唱える人間はそう多くないであろう。社会の中で生きることは，家族・友人・職場・地域といった“つながり”の中で生きることと同義である。特にこの10年，“つながり”を創出・維持することが目的であるソーシャルネットワーキングサービスの台頭や2011年に発生した東日本大震災の復興過程で“絆”が強調されたこともあって“つながり”の重要性はかつてないほどに認知されている。

　こうした“つながり”に関係する学術的な概念の一つとして，社会関係資本（ソーシャルキャピタル）がある。社会関係資本の定義は，もっとも有名なものの一つであるブルデューの研究（Bourdieu, 1986）によれば，多少なりとも制度化された長期的な双方向ネットワークを保持することで得られる潜在的リソース（資源）の集合，とされている。ざっくり言ってしまえば，親戚にお金持ちがいる人は，もしものときにお金貸してもらえる可能性が存在するから，本人の経済状態は別として潜在的には資本を持っているとみなすことができる，というものである。ここでの資本は経済的なものに限らず，心理的な規範なども含まれる。現在，社会関係資本は社会学・政治学・経済学・疫学など分野横断的なフロンティアとして脚光を浴びている。さらには政策にも取り入れられつつあり，例えば厚生労働省の地域保健対策の推進に関する基本的な指針は2012年の改正で地域の社会関係資本を活用することが明記された。

　しかしながら，社会関係資本はその登場と同時に危機にあることが指摘されている。パットナムは，その著書 “Bowling Alone”（邦訳：孤独なボウリング）においてアメリカにおけるボウリングの楽しまれ方に社会関係資本を見出した

(Putnam, 2000)。彼の研究は，ボウリングはアメリカでもっとも人気があるスポーツで，ボウリング場で定期的に開かれて誰でも参加可能な社交の場（ボウリングリーグ）の存在が社会関係資本の形成・維持に一役買っていたが，近年では“孤独なボウリング”として一人で楽しむものに変化し，社会関係資本が失われつつある可能性を示すものであった。ボウリングの利用形態の変化に社会関係資本の衰退が典型的に反映されているといわれても日本人にはイメージしにくいかもしれないが，ここでのボウリングは社会関係資本の現れに過ぎないから，他の行為や事象に置き換えることができる。例えばカラオケに置き換えれば“ひとりカラオケ”となり，どこかで聞き覚えがあるのではないだろうか。実際，日本でも特に地域とのつながりに関して希薄化が指摘されており（例えば，内閣府，2007），日本人にとっても他人ごとではなくなっている。

　本章ではポジションジェネレータ（position generator）という，個人の社会的ネットワーク内の職業の分布を測定する手法を用いてアプローチしたい。これは数十種類に及ぶ多様な職業リストを社会調査の回答者に提示し，その職業についている親族・友人・知り合いがいるかどうか尋ねていく質問手法である。そしてリスト上の各職業の職業威信スコアと対照し，回答者のネットワークを指標化する。職業威信スコアとは，各職業の地位に対する評価を一次元で表したもので，物的・関係的・文化的な様々なリソースを総合的に表現しているとされる（例えば，富永，1979）。本章で用いる職業のうち，職業威信スコアが最も高いものは医師，最も低いものはウエイターやウエイトレスで，0〜100点の範囲をとる職業威信スコアはそれぞれ90.1，38.1である（本章で用いたすべての職業の職業威信スコアは表2, 3に示した）。このスコアが高いほど，世間一般でその職業が「高い」というイメージを持たれていることを示す。もちろん単に「高い」とは言っても，所得が高いのか学歴が高いのかは場合によるが，これらを総合した評価だと考えられている。こうしてポジションジェネレータに職業威信スコアを合わせて作成された指標は，回答者のネットワーク（に存在する他者）の社会的地位またはそこから推測される潜在的なリソースを表し，地位関連ネットワーク指標とでも呼べるものである。本プロジェクトでは，15の職業リストからなる設問（表1上部）と5つの職業リストからなる設問（表1下部）に分かれて尋ねられた。後者は職業以外にも外国人などがリストに含

表1　本調査で使用したポジションジェネレータ

あなたは親せきや友人や知り合いの中に次のような職業の方がいらっしゃいますか。
男性・女性それぞれにあてはまる方がいらっしゃる場合はその欄に○をつけてください。

（それぞれいくつでも○印）	男性 ↓	女性 ↓
小売店主	1	1
ウエイターやウエイトレス（アルバイトを除く）	2	2
守衛	3	3
小学校教諭	4	4
看護師・看護婦	5	5
コンピュータ・プログラマーや情報処理技術者	6	6
医者	7	7
国会議員	8	8
記者・編集者	9	9
警察官	10	10
従業員が数百人以上の大企業の社長	11	11
従業員が数百人以上の大企業の課長	12	12
バス運転手	13	13
郵便配達人	14	14
裁判官	15	15
あてはまる人はいない	16	16

あなたの親せきや友人，知り合いの中に次のような方がいらっしゃいますか。
男性・女性それぞれにあてはまる方がいらっしゃる場合はその欄に○をつけてください。

（それぞれいくつでも○印）	男性 ↓	女性 ↓
⋮ 省略 ⋮		
農家の人	11	11
調理師・コック・板前・パティシエ	12	12
理容師・美容師	13	13
大工・左官・とび職	14	14
会計・経理事務員	15	15

まれていたが，ここでは職業のみを扱う。この質問手法を使用するにあたりどの職業をリストするかは，現在のところ明確なガイドラインが存在せず，研究者次第である。もちろん職業威信スコアを用いることから逆算し，リストする職業のスコアが偏らないよう選択しているはずではあるが，その過程を観察することはできない。

　本章では，まずポジションジェネレータについて簡単に説明し，その各職業で現れやすさ（知り合いがいるとの回答されやすさ）に差異が存在するか見てみよう（分析 1）。同時に職業と深く関連するジェンダーに注目し，個人のジェンダーに対する態度がネットワークに影響するか検証する（分析 2）。

4.1 社会関係資本の測定手法としてのポジションジェネレータ

　社会関係資本という言葉が最初に使われた時期・文献については諸説ある一方，現在の社会関係資本研究の隆盛に大きな影響を与えた研究としてブルデュー（1986），コールマン（Coleman, 1988），パットナム（1993, 2000）の 3 人のものが挙がることは間違いない。ただし，社会関係資本の定義はまちまちで，ブルデューやコールマンが個人や小集団を分析の単位とすることが多かったのに対し，パットナムは集団が保持する社会関係資本のストックがその集団の発展に構造的な影響を与えると主張し，自治体や国といったより大きな集団を分析の単位とした。ポジションジェネレータは，社会調査の回答者ごとにスコアを計算するもので前者の典型である。

　この手法はリンとデュミン（Lin & Dumin, 1986）に由来する。あらかじめ職業リストを作成しておき，それぞれの職業に就いている親族・友人・知り合いなどがいるか質問していくもので，回答者の社会的ネットワークに埋め込まれたリソースの利用可能性が評価できるようになった。例えば転職に"コネ"が有効だといっても，それを直接測ろうとすると転職経験者に尋ねるしかなかった。ネットワークとそれに埋め込まれたリソースを測定することで，強力な"コネ"を保有しているが転職などかけらも考えたことがないといった人にもアプローチできるようになったのである。また，特定の領域に限らないジェネラルなリソースを測定できることもメリットの一つである。それ以前の社会的

ネットワークの研究では，転職や借金など具体的な行為・利得を検討の対象とせざるを得なかったが，特定の用途に限定されないネットワークそのものの影響が検証可能となり，一般化可能性の高い研究が可能となった。彼らの研究の中に社会関係資本という言葉は登場しないものの，社会関係資本研究が盛んになった1990年代以降は，社会関係資本の文脈の中でよく研究されている。

　点数化の方法としては，リンら（Lin, Fu, & Hsung, 2001）のものが代表的である。知り合いがいるとして挙げた職業のうち，職業威信スコアの最大値（Upper Reachability），同じく職業威信スコアの最大値と最小値の差分（Range），さらに職業の合計数（Extensity）を求め，因子分析によって第1因子を取り出すものである。日本を含め各国でこの指標を独立変数とした研究が行われており，職業達成はもちろん，政治参加や市民参加，主観的幸福感といった職業とは直接関係しない変数の説明も試みられている。

　ここで，『どの職業も同じように（母集団の人数に比例して）人間関係のネットワーク内に出現するのだろうか』という疑問が立ち現れる。この問いに対しては様々な予想が可能である。例えば『接客業に就いていれば，一日に何人もの人々に応対するから，多くの人々に認知されているであろう』，逆に『在宅勤務であれば，仕事上接する人数は少なくなるはずだ』というもの，あるいはネットワークの大きさが同じであったとしても，例えば『プロスポーツ選手など珍しい職業に就いている人は職業も覚えられている可能性が高まるであろう』などである。この点リンらは職業の種類，職業威信の上限と幅から点数化することで職業固有の影響をうまく低減している。

　この問題を直接検討したのはエリクソン（Erickson, 2008）である。彼女はカナダのデータをもとに，社会調査の結果と国勢調査を比較した。職業ごとにその職業に就いている知り合いがいると答えた回答者数を国勢調査による職業人口で除した“ネットワークパワー”を算出し，職業間で比較している。それによれば，職業威信スコアが高い職業（に就いている人）ほど“ネットワークパワー”が高い，すなわち職業人口と比べてよく知り合いとして挙げられやすい，というものであった。また，職業威信が中程度以上かつ女性比率の高い職業（薬剤師やソーシャルワーカーなど）で特に“ネットワークパワー”が高いという，性別との交互作用も発見された。知り合いの性別が説明力を持たないこともあ

って，彼女の研究では職務上で多くの人々への対応を要求される職業に女性が多く就いている，と解釈された。

4.2 ソーシャルネットワークと職業とジェンダー

性別によってソーシャルネットワークの在り様が異なることは古くから知られており，ジェンダーによる様々な差をネットワーク的観点から説明することも盛んにおこなわれてきた[1]。まず，ネットワークを形成する相手として性別・人種・階層など自分と類似した他者が好まれる，同質性への選好（Rogers & Kincaid, 1981）という前提がおかれることが多い。人間関係で男性は男性同士，女性は同性同士でネットワークを形成しがちであり，地位や権力を持つ人は男性である場合が多いために，女性がネットワークを通じてリソースを獲得するのは難しいというもので，職場での昇進の不平等の説明としてよく用いられる（例えば，Brass, 1985 など）。さらに，よりインフォーマルな関係においても，男性よりも女性の方が親しく情緒的な同性間の友人関係を築き重要視する（Aukett, Ritchie, & Mill, 1988）とされる。

職業とジェンダーに関しては，『鉱夫』『看護婦』などを典型に職業によっては男女比で大きな差がありうる。それを受けて，特定の職業に対してはジェンダーと結びついたステレオタイプが存在する[2]。月元・橋本・唐沢（2011）は大学生に対し職業を男性的か女性的か分類させ，男性的・女性的な職業リストを作成している。例えば『政治家』という職業では被験者全員が男性的と判定し，『看護師』では 85％の女性判定率であった。彼らはそのリストを記憶課題として用い，被験者のジェンダーに対する態度が役割期待として記憶に作用する可能性を示唆している。ただし，国際的にみた場合，日本では職業間の男女差よりも同じ職業カテゴリー内での職位など上下関係間の偏りが大きいという指摘（Melkas & Anker, 2003）が存在する。

日本においてポジションジェネレータを用いてジェンダーを検討した研究に

---

1 ただし，社会関係資本の文脈ではジェンダー的な観点が最近まで軽視されてきたという批判がある（Molyneux, 2002）。

2 ステレオタイプとは，社会的カテゴリーに所属する成員の外見や行動，性格特性の表象である。

は宮田・池田（2010）が存在する。彼女らの研究ではネットワークから政治参加を予測することを試み，男性回答者でだけ男性との社会的ネットワークの多様性が高まるほど政治参加が促進されるという結果であった。そこでは，マクロレベルの社会構造の男女の不均衡（たとえば，女性の就業の多様性が低いこと）の存在が，個人のネットワークの形態や活用可能性といったマイクロレベルの不均衡につながり，結果として男女の政治参加に不均衡を生み出すという因果関係が示唆されている。

(1) 仮説設定

本研究で扱うポジションジェネレータは，リストされた職業に就いている知り合いがいるかどうか尋ねるものであり，回答者の記憶に依存している。職業ごとの現れやすさを検討したエリクソンの研究を同様の方法で追試するとともに，回答者のジェンダーに対する態度がポジションジェネレータでの回答に影響しているか検討する。本研究の仮説は以下で，H2, H3 はエリクソンの結果の追試である。

H1：日本全体での人口が多い職業ほど，その職業に就いている人が知り合いとしてポジションジェネレータで知り合いとして挙げられやすい

H2：職業威信スコアが高い職業ほど，日本全体での職業人口比でポジションジェネレータで知り合いとして挙げられやすい（ネットワークパワーが高い）

H3：職業威信スコアが高く，女性比率が高い職業ほど日本全体での職業人口比でポジションジェネレータで知り合いとして挙げられやすい（ネットワークパワーが高い）

RQ：ジェンダーに対する態度はポジションジェネレータの回答に影響する

4.3　分析1——日本全体の職業人口との比較

この分析では WASC データのうちポジションジェネレータのある第3パネル（2012年，ソーシャルネットワーク調査）のみが対象となる。回答者は 1127

人（うち女性：558 人），平均年齢は 57.26 歳（標準偏差：16.07）であった。

(1) 日本全体における各職業の男女別人口

基本的には平成 22 年国勢調査[3] に拠り，一部職業では白書や他の調査も利用した。出典と数値は結果の表に記載した。国勢調査とポジションジェネレータの職業名が一致しない場合は，国勢調査の職業小分類を統合した。

(2) 職業威信スコア

職業威信スコアは執筆時点で利用可能な最新のデータである 1995 年の SSM 調査に拠った。各職業に対し，「世間では一般に，これらの職業を高いとか低いとかいうふうに区別することもあるようですが，いまかりにこれらの職業を高いものから低いものへの順に 5 段階にわけるとしたらこれらの職業は，どのように分類されるでしょうか」と「最も高い」から「最も低い」の 5 件法で尋ね，各選択肢に 100，75，50，25，0 点を与え，その平均値をスコアとしたものである。なお，職業威信スコアの特性として，時間経過による変動が極めて小さく，性別など回答者の属性の影響もほとんどないことが知られている（解説ならびにスコア表は都築，1998）。

(3) ポジションジェネレータ

章の最初で述べた通り，ポジションジェネレータは，職業リストを社会調査の回答者に提示し，その職業についている親族・友人・知り合いがいるかどうか尋ねていく設問である。本プロジェクトでは関係の種類は問わず，相手の性別を尋ねた。

リストされた職業ごとに以下の指標を作成した。

紐帯保持率：100 ×その職業に就いている知り合いがいる回答者数／全回答者数[4]

3　総務省統計局 HP（http://www.stat.go.jp/data/kokusei/2010/index.htm）から抽出詳細集計の推定値を得た。

4　ポジションジェネレータへの回答を完遂した回答者数である。

男性との紐帯保持率：100 ×その職業に就いている男性の知り合いがいる回答者数／全回答者数

女性との紐帯保持率：100 ×その職業に就いている女性の知り合いがいる回答者数／全回答者数

ネットワークパワー[5]：10000 ×その職業に就いている知り合いがいる回答者数／日本全体における各職業の人口

ネットワークパワー（男性）：10000 ×その職業に就いている男性の知り合いがいる回答者数／日本全体における各職業の男性人口

ネットワークパワー（女性）：10000 ×その職業に就いている女性の知り合いがいる回答者数／日本全体における各職業の男性人口

4.3.1 分析1の結果

　表2, 3に各指標を示した。従業員が数百人以上の大企業の社長・課長に関しては全数調査の統計データを見つけることができず，空欄として分析1では除外している。裁判官に関しても簡易裁判所判事（約800人）を除いたものである。まず，知り合いとしての挙げられやすさである紐帯保持率をみると，農家や看護婦・看護師で60％を超えている。もっとも紐帯保持率が低かった職業は裁判官で3％以下であった。職業によって紐帯保持率に大きな差があることが見てとれるが，こうした差は現実の人口によるものであろうか。

　この問いに答えるべく，職業人口と比較した場合にどれくらい知り合いとして挙げられやすいかを示すネットワークパワーを見ると，職業間で1000倍近くの差が存在する。統計的検定をせずとも，明らかにH1は支持されない。各職業のうち職業人口に対してもっとも知り合いとして挙がりにくいのはウエイターやウエイトレス（ネットワークパワー：1.87）であった。一方，国会議員（同：1551.25）と裁判官（同：115.79）が目に付く。国会議員は全国に700名余りしかいないにもかかわらず，回答者の10％が知り合いであると回答している。国会議員が後援会などネットワークを必要とする職業であることを差し引いても圧倒的である。

　5　エリクソンは単に知り合いがいる回答者数を国全体における職業人口で除していたが，本調査は彼女の使用したデータよりも回答者数が少ないこともあり，見やすさのために10000倍している。

表2　ポジションジェネレータ（15問版）の各指標（n = 1112）

	威信	紐帯保持率	男性との紐帯保持率	女性との紐帯保持率	ネットワークパワー	ネットワークパワー（男性）	ネットワークパワー（女性）	男性人口	女性人口	出典
小売店主	51.3	45.86	40.29	20.59	11.75	14.39	18.70	311430	122430	平成22年国勢調査
ウエイターやウエイトレス（アルバイトを除く）	38.1	16.46	7.46	13.49	1.87	4.07	1.94	203910	772370	平成22年国勢調査
守衛	39.9	11.69	11.69	0.54	3.76	3.92	4.36	331780	13760	平成22年国勢調査
小学校教諭	63.6	43.79	31.92	30.67	15.36	32.07	16.52	110684	206368	文部科学統計要覧（平成25年版）
看護師・看護婦	59.7	60.52	14.84	58.72	6.63	26.06	6.86	63321	952423	平成24年度衛生行政報告例（隔年報）
コンピュータ・プログラマーや情報処理技術者	66.3	28.15	26.26	6.21	3.47	3.72	5.88	785500	117250	平成22年国勢調査
医者	90.1	39.57	37.50	9.71	14.51	17.12	18.11	243627	59641	平成24年（2012年）医師・歯科医師・薬剤師調査
国会議員	74.9	10.07	9.62	1.44	1551.25	1706.54	1684.21	627	95	国会便覧 平成24年8月新版131版
記者・編集者	52.2	8.63	7.37	3.33	11.29	14.67	12.69	55900	29150	平成22年国勢調査
警察官	57.9	31.83	31.56	3.06	13.64	14.52	19.22	241751	17686	平成24年版 警察白書
従業員が数百人以上の大企業の社長	87.3	10.52	10.25	0.54						
従業員が数百人以上の大企業の課長	63.2	18.17	17.99	2.07						
バス運転手	48.9	13.04	13.04	0.36	11.11	11.22	33.50	129287	1194	2015年版（平成27年）日本のバス事業
郵便配達人	46.2	19.78	18.79	2.16	17.31	18.54	16.67	112720	14400	平成22年国勢調査
裁判官	86.9	2.97	2.70	0.54	115.79	134.77	96.15	2226	624	弁護士白書　2014年版
あてはまる人はいない		12.59	21.49	26.17						

表3　ポジションジェネレータ（5問版）の各指標（n = 1119）

	威信	紐帯保持率	男性との紐帯保持率	女性との紐帯保持率	ネットワークパワー	ネットワークパワー（男性）	ネットワークパワー（女性）	男性人口	女性人口	出典
農家の人	45.6	61.13	58.89	43.79	3.77	6.30	6.38	1045950	768360	平成22年国勢調査
調理師・コック・板前・パティシエ	51.6	33.15	29.85	12.15	1.91	4.06	1.21	822280	1120570	平成22年国勢調査
理容師・美容師	49.7	44.50	27.70	34.32	9.11	15.97	10.90	194110	352260	平成22年国勢調査
大工・左官・とび職	53.1	37.80	37.80	1.52	7.13	7.21	26.07	586960	6520	平成22年国勢調査
会計・経理事務員	52.9	35.30	24.66	21.54	2.44	6.45	2.03	427960	1189410	平成22年国勢調査

さてウエイターやウエイトレスの威信スコアは38.1と本研究で用いた職業中最低である。一方，ネットワークパワーが高かった国会議員や裁判官は威信も高い。威信スコアが高い職業ほど知り合いとして挙がりやすいのだろうか。各職業（n = 18）の威信スコアとネットワークパワーの順位相関を計算すると $\rho = .49$ となり，H2の予測通り職業威信スコアが高い職業ほどネットワークパワーが高い，すなわち職業人口に比べて知り合いとして挙げられやすいといえるだろう。

H3を検証すべく日本全体の職業人口の女性比率とネットワークパワーの順位相関を計算すると $\rho = -.32$ となった。回帰分析を試みてもH3で想定した「職業威信スコアが高く，女性比率が高い職業ほど日本全体での職業人口を統制した場合にポジションジェネレータで出現しやすい」とはならなかった。ここでの結果は女性比率が高い職業ほど職業人口に比べてその職業に就いている人が知り合いとして挙げられにくいというものである。

そのほかにジェンダーに関連した発見としては，職業人口の性別が大きく偏っている場合にマイノリティ側の性別が出現しやすい傾向が読み取れる。看護師・看護婦の男性，バス運転手の女性，大工・左官・とび職の女性などである。ただし，国会議員の女性，裁判官の女性などは男性と同程度かそれ以下であった。

4.3.2　分析1の議論

ポジションジェネレータの回答結果と国勢調査等に基づく職業人口データを突き合わせ，職業ごとの差を検証した。結果としては，職業人口を統制した場合の現れやすさ（ネットワークパワー）は職業によってはかなり異なっていた。エリクソンの研究と同じく職業威信スコアとは正の相関が確認されたが，職業人口の女性比率は指摘された威信スコアとの交互作用ではなく，ネットワークパワーとの負の相関が見られた。

エリクソンとは異なった結果を得た理由としては，社会におけるジェンダーの在り方の差異が挙げられる。彼女はカナダのデータを分析したが，カナダと日本では異なる部分が多い。World Economic Forum が発表しているジェンダー・ギャップ指数を両国で比較すると，2016年度ではカナダが144か国中

35 位なのに対し，日本は 111 位である（World Economic Forum, 2016）。こうした男女間の格差の両国の差が影響している可能性は高い。ただし，今回の分析では単純な 2 変量の相関でしか検討できていないため，具体的な指摘をすることは残念ながら困難である。

第二はリストされた職業の違いである。章の初めで述べた通り，どの職業を問題にするかにはガイドラインがなく研究者の裁量次第である。エリクソンの研究における威信が高く女性が多い職業は薬剤師や洋裁師などであった。本調査ではそもそも威信が高く女性が多い職業が含まれていない。どころか，国会議員や裁判官など威信が高い職業では女性の割合が少ない。よって項目作成時の職業の選択が影響した可能性が存在する。例えば脇田（2012）は大学生に対し職業についている人の性別を特定したうえでその地位を尋ねている。結果として職業威信スコアは基本的にはジェンダー中立であるが，女性比率が高い職業ではその職業の男性の職業威信スコアが低く評定されるというものであった。本調査データでも職業の女性比率が影響している可能性は否定できない。また，日本では職業間の性差よりも同一職業内での性差こそが深刻であるため，職業の男女比以外の影響かもしれない。都築（2000）では，SSM 調査の職業威信スコア分類の基準を調査回答者に直接尋ねた設問を分析している。それによれば職業威信スコアと強く相関するのは，社会への影響，技能水準，報酬の 3 因子であった。これを踏まえて，男性 > 女性の賃金格差が存在すること，その職業の報酬を高くイメージするほど職業威信スコアを高く見積もること，職業威信スコアが高いほどネットワークパワーが高いことを組み合わせれば，女性比率が高い職業では低収入のイメージがあり，現実の職業人口に比して知り合いとして挙がりにくい，という解釈となる。

第三は価値観の差異による影響を受けた可能性である。上述のジェンダー・ギャップ指数では両国で大きな差が存在するが，心理面においても差異が存在しそれが分析結果に影響したのではないかというものである。伝統的な性役割態度の 1 つに「男は仕事，女は家庭」というものがある。カナダよりジェンダー・ギャップの大きい日本でそうした価値観が維持されているならば，ネットワーク内の職業人として男性が出現しやすいのも納得がいこう。現在のデータセットで直接比較することは出来ないが，p. 107 でたてた「ジェンダーに対す

る態度はポジションジェネレータに影響する」という RQ から「伝統的な性役割態度を示す回答者ほど女性の知り合いが出現しにくい」という仮説を設定すれば，日本データだけでも検証可能である。

4.4 分析2──価値観は影響するか

ここでは WASC データのうち第1パネル（2010年，世界価値観調査）と第3パネル（2012年，ソーシャルネットワーク調査）の両波で回答した人を対象に分析する。第1波は世界価値観調査の日本データとして取得されたもので，ジェンダーに関する意識項目も調査されている。そこで第1波の価値観項目から第3波のポジションジェネレータの回答の予測を試みる。第1波は回答者2443人，第3波は1127人であるが，両波に回答したのは440人にとどまる。

(1) ジェンダーに関する態度

第1パネルからジェンダーに関する態度を測定した項目を以下の通り選んだ。「①仕事が少ない場合，男性の方が女性より先に仕事につけるようにすべきだ」「②妻の稼ぎが夫より多いと，決まって問題が起きる」「③女性が自立するためには仕事をもつことが最善の方法である」「④母親がお金のために働くと，子どもに迷惑がかかる」「⑤一般的に，男性の方が女性より政治の指導者として適している」「⑥大学教育は女子より男子にとって重要である」「⑦一般的に，男性の方が女性より経営幹部として適している」「⑧母親が働いていても，働いていない母親と同じように温かくてしっかりした母子関係を築くことができる」「⑨家庭の主婦であることはお金のために働くのと同じくらい充実している」の9項目を用いることとした。①〜③と④〜⑨は別の大問を構成しており，前者で3件法，後者では4件法で賛否を尋ねていた。また第1パネルは留置調査で質問紙中に「わからない」選択肢が明示されていたため，「わからない」を選択した回答者が項目によっては30％を超えることがあった。両パネルともに回答した人数が440人にとどまることもあって，「わからない」選択肢を欠損値扱いせず「賛成」と「反対」の中間と見なし，分析に投入した。各項目に「賛成」する場合に数字が大きくなるよう処理し主成分分析にかけた（表4）。

表 4　ジェンダー項目の主成分分析の結果

	第 1 主成分
① 仕事が少ない場合，男性の方が女性より先に仕事につけるようにすべきだ	0.34
② 妻の稼ぎが夫より多いと，決まって問題が起きる	0.30
③ 女性が自立するためには仕事をもつことが最善の方法である	0.01
④ 母親がお金のために働くと，子どもに迷惑がかかる	0.31
⑤ 一般的に，男性の方が女性より政治の指導者として適している	0.45
⑥ 大学教育は女子より男子にとって重要である	0.47
⑦ 一般的に，男性の方が女性より経営幹部として適している	0.47
⑧ 母親が働いていても，働いていない母親と同じように温かくてしっかりした母子関係を築くことができる	− 0.22
⑨ 家庭の主婦であることはお金のために働くのと同じくらい充実している	− 0.04
固有値	2.77

n = 2443

第 3 主成分まで固有値 1 を超えたが，スクリープロット（省略）によって第 1 主成分のみ用いることとした。この第 1 主成分は伝統的性役割態度または男性優位と解釈できる。

(2) ポジションジェネレータ

本調査のポジションジェネレータは，その職業についている相手の性別を尋ねている。よって知り合いがいると回答した職業の種類を性別ごとにカウントした。これはリンらの指標のうち extensity に該当する。使用した職業リストは様々な職業威信スコアを持つ職業を集めたリストであるから，社会階層の視点から職業ネットワークの多様さ・幅広さを表した指標だといえる[6]。男性の知り合いがいる職業数では平均：4.61，標準偏差：3.72 となり，女性の知り合いがいる職業数では平均：2.67，標準偏差：2.26 となった。

6　リンらの研究では，知り合いがいる職業の職業威信スコアの上限と下限の差をとった range という指標が存在する。ネットワークの幅広さの指標としては range の方がふさわしいが，知り合いがいるとして挙げられた職業が 1 つだけの場合に 0 または欠損値として扱わなければならない。今回のデータでは特に女性の知り合いがいる職業数が平均：2.67 と低く，より頑健な extensity を使用した。

(3)　その他の変数

　回答者の性別，年齢，学歴，世帯収入，就労しているかどうか，都市規模に加え，その年に年賀状（メール含む）を送った人数を投入することにした。このうち学歴，世帯収入，就労しているかどうかは第1パネルで取得された。年賀状を送った人数はネットワークの大きさの代替変数である。

4.4.1　分析2の結果

　男性の知り合いがいる職業数・女性の知り合いがいる職業数に対し，それぞれ重回帰分析を行い，結果を表5に示した。欠損値はリストワイズ除去し，2つのモデルの回答者を揃えた。

　両モデルを比較するかたちで独立変数の効果を見ていこう。有意傾向まで含めれば，学歴，職業に就いていること，都市規模，年賀状を送った人数は両モデルで同じ効果を持つ。高学歴なほど，年賀状を送った人数が多い（人間関係が広い）ほど，また職業に就いている人の方が多様な職業に就いている知り合いがいると読み取れる。これらはある意味当然の結果であるが，興味深いのは都市規模である。都市規模は居住都市の人口データに基づき，数字が大きくなるほど大都市となるよう5つに分けた。係数はマイナスで有意であるから，大都市に住んでいる回答者ほど知り合いがいる職業の数が減少している。ここで，年賀状を送った人数を投入してネットワークの大きさそのものを統制していることを考えると，人間関係の大きさが一定の場合に小都市や町村部の居住者ほど知り合いがいる職業の数が多様であると解釈できる。ネットワークの大きさそのものは大都市ほど大きいので，田舎ではネットワークが狭くとも幅広い階層にネットワークがまたがっている一方，都会ではネットワークは広くとも階層をまたぐことは比較的少ない。ただし，田舎ほど多様な職業人と知り合う機会が多いというよりは，ネットワークの中で知り合いの名前と職業が一致するような強い結びつきが存在していると解釈することも可能である。

　2つのモデルの差異としては，性別，年齢（有意傾向），伝統的性役割態度（有意傾向）が女性の知り合いがいる職業の数を予測するモデルでだけ効果があった。男性よりも女性の方が，年齢が低いほど，伝統的性役割態度を持っていないほど，多様な職業に就いている女性の知り合いがいるようだ。これらは

表5 重回帰分析の結果

	男性の知り合いがいる職業数			女性の知り合いがいる職業数		
	係数	標準誤差	t値	係数	標準誤差	t値
性別（女性＝1）	−0.16	0.38	−0.41	1.02	0.24	4.33***
年齢	0.00	0.01	0.09	−0.02	0.01	−1.71†
学歴	0.43	0.20	2.17*	0.21	0.12	1.70†
世帯収入	0.10	0.07	1.47	0.04	0.04	0.88
有職	1.62	0.40	4.01***	0.67	0.25	2.66**
都市規模	−0.24	0.13	−1.86†	−0.16	0.08	−1.98*
年賀状を送った人数	0.01	0.00	3.24**	0.01	0.00	4.24***
伝統的性役割態度（主成分分析より）	−0.10	0.11	−0.95	−0.12	0.07	−1.79†
定数	1.11	1.24	0.89	1.18	0.77	1.53
決定係数	0.14***			0.17***		
自由度調整済決定係数	0.12			0.15		

n = 380
†$p < .10$* $p < .05$** $p < .01$*** $p < .001$

男性に対するモデルでは有意ではない。女性の方が女性の知り合い（が就いている職業の種類）が多いことは同質性への選好で説明ができる。男性→男性の知り合いの場合は有意にならないのは，職業に関連することでは"男性"がある種のベースラインとなっているのであろう。

4.4.2 分析2の議論

　伝統的性役割態度は有意傾向ながらも仮説通りの結果となった。男性優位な伝統的性役割態度を示す回答者ほどポジションジェネレータにおいて女性の出現数が減少していた。これには二通りの解釈が考えられる。一つは，男性優位な伝統的性役割態度を示す人はそれを肯定するソーシャルネットワークや環境の中で生きている，というものである。男性優位・伝統的性役割が強い環境の中で社会化を経験し，自己選択によってもそうした環境を維持・形成しているのであろう。二つ目は，男性優位・伝統的性役割態度を保持していると，"女性"と"職業"の心理的なリンクが弱く，尋ねられてもパッと思い出すことができないという心理学的な説明である。当然ながらこれら二つは排反ではなく程度の問題である。

　ではどちらの比重が大きいかというと，本章ではネットワークなど対人環境そのものが異なっているというよりは後者の心理学的な説明を重視したい。ま

ず，性別や職業に基づいて紐帯を選択する余地は大きくない。自分の価値観に基づいてキャリアウーマンとは紐帯を結ばず，専業主婦とは仲良く付き合っていくという自己選択はなかなか非現実的であるうえ，付き合いを控えたとしても、知り合いでは有り続ける。それよりは女性イコール家庭という意識が強いために，知り合いの女性の職業を知らなかったり，あるいは思い出しにくかったりという方が幾分自然である。次に，ポジションジェネレータが回答者の自己申告だけに依拠して簡便にネットワークを推定していることが挙がる。ネットワークを完璧に補足することは極めて難しいうえ，社会調査ではさらに様々な制約があるために回答者の記憶頼みである。分析1でいくつかの職業の珍しい組み合わせ（看護師の男性など）が過大に出現していることからも，価値観がネットワークに反映されているだけでなく心理的なバイアスの影響も大きいことが示唆される。

4.5　まとめ

　本章ではポジションジェネレータという個人の職業ネットワークを推定する手法そのものを検討してきた。これはリストされた職業に就いている知り合いが存在するか尋ねていくものであるから，各職業の知り合いがいる確率は日本全体の職業人口に依存するはずであった（H1）。分析1の結果，知り合いとしての挙がりやすさは職業によって最大で1000倍ほど異なっていた。例えば国会議員は日本全体で700人余りしかいないが調査回答者の1割が知り合いであると回答していた。こうした職業の現れやすさはその職業の威信スコアである程度予測可能であった。また威信スコアが高い職業ほど，日本全体での職業人口を統制した場合にポジションジェネレータで出現しやすかった。これは仮説（H2）通りであったが，先行研究で指摘された職業人口の女性比率と威信スコアの交互作用は見られなかった（H3は不支持）。さらに看護師の男性など一部の職業と性別の珍しい組み合わせで出現しやすかった。

　分析2では，性役割態度とポジションジェネレータの回答の関係を検証した。男性優位の伝統的性役割態度を持っていると，ポジションジェネレータにおいて女性の知り合いの出現数が減少する傾向にあった。「男は仕事，女は家庭」

という態度のもとでは，知り合いの女性と職業をセットでは覚えていないのであろう。

社会調査では様々な困難からどうしても簡便なやり方でネットワーク変数を取得せざるを得ない。知り合い全員を列挙してもらうことは難しく，人数だけを尋ねたり，重要なことを相談する数人に絞ったりする必要がある。ポジションジェネレータはそのなかの一手法であり，回収率が高く，時間がかからないなどのメリットがあるといわれてきた。メリットの一つとして，用いる職業項目の影響が少ないということが言われてきたが，本章が明らかにしたように職業によって現れやすさに大きな差が存在する。これに対しては，職業ネットワークの観点に加え，その社会の中でその職業が占める意味や職業イメージなどよりマクロな立場での挑戦が求められる。

そうして調査したソーシャルネットワークと心理変数を検討する場合，まず因果関係の向きが問題になる。特定のソーシャルネットワークのもとで社会化し，環境に沿った態度・価値観を獲得することも，自己の態度・価値観に基づいてネットワークを形成することもどちらもありそうである。本研究では価値観で2年後のネットワークの予測を試みたが，価値観の質問回答時にはすでにネットワークが形成されていたとの指摘を否定できない。

また，回答がどの程度正確に実際のネットワークを反映しているかという疑問も生まれてしまう。そしてその影響も認知されてこそ生じるのか，あるいはネットワークが存在していれば気づいていなくとも影響を受けるのかという疑問も生じる。社会関係資本研究では紐帯を結んだ相手の職業を潜在的なリソースと見なすが，もし知り合いの職業を正確に認知している場合と知らない場合とでは資本として差が見られるのだろうか，など興味は尽きない。社会調査単独では限界があるため，観察やwebでのログ取得などと組みあわせて挑むことが必要となろう。

第II部
2010年代初頭のメディア・制度信頼・民主主義

第 5 章

2010 年代初頭の日本におけるマスメディアと
オルタナティブメディアの補完関係

稲増一憲

　2000 年代は日本において急速にインターネットが普及した時期であった。2000 年末に 37.1% であったインターネット普及率は，2009 年末には 78.0% と 2 倍以上になった。また，普及率が高まるのみならず，ブログや SNS など，人々がインターネット上で手軽に情報を発信できるサービスが次々と登場した。これにより，マスメディアによる情報発信の独占が崩れ，誰もが情報を発信できる社会，発信される情報の正しさがきちんと検証される社会が訪れるという希望が存在した時期であったともいえるだろう。

　続く 2010 年代は，世界的に見ても日本においても，インターネット，中でも Twitter や Facebook といったソーシャルメディアを通じた情報発信が大きな力を持つことが示されるとともに，その力が必ずしも社会にとって望ましいものとは限らないということを見せつけられた時代であった。

　「アラブの春」と呼ばれた 2010 年末から 2012 年にかけて中東諸国で起こった民主化革命のドミノに対しては，ソーシャルメディアによる市民の情報発信と動員が重要な役割を担っていた。しかし，独裁政権の打倒こそなされたものの，その後多くの国では，混乱やテロリズムの蔓延を招き，市民生活は革命以前よりも悪化している。また，2016 年にイギリスで行われた EU 離脱国民投票やアメリカ大統領選挙も，ソーシャルメディアの力が示された事例とされるが，それはフェイクニュースの拡散に特徴づけられるものでもあり，現代は「Post-Truth（ポスト真実）の時代」，つまりはソーシャルメディアを通じた圧倒的な量の情報発信の中で，嘘が真実を凌駕するような時代であると称された[1]。

　日本においてインターネットが持つ力と問題点が浮き彫りになったのは 2011 年 3 月 11 日に発生した東日本大震災とそれに続く福島第一原子力発電所の事故においてであろう。被災直後に電話等が不通となる中，ソーシャルメディアは安否情報の送受に力を発揮した。Google や Yahoo! といった大手 IT 企業が，安否情報確認サービスの開設や，写真のアーカイブ化などを行い，データを入力する外部ボランティアの力を借りて人々の必要な情報を検索可能な形で保存していった。このように東日本大震災時には，インターネットを通じて物質的な支援の輪が拡大したのみならず，情報の保存・伝達に貢献する「情報ボランティア」と呼ばれる人々が登場した。また，原発事故については，マスメディアから十分な情報が伝えられない中，人々はインターネット上で情報を求め，自ら情報を発信・拡散していった。その一方で，コスモ石油火災事故によって有害物質を含んだ雨が降るといったデマの拡散や，原発事故後の農産物についての風評被害，情報が発信される地域や内容のマスメディア以上の偏りなど，インターネット上の情報発信が孕む問題も具体化した[2]。

　WASC プロジェクトが実施された 2009 年から 2013 年という時期は，まさに上記の時期をまたいでおり，中でも 2011 年のアジアンバロメータ (3) 調査（以下，2011ABS 調査）は，震災発生年の 11 月から 12 月にかけて実施されたものである。

　本章はこのデータの特徴を活かし，サイバーユートピアとも呼べるインターネットについての楽観的な言説が鳴りを潜める一方で，インターネットが実際に持つ力と具体的な問題点が明確になった 2010 年代初頭の日本において，テレビ・新聞という従来からのマスメディアならびに，インターネット等のオルタナティブなメディアがどのように利用され，どのような影響を持っていたのかという点について検証を行う。具体的には，①マスメディアが発信する情報に対する信頼が大きく揺らぐとともに，インターネット上の情報が信頼を集めた原発事故報道において，インターネット等のオルタナティブなメディアは，人々に異なる視点を獲得することを促していたのか，②原発事故報道に際して

1　Post-Truth は，Oxford Dictionaries の Word of the Year 2016 に選ばれた語である。
2　東日本大震災時における情報発信についての研究としては，たとえば，池田編，2015; 田中・丸山・標葉，2012

図1 「原発事故に関する各媒体の情報は信頼できる」という質問への回答

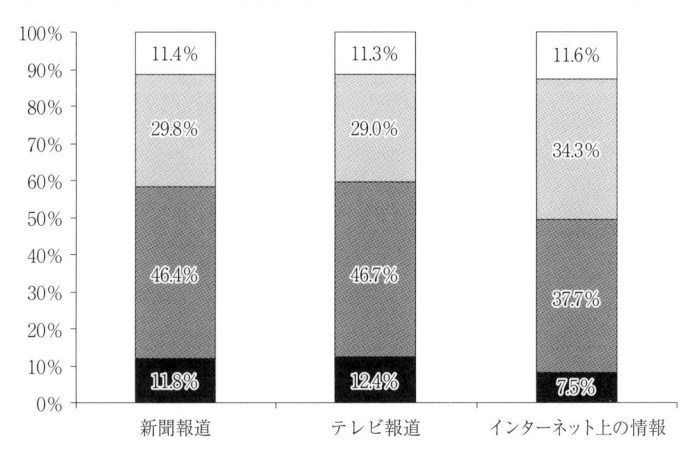

■そう思う ▨どちらかといえばそう思う ▨どちらかといえばそうは思わない □そうは思わない

形成されたメディアに対する信頼は，その後のメディア利用に影響を与えたのか，③国内ニュースよりもメディアの影響力が強いと考えられる国際ニュースにおいて，オルタナティブメディアはマスメディアとは異なる役割を果たしているのか，という3つのリサーチクエスチョンを取り上げ分析する。

5.1　原発事故の責任とメディア

　米国においては，インターネットやケーブルテレビの普及などによる情報発信をめぐる競争の激化，党派性をむき出しにした政治家による比較的中立なマスメディアに対する攻撃によりマスメディアに対する信頼が低下し，これが世論の分極化を招く一因として問題視されている（e.g. Ladd, 2012; Stroud, Muddiman, & Lee, 2014）。この状況を受けて，マスメディアへの信頼を検証する国際比較研究も行われている（e.g. Tsfati, & Ariely, 2014）。

　一方で，世界価値観調査のような国際比較調査における水準を見ると，日本は極めてマスメディアに対する信頼の高い国だといえる（池田，2016b; 小林，2016b）。また，普及率が8割を超え（総務省，2016），ポータルサイトやSNSなどで日々ニュースが発信されているインターネットであるが，社会調査におい

表1　原発事故の責任についての単純集計

	平均値	標準偏差
東京電力	3.74	0.52
自民党	3.44	0.65
民主党	3.24	0.67
官僚	3.48	0.62
企業や業界団体	2.74	0.71
研究者	3.21	0.70
自治体	2.93	0.77
政治家	3.38	0.68
原発推進政党の支持者	2.95	0.76
全有権者	2.56	0.75
マスメディア	2.83	0.80

て示されるインターネット上の情報の信頼性は，テレビや新聞の情報に対する信頼には遠く及ばない。たとえば，2015年に著者らとNHK放送文化研究所が共同で行った調査によれば，テレビニュース・新聞記事のいずれについても7割以上の回答者が「信頼している」あるいは「まあ信頼している」と回答しているにも関わらず，掲示板やブログでは6.5％，ポータルサイトのニュースでは25.5％に留まっている（稲増，2016）。

　しかし，2011年3月11日に起こった東日本大震災に続く原発事故をめぐるメディア環境においては，平時とは異なり，マスメディアに対する信頼が揺らぎインターネット上の情報が重視された。これは前掲の図1に示した2011ABS調査における回答にも表れており，原発事故に関する情報に限れば，情報を信頼する回答者の割合は6割弱となり，45％程度の回答者が信頼するインターネットとの差は，だいぶ縮まる。

　それでは，インターネットのようなオルタナティブメディアは，人々がマスメディアの提供する視点とは異なる視点を獲得することに貢献していたのだろうか。この点について検証する上で，本章では原発事故の責任についての質問項目を用いる。2011ABS調査においては，「東京電力」「2009年までの自民党政権」「民主党政権」「官僚」など責任を問いうる主体について，「重大な責任がある」「ある程度責任がある」「あまり責任はない」「まったく責任がない」の4件法で測定している。平均値の比較においては，表1に示した通り，原発事故の責任について東京電力の責任を問う回答がもっとも多く，官僚，自民党，

表2　原発事故の責任主体についての因子分析（最尤法，オブリミン回転）

	第一因子	第二因子	共通性
東京電力	0.48	−0.01	0.23
自民党	0.66	0.05	0.43
民主党	0.41	0.09	0.18
官僚	0.63	0.04	0.40
企業や業界団体	0.41	0.31	0.27
研究者	0.63	0.17	0.43
自治体	0.56	0.27	0.39
政治家	0.86	0.12	0.75
原発推進政党の支持者	0.59	0.46	0.55
全有権者	0.33	0.94	0.99
マスメディア	0.50	0.41	0.42
因子寄与	2.77	2.26	

政治家と続く。

　上記の各質問項目に対して因子分析を用いて，その背後にある責任帰属因子を抽出した[3]。原発事故の責任に関する項目は，原発事故が起こって初めて測定する機会と必要性が生じた項目であり，心理尺度などとは異なり，あらかじめ信頼性や妥当性が検証されたものではない。このような項目を対象として1項目が1因子についてのみ高い負荷を持つ単純構造を目指した回転を行うことは，データとモデルの乖離を招く可能性が高いと考えられる。そこで，最尤法によって因子を抽出した後，1つの質問項目が複数因子に負荷を持つデータの複雑性を許容するオブリミン回転を行った。なお，因子数については平行分析の結果，2因子が乱数によって発生された相関行列から乖離していることが確認されたため，2因子モデルを採用した。

　第1因子は，「政治家」「自民党」「官僚」「研究者」などの項目の負荷が高く，「全有権者」という項目の負荷が低いことから，有権者よりは権力を持ち原発政策を推進してきた人々に責任を問う「エリート責任因子」と呼ぶことができるだろう。一方で，第2因子は支持政党を問わない「全有権者」および，「原発推進政党の支持者」という有権者に対する責任を問う項目の負荷が高く，また，有権者の意見に影響を与えうる「マスメディア」の責任を問う項目の負荷が高いことから，「一般有権者責任因子」と呼ぶことができるだろう。なお，

3　なお，本章における分析は，Stata Ver. 14 ならびに HAD Ver. 15.0（清水，2016）を使用した。

両因子得点間の相関係数の値は r = .04 と非常に弱く，統計的に有意ではない。これら2つの因子を目的変数として，人々のメディア利用との関連を検討していく。

　エリート責任因子・一般有権者責任因子を目的変数，メディアに対する信頼や接触を説明変数とした重回帰分析を行った。分析に投入した説明変数は，すべて2011ABS調査のものである。テレビ信頼および新聞信頼については，「とても信頼している」「かなり信頼している」「あまり信頼していない」「まったく信頼していない」の4件法で尋ねている。政治ニュース接触は，「政治や政府についてのニュースを見聞きする頻度」について「毎日」「週に数回」「週に1，2回」「週1回弱」の4段階で回答を求めている。これらをマスメディアに対する信頼および接触変数と考える。

　オルタナティブメディアへの接触については以下の3つの変数を用いた[4]。インターネット利用は頻度を「ほぼ毎日（37.7%）」「週に1回以上（13.6%）」「月に1回以上（3.0%）」「年に数回程度（1.4%）」「ほとんど使わない（9.3%）」「一度も使ったことがない（34.9%）」の6段階で測定している。海外ニュース接触は「海外での大事件等についてどの程度熱心に見聞きするか」を「たいへん熱心に見聞きしている（13.4%）」「ある程度熱心に見聞きしている（38.1%）」「熱心ではないが，見聞きしている（41.9%）」「ほとんど気にとめない（5.4%）」「まったく気にとめない（0.9%）」，海外テレビ視聴は「外国の番組視聴頻度」を「ほぼ毎日（18.1%）」「少なくとも週に1回以上（26.5%）」「少なくとも月に1回以上（15.3%）」「年に数回程度（15.8%）」「ほとんど視聴しない（17.7%）」「まったく視聴しない（6.4%）」の6段階で尋ねている。以下の重回帰分析においては，性別・年齢・教育程度というデモグラフィック変数を統制変数として常に投入する。

　分析の結果は表3に示した通りであり，テレビに対する信頼が低いほど，政治ニュースへの接触が多いほど，海外ニュースに接触しているほど，インターネットを利用しているほど，原発事故をエリートの責任に帰する因子の得点が高かった。その一方で，インターネットを利用していないほど，海外のテレビを視聴しているほど，原発事故を一般有権者の責任と帰する因子の得点が高か

　4　括弧内の数字は回答者の割合を示している。

表3　エリート責任因子・一般有権者責任因子とメディア利用の関連[5]

	エリート責任		一般有権者責任	
	偏回帰係数	標準誤差　p	偏回帰係数	標準誤差　p
性別（女性 =0, 男性 =1）	− 0.09	0.04*	− 0.04	0.05
年齢	0.01	0.00***	0.00	0.00**
教育程度	0.02	0.01*	− 0.01	0.01
テレビ信頼	− 0.17	0.04***	− 0.03	0.04
新聞信頼	− 0.04	0.04	− 0.07	0.05
政治ニュース接触	0.09	0.03**	− 0.04	0.03
インターネット利用	0.02	0.01†	− 0.03	0.01*
海外ニュース接触	0.10	0.03**	0.02	0.03
海外テレビ視聴	0.01	0.01	0.06	0.02***
切片	− 1.13	0.22***	0.63	0.24*
N	1774		1774	
R squared	0.08		0.02	

$p < .001$***; $p < .01$**; $p < .05$*; $p < .1$†

った。

　表1に示した平均値から分かるように，原発事故においては，東京電力や官僚，2009年までの自民党政権，政治家といったエリートの責任を問う回答が多く，一般有権者の責任を問う回答は相対的に少なかった。ガーブナーら（Gerbner, Gross, Morgan, & Signorielli, 1980）は培養理論についての研究の中で，テレビに多く接触している人々が政策争点に対して似通った意見を持つようになる「主流形成」と呼ばれる過程の存在を明らかにしている。原発報道についての分析結果は，テレビ視聴が，日本の有権者において主流であったエリートの責任を問う視点と関連することを示しており，主流形成の知見と整合的である。

　これに対して，インターネットに代表される地上波テレビや新聞などの主たるマスメディア以外のオルタナティブメディアは，理論上は，多数派意見とは異なる視点を提供し，意見の多様性を維持することに貢献する可能性がある。ただし，原発事故に対する責任についていえば，インターネット利用はテレビ視聴と同様に，エリートの責任を追及する因子と関連しており，異なる視点を提供する働きを担っていたとは言い難い。一方で，海外のテレビを視聴するこ

5　なお，本章の分析においては，非回答誤差に対応するウエイトを用いた場合でも，統計的な有意性が変化するほどの差は見られないことを確認している。

表 4　エリート責任因子に対する政治ニュース接触とテレビ信頼の交互作用

	エリート責任		
	偏回帰係数	標準誤差	p
性別（女性 =0, 男性 =1）	0.09	0.04 *	
年齢	0.01	0.00 ***	
教育程度	0.02	0.01 *	
テレビ信頼	−0.17	0.04 ***	
新聞信頼	−0.04	0.04	
政治ニュース接触	0.09	0.03 ***	
インターネット利用	0.10	0.03 **	
海外ニュース接触	0.01	0.01	
海外テレビ視聴	0.02	0.01 †	
テレビ信頼 × 政治ニュース接触	−0.07	0.03 *	
切片	0.00	0.02	
N	1774		
R squared	0.08		

$p < .001$***; $p < .01$**; $p < .05$*; $p < .1$†

図 2　エリート責任因子に対する政治ニュース接触とテレビ信頼の交互作用

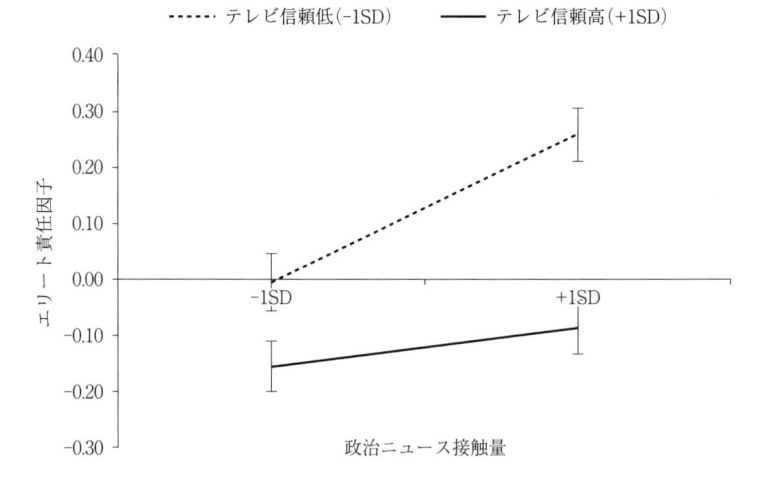

とは，一般有権者の責任を追及する因子と関連しており，原発事故に対する責任について国内の多数派とは異なる視点を提供することに貢献していたのは，国外のメディアのみであったということが示唆される。

　ただし，このことは多くの人々が主流派メディアの言説に単純に流されていたということを意味してはいない。表 4 および図 2 の交互作用として示されて

いるように，テレビに対する信頼が低い回答者が政治ニュースに多く接触している場合に，原発事故をエリートの責任と帰属する因子の得点が高かった。エリートの責任をもっとも強く追及しているのは，テレビを疑いながらも，政治ニュースを追いかけ続けた人々だということである。

これは，前述のガーブナーらの研究は，メディア効果論研究の初期に見られたマスメディアが人々を特定の方向に誘導するという説得モデルに基づく研究ではなく，1970 年代以降行われるようになった人々が物事を判断する上での基盤となる情報環境を形成するという情報環境モデルに基づく研究であったことから解釈可能である。テレビから受け取った情報を鵜呑みにするのではなく，テレビを疑いつつ政治ニュースに接触した人々が，得られた情報を元に原発事故の責任はエリートにあると自ら判断した場合が多かったのだろう。信頼の高低が情報の解釈を左右するという視聴者の能動性の表れとみることが可能である。しかしそれでも，主流派メディアが提供する情報環境の中では，「民主主義の国である以上，選挙によって原発のない国を目指す政権を作ることも可能であり，それをしてこなかった有権者にも一定の責任があるかもしれない」という視点を獲得するのは困難であったということである。

5.2　3.11 後の情報発信と 2 年後のメディア利用

前節の分析結果は，原発事故に関する責任について，マスメディアとインターネットが異なる視点を提供していたことを示すものではなかった。しかし一方で，2011 年は原発事故に際して，ニュースメディアとしてのマスメディアへの信頼とインターネットへの信頼がかつてないほど接近した特異な時期であったことも確かである（図1）。

それでは，この時期に形作られたメディアへの信頼は，その後の日本におけるメディア利用に影響を与えたのだろうか。本節では，パネル調査としての利点を活かし，2011 年に実施された 2011ABS 調査と 2013 年の CSES(4) 調査（以下，2013CSES 調査）のデータを組み合わせることで検証を行う。表 5 に示したのは，2013 年段階でのニュース番組視聴数，ならびに新聞を購読しているかどうかのダミー変数を目的変数，2011 年段階でのマスメディアに対する

表5　2013年のニュース番組視聴数・新聞購読数に対する2011年のメディア利用の影響

	ニュース番組視聴数（2013年）			新聞購読ダミー（2013年）		
	偏回帰係数	標準誤差	p	偏回帰係数	標準誤差	p
性別（女性=0, 男性=1）	-0.89	0.41*		-0.03	0.14	
年齢	0.03	0.02*		0.03	0.01***	
教育程度	0.13	0.09†		0.06	0.03†	
テレビ信頼	-0.16	0.36		-0.05	0.12	
新聞信頼	-0.10	0.39		-0.05	0.13	
テレビ原発情報信頼	0.75	0.49		0.11	0.17	
新聞原発情報信頼	-0.43	0.48		-0.06	0.16	
政治ニュース接触	0.60	0.25*		-0.03	0.09	
ネット原発情報信頼	0.24	0.28		0.01	0.10	
ネット利用	0.05	0.12		0.08	0.04*	
海外ニュース接触	-0.29	0.28		0.10	0.09	
海外テレビ視聴	0.40	0.14**		0.06	0.05	
娯楽志向	-1.09	0.43*		-0.14	0.15	
ネット利用×娯楽志向	-0.38	0.18*		-0.07	0.06	
切片	-1.51	2.13		-3.03	0.73***	
N	997			997		
(Pseudo) R squared	0.05			0.04		

$p < .001^{***}; p < .01^{**}; p < .05^{*}; p < .1^{†}$

図3　2013年のテレビニュース視聴・新聞購読に対するネット利用と娯楽志向の交互作用

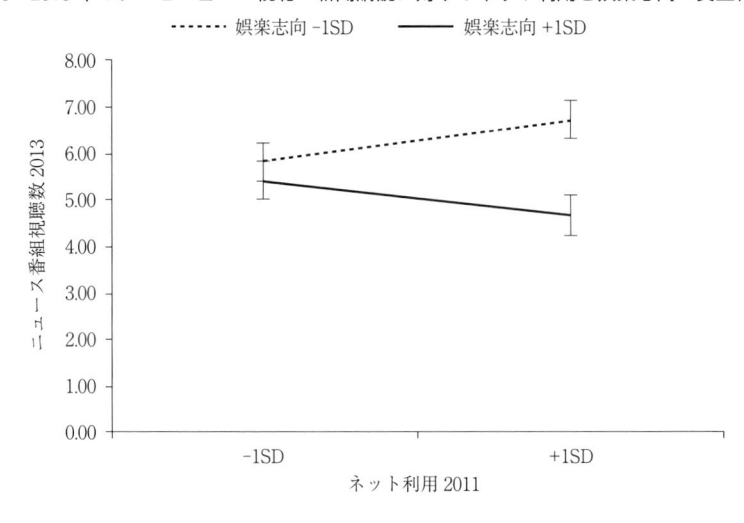

信頼やメディア接触を説明変数とした重回帰分析およびロジスティック回帰分析を行った結果である[6]。

2011 年時点でのテレビや信頼および新聞に対する信頼は，原発情報に限った信頼も含めて，テレビ・新聞・インターネットのいずれについても，2013 年時点でのニュース番組視聴数・新聞購読の有無と統計的に有意な関連性を持っていなかった。また，インターネット利用や海外ニュース接触，海外テレビ視聴などのオルタナティブなメディアへの接触についても，統計的に有意な関連は係数がすべて正であり，これらのメディアに接触している人々が，マスメディアに接触しなくなることを示す結果は得られなかった。マスメディアを信頼せずに，オルタナティブなメディアに接触することが，マスメディアへの接触量の減少に繋がらないということは，少なくとも現状では，ニュースに接触する上でのこれらのメディアの利用は，マスメディアと競合するものではなく，補完的だということを示唆している。

ただし，インターネット普及などのメディアの多様化がもたらすのは，社会全体におけるマスメディアを通じたニュース接触の減少ではなく，ニュース接触についての格差の拡大であるというプライアー（Prior, 2007）の議論を考慮すると，人によってはインターネットの利用がマスメディアを通じたニュースへの接触を減少させるケースとも考えられる。彼は，ケーブルテレビやインターネットが普及し，人々が接触可能なメディアの選択肢が増えることによって，人々の選好が直接メディア接触に反映されるようになり，ニュースジャンキーと呼ばれるニュース志向の人々と，エンターテイメントファンと呼ばれる娯楽志向の人々のニュース接触機会，ひいては政治知識や政治参加の格差が拡大するという問題を指摘したのである。

表 5 および図 3 に示したニュース番組視聴に対するインターネット利用と娯楽志向との負の交互作用はプライアーの議論と整合的な結果である[7]。娯楽志

6　テレビニュース視聴について，複数回答形式で尋ねられた政治ニュースが扱われる 54 の番組のうち視聴している番組数をカウントして分析に投入した。新聞購読については，「読売新聞」「朝日新聞」「毎日新聞」「産経新聞」「日本経済新聞」「東京新聞」「その他の新聞」のうち，いずれかの新聞を購読していると回答すれば 1，いずれも購読していなければ 0 とするダミー変数として分析に投入した。

7　娯楽志向は，WASC プロジェクトの一貫として 2012 年のソーシャルネットワーク調査に含まれ

向の高い回答者においては 2011 年段階でのインターネット利用量が多いほど，2013 年段階でのテレビニュース番組接触数は少なかった。一方で，娯楽志向の低い回答者においては，2011 年段階でインターネットを利用していた人ほど，2013 年時点でのニュース番組への接触数が多かった。つまり，ニュース志向を持つ人々が，原発事故についての報道などを契機としてマスメディアからインターネットに乗り換えたというよりは，元々娯楽志向を持つ人々が，メディアの多様化によりニュースを見ずとも他にもっと面白いメディアに接することができるようになる形で，テレビニュースから離れていることが示唆される。

　多様なメディアが併存することは社会にとって好ましいことであり，オルタナティブなメディアへの接触がマスメディアを通じたニュース接触を毀損することなく行われる結果は好ましいといえるだろう。しかし，これが元々ニュース志向を持つ人々においてのみ起こるのだとすれば，いかにして娯楽志向を持つ人々がニュースに接触する機会を作るのか，あるいはニュース志向を涵養する場を作るのかが課題となるであろう[8]。

5.3　メディアと対外感情

　本節においては，マスメディアおよびオルタナティブメディアへの接触の影響を検証する上で，これらの変数と他国に対する肯定的・否定的感情との関連を取り上げる。外交などの国際的なニュースに関わる争点は日常生活の中で直接経験することが困難であり（稲増，2015; Weaver, Graber, McCombs, & Eyal,

---

る娯楽／ニュース志向を測定する 9 項目について，値が高いほど娯楽志向となるように値を反転した上で，加算して尺度として用いた（α =0.61）。なお，9 項目の内容は以下の通りである。「お気に入りのドラマやバラエティ番組を見逃すととても残念な気持ちになる」「テレビを見るのは主に娯楽目的だ」「夜はたいていドラマやバラエティ番組を見ている」「ゴールデンタイムのドラマやバラエティ番組はつまらないと思う」「お気に入りのドラマやバラエティ番組を見ると，すぐに次回が見たくなる」「ニュース番組を見ても楽しめない」「注意して見ないとわからない内容でも，複雑な内容のニュースが好きだ」「時間がかかるとしても，ヘッドラインだけのニュースより詳しい報道の方が好きだ」「ニュースを見逃すのは嫌だ」。

8　たとえば，日本においては，圧倒的な利用率を誇る Yahoo! トピックスが，ページビューとは関係なく政治ニュースを提供することで，人々に最低限の政治知識を提供することに貢献しているが（Kobayashi & Inamasu, 2015），このような形でインターネット上のサービスであっても，ニュースを幅広い志向を持つ人々に届けるような仕組みが求められていくと考えられる。

1981)，メディアを通じて間接的に得られる情報によって構成される疑似環境が現実のものと認識される疑似環境の環境化（藤竹，1968）が起こりやすいと考えられる。したがって，国際ニュースは国内ニュースに比べて人々へのメディアの影響が顕在化しやすく，対外感情をメディア接触の目的変数と設定することは，メディアの影響について考察する上で有効といえよう。

2013CSES調査においては，「諸外国についてご意見をお聞かせください。0を「とても嫌い」，10を「とても好き」とします。あなたの好き嫌いはどこに位置しますか。この中の番号でお答えください。」という質問に対して，26カ国を提示して，各国への感情を測定している。図4は各国に対する感情の平均値を示したものである。0から10の11段階で測定されているため，5が中間となるが，多くの国の平均値が4から6の範囲内に収まっている[9]。その中でも，G7に含まれる主要先進国に対する感情が好意的となる一方で，拉致問題や領土問題，歴史認識問題などを抱える北朝鮮・中国・韓国・ロシアといった近隣諸国に対する感情が非好意的となっていた。

表6は，対外感情について因子分析を行った結果である。最尤法による因子抽出を試みたが，分析が収束せず不適解が生じたため，反復主因子によって因子を抽出した。因子数については，平行分析の結果を参考に4因子モデルを採用した。その上で，1つの項目が複数の因子に負荷を持つことを許容するオブリミン回転を行った。

第1因子は「フィリピン」「インド」「シンガポール」「インドネシア」「トルコ」「ブラジル」といったNIEs（Newly Industrialized Economies）諸地域に対する因子負荷が高いため，新興国因子と呼ぶことが可能であろう。第2因子は「アメリカ合衆国」「イギリス」「フランス」「ドイツ」「カナダ」といったG7に含まれる国々への因子負荷は高いことから，主要先進国因子と考えられる。対外感情の平均値でみると，この因子の負荷が高い国は他国と比べて日本が好意的な感情を持つ国ともいえる。第3因子は「イラン」「エジプト」「イスラエル」「キューバ」といった日本のニュースにおいて紛争が取りざたされることの多い4か国への負荷が高く，紛争国因子と呼ぶことができるであろう。第4

9　なお，標準偏差は，最小のインドネシアが1.29，最大の韓国が2.01とおおむね1.3から2.0の範囲であった。

図 4　日本の回答者の対外感情の平均値

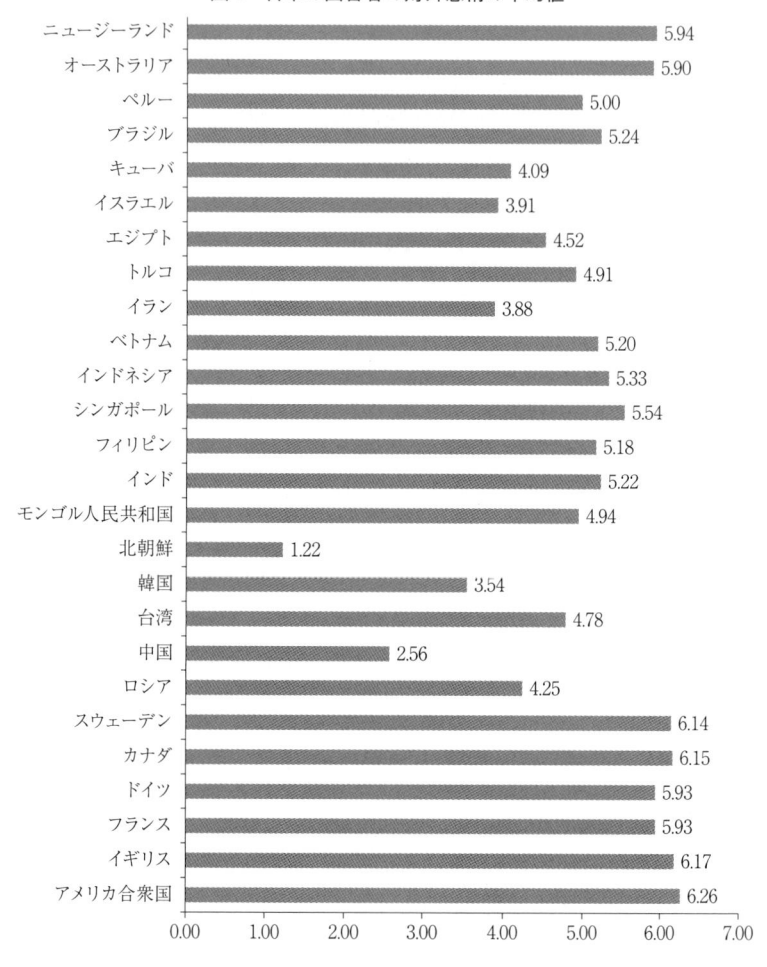

因子は「ロシア」「中国」「韓国」「北朝鮮」に対する因子負荷のみが高く，その他の国々についての負荷は低いことから，近隣諸国因子とみなすことが可能であろう。対外感情の平均値でみると，第三因子・第四因子に登場する国々は，主要先進国因子の負荷が高い国々とは逆に，日本の回答者が非好意的な感情を持つ国である。

　なお，各因子間の相関係数については，サンプルサイズが 1500 以上であるた

表6 対外感情についての因子分析（反復主因子法，オブリミン回転）

	第一因子	第二因子	第三因子	第四因子	共通性
アメリカ合衆国	0.28	0.63	0.00	− 0.02	0.47
イギリス	0.34	0.82	0.00	− 0.02	0.78
フランス	0.35	0.81	0.08	0.04	0.79
ドイツ	0.47	0.66	0.03	0.01	0.66
カナダ	0.47	0.70	− 0.10	0.03	0.73
スウェーデン	0.48	0.57	− 0.09	0.01	0.57
ロシア	0.25	0.21	0.28	0.40	0.35
中国	0.14	− 0.01	0.14	0.86	0.79
台湾	0.52	0.15	0.06	0.24	0.35
韓国	0.20	0.10	0.05	0.67	0.50
北朝鮮	0.12	− 0.10	0.19	0.57	0.39
モンゴル人民共和国	0.61	0.12	0.06	0.12	0.40
インド	0.70	0.10	0.09	0.03	0.51
フィリピン	0.79	0.07	0.06	0.04	0.63
シンガポール	0.79	0.18	− 0.11	0.02	0.67
インドネシア	0.86	0.12	− 0.01	0.00	0.75
ベトナム	0.82	0.06	0.07	0.00	0.67
イラン	0.41	− 0.09	0.61	0.22	0.60
トルコ	0.67	0.06	0.32	0.01	0.56
エジプト	0.53	0.04	0.54	0.10	0.59
イスラエル	0.40	0.02	0.70	0.17	0.68
キューバ	0.37	− 0.07	0.57	0.20	0.50
ブラジル	0.75	0.16	0.14	0.04	0.60
ペルー	0.74	0.10	0.21	0.07	0.60
オーストラリア	0.62	0.42	− 0.16	− 0.01	0.58
ニュージーランド	0.64	0.38	− 0.18	− 0.03	0.59
固有値	9.91	3.00	1.53	0.89	

表7 対外感情についての因子間相関

	新興国	主要先進国	紛争国	近隣諸国
新興国	1	0.06*	0.05*	0.01
主要先進国		1	− 0.04[†]	0.00
紛争国			1	0.07**
近隣諸国				1

$p<.01$**; $p<.05$*; $p<.1$[†]

め統計的には有意な水準ではあるものの，最大でも 0.07 と非常に低かった（表7）。

　表8は上記の4つの因子を目的変数，マスメディアへの接触およびインターネット上のサービス利用を説明変数とした重回帰分析の結果をまとめたものである。説明変数はすべて 2013CSES 調査の項目である。テレビニュース視聴および新聞購読については，前節の表5において目的変数として用いたものと同様の変数を用いている。インターネット上のサービス利用については，政治・社会的なニュースがよく扱われる「ブログ」「Twitter」「Facebook」「2ちゃんねるなどのオンラインコミュニティ」の4つのメディアに対して，「1＝このコミュニケーションの場を通じて発信する」「2＝情報発信はしないが，他の人にコメントする」「3＝閲覧はするが，情報発信やコメントはしない」「4＝知っているが使ってはいない」「5＝聞いたこともない」という5つの選択肢で測定が行われていたが，このうち，5と4はともに利用していないという内容であるため統合し，その上で値が大きいほど活発な利用を示すように値を反転して分析に投入した。

　分析の結果，テレビニュースを視聴している人ほど，主要先進国に対しては好意的である一方で，紛争国，近隣諸国に対しては非好意的であった。図4に示した対外感情の平均値と合わせて考えると，テレビニュース接触が正の関連を持つのは元々好意度の平均値が高く，負の関連を持つのは好意度の平均値が低い国々ということになる。原発事故についての分析同様，ここでもテレビニュースへの接触は多数派意見と結びついているということであり，主流形成の議論と整合的な結果である。

　それに対して，Facebook の利用は新興国に対する好意度，Twitter の利用は近隣諸国に対する好意度と正の関連を持っており，ブログの利用は主要先進国に対する好意度と負の関連を持っていた。これはインターネット上のサービス利用が，日本の有権者の主流とは異なる方向の対外感情と関連することを示唆する結果といえる。

　もちろん，マスメディアだけでなくインターネット上を通じて対外情報に接触することが，常に良い結果を生むというわけではない。高（2016）が指摘しているように，インターネット上のサービスの中には，人種差別を助長するような情報を大量に含むものも存在している。日本における人種差別の多くが中

表8 対外感情因子とメディア利用の関連

	新興国			主要先進国		
	偏回帰係数	標準誤差	p	偏回帰係数	標準誤差	p
性別（女性 =0, 男性 =1)	0.30	0.06***		− 0.01	0.06	
年齢	0.00	0.00		0.00	0.00 [†]	
教育程度	0.14	0.03***		0.11	0.03 ***	
テレビニュース視聴	0.01	0.00		0.01	0.00 **	
新聞購読	0.07	0.06 [†]		0.08	0.06	
ブログ	0.05	0.04		− 0.11	0.04 **	
Facebook	0.11	0.03***		0.04	0.03	
Twitter	0.04	0.05		0.00	0.05	
2 ちゃんねるなど	0.00	0.06		− 0.02	0.06	
切片	− 0.91	0.18***		− 0.47	0.18 **	
N	1072			1072		
R squared	0.09			0.04		

$p < .001$***: $p < .01$**: $p < .05$*: $p < .1$[†]

	紛争国			近隣諸国		
	偏回帰係数	標準誤差	p	偏回帰係数	標準誤差	p
性別（女性 =0, 男性 =1)	0.03	0.06		0.04	0.06	
年齢	− 0.01	0.00***		− 0.01	0.00 *	
教育程度	− 0.10	0.03***		− 0.03	0.03	
テレビニュース視聴	− 0.01	0.00 [†]		− 0.01	0.00 *	
新聞購読	0.00	0.06		− 0.08	0.06	
ブログ	0.03	0.04		0.06	0.04	
Facebook	0.04	0.03		0.00	0.03	
Twitter	0.03	0.05		0.09	0.05 *	
2 ちゃんねるなど	0.01	0.06		− 0.15	0.06 *	
切片	0.59	0.18**		0.42	0.18 *	
N	1072			1072		
R squared	0.04			0.03		

$p < .001$***: $p < .01$**: $p < .05$*: $p < .1$[†]

国や韓国といった近隣諸国にルーツを持つ人々に対して向けられていることを考えると，2 ちゃんねるなどを利用しているほど近隣諸国に対して非好意的であるという結果は，この結果に沿うともいえるだろう。

　しかし，テレビニュースへの接触を通じて，人々の対外感情が一定の方向に収束し，かつ，その対外感情が対象国への非好意的なものであった場合に，それとは異なる方向の対外感情を醸成しうるメディアの存在は，極めて重要である。その意味で，Facebook や Twitter といったソーシャルメディアへの接触

が，新興国・近隣諸国に対する好意的な感情と関連していたことは，これらの
メディアの役割を示すものといえるのではないだろうか。

5.4　まとめ

　本章の分析から得られた知見をまとめると以下の通りである。

　社会調査データでみると，日本においてはマスメディアが発信する情報に対
する信頼が高く，インターネット上の情報に対する信頼が低いことが知られて
いるが，2011年の原発事故の情報に限れば，両者は接近していた。ただし，
原発事故に対する責任という観点においては，マスメディアとインターネット
が提供する視点はどちらもエリートの責任を問うものであり，一般有権者の責
任を問う別の視点と関連していたのは海外のテレビへの接触のみであった。

　原発事故が発生した2011年時点でのマスメディアに対する信頼は2013年時
点でのマスメディアへの接触と関連しておらず，2011年時点でオルタナティ
ブメディアに接触していることは，むしろ2013年時点でのマスメディア接触
と正の関連を持っていた。ただし，元々娯楽志向を持つ人々においては，2011
年時点でのインターネット利用がテレビニュースへの接触と負の関連を持って
いた。

　TwitterやFacebookといったソーシャルメディアの利用は，メディア接触
の影響が反映されやすいと考えられる対外感情についていえば，新興国や近隣
諸国に対する対外感情と正の関連を持つというマスメディアとは異なる傾向を
持っていた。

　上記の結果から窺えるのは，マスメディアとインターネットの単純な対立構
造よりは補完関係である[10]。インターネットでニュースに触れているからテレ
ビニュースや新聞は必要ないと判断するという傾向は，少なくとも本章のデー
タからは見られなかった。従来からのマスメディアにおいてニュースに接触す
る人が，それには飽き足らずインターネットなどにおいてもニュースに接触し
ているならば，多様な情報源の登場は，人々の知識の向上に結び付くはずであ

10　付け加えれば，マスメディアとインターネットの単純な対立構造も，2000年代までに特徴的な
「古い」視点といえるかもしれない。

り，社会にとって望ましいことである。とくに，ソーシャルメディアの利用が新興国や近隣諸国に対する対外感情と正の関連を持つという結果は，ソーシャルメディアが人々の視野を，マスメディアが提供してきた先進国を中心とした情報環境の外へと広げることに貢献しうることを示唆する結果であり注目に値する。

　ただし，従来からのメディアとオルタナティブメディアが補完関係にあり，いずれかに接触する人は他方にも接触するならば，いずれにも接触しない人との差が開き続ける可能性がある。ことにソーシャルメディアと海外の情報の関連については，国際的な情報源に触れやすくなるような形でネットワークを構築すれば，マスメディアからは得られない情報に容易に触れることが可能であるが，国内についての情報のみに囲まれるようなネットワーク形成も容易である。その意味では，ソーシャルメディア上のメディア事業者のアカウントを含めて，いかに国外の情報を人々に触れやすくなる形でソーシャルメディア上に発信していくのかという点が，2010年代後半以降の課題になると考えられる。

第 6 章

政治状況と内閣支持

前田幸男

6.1　はじめに

　本章では，東日本大震災を挟んで 4 年間にわたり日本人有権者を代表する標本に対して行われたパネル調査のデータを用いて，大震災が日本人の政治意識に与えた影響を考察する。

　2011 年 3 月 11 日に発生した東日本大震災は日本の政治・経済・社会の全てに大きな影響を与えた。その衝撃の大きさから，直後には，東日本大震災を明治維新や第二次世界大戦の敗戦と同じ次元で考える論説すら珍しくはなかった（例えば，御厨，2011）。その議論の当否については意見が分かれるであろうが，東日本大震災が，定期的な世論調査・社会調査による観測が可能になってから最大規模の衝撃を，日本社会に与えたことは間違いない。

　構造的な変革を別としても，政治過程において従来は争点化しなかった原子力発電の是非が，国論を二分する政策争点として前景に突出するようになったのも東日本大震災がもたらした変化である。大震災直後の福島第一原子力発電所の事故対応を巡り，時の菅直人内閣の対応に様々な批判が集まった（読売新聞政治部，2011）。その後，震災への直接的対応が落ち着いた頃から，日本全国に存在する原子力発電所の再稼働が重要な政治的争点となった。震災の数ヵ月後には静岡県にある浜岡原子力発電所の休止・再稼働が大きな問題となるなど，再稼働をめぐっては大きな政治的対立が今日に至るまで残っている。

　本書で分析するデータを取得したパネル調査を実施したのは 2010 年から

2013年であり，東日本大震災を挟むと同時に，民主党政権から自民党政権への政権交代もその間に含んでいる。民主党の菅首相は，2010年参院選直前になって，マニフェストに2009年衆院選マニフェストを逸脱する消費税率の引き上げを半ば独断で組み込んだ。消費税に関する判断はもとより，低所得者対策に関する発言が二転三転したことにより，参院選での惨敗を招いたことは，衆目の一致した見解である（例えば，佐々木・清水，2011, 156-84）。ただし，菅内閣もその後継の野田内閣も消費税率の引き上げという方針を撤回することはなかった。消費税率の問題は，単なる財政再建の問題ではなく，「社会保障と税の一体改革」という枠組みで議論が継続され，大きな政治争点であり続けた（伊藤，2013）。民主党政権は，自民党が消費税率を3%から5%に上げて以来手を付けられなかった税率の引き上げ法案を可決したことで分裂し，そのわずか4か月後の衆院選で大敗することになる。ただし，消費税は8%から10%への税率引き上げを巡って，政権交代後も争点であり続け，安倍晋三首相は2014年11月に消費税率の引き上げ時期の延期をめぐって衆議院を解散している（民主党政権の分析については，前田・堤，2015）。

　以上は，東日本大震災による構造的変動のために生じた政局あるいは政策レベルでの変化である。一方，有権者の側においても大きな変化が生じている。3.11以前と以降では，もはや同じ世界ではない。3月11日以降のコマーシャルが一切消えた民放番組や，何度も繰り返される福島第一原子力発電所からの放射能飛散に関する情報など，当時，日本全体が悲壮感や恐怖に包まれた。その一方，「絆」という言葉が広く言及されるようになるなど，困難な状況だからこそ，希望について語ることも増えたように思われる。従って，東日本大震災以降の世論を語るためには，有権者の判断の前提となる心理的なムードや感情について，明確に分析の俎上に載せる必要があるだろう。幸い本パネル調査には，有権者の政治的判断に影響を与える可能性が高い心理・感情レベルの設問も組み込まれている。本章では，新たに浮上した政治争点と，一変した政治ムードの双方を念頭に，有権者が東日本大震災以降の政治状況をどうのように評価したのかを，内閣に対する支持・不支持を軸として，検討していきたい。

(1) 感情的知性の理論

それでは，日本社会のおかれた状況は，いかなる意味で有権者の政治判断に影響を与えているのであろうか。社会状況と政治判断との関係を考察するためには，政治心理学研究における感情的知性の理論について一瞥を与える必要があるだろう。『アメリカの投票者』（Campbell, Converse, Miller, and Stokes 1960）以来連綿と続く選挙行動研究の論争の一つに，有権者の政治的判断力をめぐる問題がある（田中，1998）。政党帰属意識の理論に基づけば，人間の政治判断は基本的に長い間をかけて培われた個々人の政治的心性，具体的には政党に対する感情から大きな影響を受ける。既存の政党間の対立構造から逸脱する新しい争点や，現職政治家の著しい失態などがなければ，有権者は自分自身が普段支持している政党の政策を高く評価し，その政党の候補者に投票することが多い。政党帰属意識の議論を極端なところまで突き詰めると，有権者は政策や候補者に対する判断を基本的に政党，すなわち職業政治家の集団に委ねているということになるだろう。

それに対して合理的選択理論の立場から様々な反論が寄せられたのは，専門家にとっては周知の事実である。その概要を述べれば，有権者は政策や候補者に対する判断を職業政治家に委任しているわけではなく，両者が一致するのは有権者の政策態度と政党の掲げる方針が一致しているからに過ぎない。有権者は政策を基準として政党を選んでおり，有権者が仮に政党に判断を委任しているように見えたとしても，政策の一致が前提となっており，政党の政策的立場が変化すれば，あるいは，有権者の考え方が変われば，両者の関係は変化する。従って，合理的選択理論の立場に立てば，政党帰属意識の理論が想定しているほど有権者は受動的な存在ではないことになる。

この長く続く論争は，実質的には行き詰まりの状態にあり，どちらかが正しくどちらかが間違っているという宣告が下ることはないと思われる（Bartels, 2010）。マクロで見れば政治状況により特定の選挙の際にはどちらかの理論的想定に近い結果が出る，またミクロに見ると政治的知識量や心理的党派性の強さによって，それぞれの理論的想定に適合的な有権者の下位集団がいる，というのが実情に近い。感情的知性の理論は，政党帰属意識の理論と合理的選択の理論に対する代替的な理論というよりは，通常は両立しないと考えられている

二つの理論的立場が，いかなる条件で働くかを弁別するための理論と位置付けることができるだろう。

　ここでは，感情的知性の理論の概略を，その代表的論客であるマーカスたちの研究に基づき紹介しよう。感情的知性の理論では，人間の理性や知性に基づく判断と，それを左右する感情との交互作用に着目する。とりわけ普段はおざなりな関心しか払うことが出来ない有権者が，具体的に，いつ政策を吟味した上で投票するのか，あるいは，いつ政策を深く考慮することもなく普段の心理的な党派性に従って投票するのかを，適合的に説明しようとする（Marcus, Neuman, and MacKuen, 2000; Marcus, 2013）。

　多くの人々は政治について関心を払っておらず，半ば無意識に自分自身が持っている習慣に従って行動している。その最たるものが心理的な党派性であろう。とりわけ，政治状況が自らの価値観や党派性にとって有利な状況であるならば，あえて新しい情報を収集したり政策を吟味したりすることもなく「いつもの」政党や候補者に投票すれば良い。

　有権者が政治に深い関心を寄せるのは，感情，それも心配や懸念と言ったどちらかと言えば負の感情が人々の関心を政治に向かわせる時である。有権者は慣れ親しんだ政治状況であれば，過去から習慣的に培ってきた政治的心性に従って行動するが，新しい政治状況に直面したり，新しく台頭してきた政治勢力に不安を覚えたりするような時には，情報を子細に検討し，改めて判断を下そうとする。その意味では，習慣的な要素が大きい政党帰属意識の理論と，情報に基づく判断を強調する合理的選択理論は，相互に矛盾するわけではなく，政治状況の変化とそれに付随して変化する人々の感情的な状態に応じて，どちらかが優越的に働く相互補完的な関係にあると理解できる。本章の文脈で言えば，人々は不安を感じるときは，習慣的に支持政党の候補者に投票したりはせず，政策の内容をよく考えた上で選択することになる。

(2) 具体的な設問──国全体の気分

　マーカスたちの体系的な試みの他にも，政治判断における感情の役割の研究には一定の蓄積がある。例えば，アベルソン等は有権者が大統領候補者に対して抱く好意的な感情と否定的な感情は相互に無関係であると同時に，候補者評

価に与える影響は前者の方が大きいことを明らかにしている（Abelson, Kinder, Peters, and Fiske, 1982）。ブレーダーは，選挙キャンペーン中の政治広告において，楽観的な内容で明るい音楽を伴う場合は，有権者が持つ既存の党派心や習慣的な考え方の影響が強まるのに対して，悲観的な内容で不安をかき立てる音楽を伴う場合は，個別の情報を吟味する判断を促進することを示した（Brader, 2005）。また，マーカスたちは選挙結果の解釈についても感情的知性の理論に基づく説明が可能だと主張している。政党帰属意識の分布が選挙結果にそのまま表れる選挙を通常型選挙，政党帰属意識の分布から逸脱して少数派の政党の候補者が当選する選挙を逸脱型選挙と呼ぶが（Converse, 1966），その違いは，マーカスらによれば，有権者が慣れ親しんだ政治状況においては政党帰属意識や価値観にもとづき投票するのに対し，自らの政党の候補者に対して不安を抱くときには，政策内容や候補者の質により重きをおいた投票を行うために生じているのである（MacKuen, Marcus, Neuman, and Keele, 2007）。

　本調査で具体的に参考にしたのは，政治的ムード（Public Mood）の役割を重視したラーンの研究である（Rahn, Kroeger, and Kite, 1996; Rahn, 2000）。ラーンは，政治的雰囲気を「人々が政治的共同体の一員であることによって広く共有する情緒的（感情的）な状態（気分）であり，特有の肯定的あるいは否定的要素を帯びたもの」と定義している（Rahn et al., 1996, 31-2）。肯定的な状態と否定的な状態は独立しており，前者については，「米国について考えるとき，どのくらいの頻度で，あなたは希望を感じますか？」という設問に対して，「常に」，「しばしば」，「時折」，「稀に」という4択で答えてもらっている。「希望」以外には，「誇り」そして，「幸せ」という気分も設問で尋ねられている。否定的なムードについては，「米国について考えるとき，どのくらいの頻度で，あなたは悲しみを感じますか？」という設問に同じく4択で答えてもらっている[1]。ここでの政治的ムードはあくまで個人の心理状態であり，社会的な雰囲気ではない。

1　1996年マジソン調査の英語設問は以下の通りである。Positive Affect: "When thinking about the United States, how frequently do you feel hopeful (proud, happy)? Always, frequently, seldom, never." Negative Affect: "When thinking about the United States, how frequently do you feel angry (sad, frustrated, afraid)? Always, frequently, seldom, never."

　ラーンたちがウィスコンシン州マジソンで行った電話調査によれば，肯定的な政治的ムードは国際政治において米国が果たすことのできる役割について楽観的な回答を促していた。同様に，否定的な政治的ムードは国際政治上の他国からの新たな脅威について悲観的な見通しを促すという結果が得られている。彼女たちの研究で確認しておくべきは，肯定的なムードと悲観的なムードが相互無関係に共存し得ることを示した点である。また，GSS の 1996 年調査にも選択肢が若干変更された設問が搭載されているが[2]，ラーンはそのデータの分析により，政治的感情（気分）の影響は，政治的関心が低い，あるいは政治的知識が少ないと思われる人々の間でより大きいことを指摘している（Rahn, 2000）。

6.2　日本のおかれた状況 ——国全体の雰囲気

　本調査では，ラーンたちの設問に倣って，日本がおかれた状況について有権者が抱く感情を探る設問を採用した。まず，その設問についてここで詳しく説明しておきたい。4 年間のパネル調査の第 1 波は 2010 年の世界価値観調査（第 6 波）（以下，2010WVS 調査），第 3 波は 2012 年のソーシャルネットワーク調査（以下，2012SN 調査），そして第 4 波は 2013 年の CSES(4) 調査（以下，2013CSES 調査）であるが，この 3 回の調査には次のような 4 つ一組の設問が組み込まれている。2013CSES 調査の設問は以下の通りである。

　　次に日本について，あなたが抱いた感情についてお尋ねいたします。現在の日本のおかれた状況について，以下のような感情を抱かれることがどの程度ありますか。

2　1996 年 GSS の英語設問は以下の通りである。“Now I want to ask some questions about how you feel when you think about this country, the United States. When you think about the United States, how often do you feel worried?” 選択肢は五択であり，“Always”, “most of the time”, “some of the time”, “rarely”, “never” から選ぶことになっている。Worried 以外の気分で尋ねられているのは，Satisfied, Frustrated, Enthusiastic, Angry, Hopeful, そして Upset である（National Opinion Research Center, 2014）。

a. 怒りを感じる
b. 希望を感じる
c. 不安を感じる
d. 日本ならうまくやっていけると感じる

それぞれについて，回答者は，「たいへんよくある」，「よくある」，「ときどきある」，「たまにある」，そして「まったくない」の5つの選択肢から回答を選ぶようになっている[3]。この設問は，マーカスたちのように選挙における選択の際に候補者に対して感じる希望や不安を尋ねるのではなく，日本という国あるいは社会について抱く感情を尋ねるという点で，大きく異なる。ただし，東日本大震災以降の政治状況は，民主党政権に対する不安や，自民党政権に対する希望という，個別の政治対象を超えた社会全体の長期的な展望に関するものであることを考えるならば，この設問を有権者に尋ねた意義は大きい。東日本大震災を挟んだ前後の大きな社会的変化は，この設問に対する回答に大きな変化を引き起こした可能性が高い。

　ここでは，3回の調査それぞれについて利用可能な対象者全てを利用した回答分布の推移を図1に示した[4]。

　日本のおかれた状況として何が回答者の念頭にあったについては想像の域を出ないが，マスメディアで報道されていたことがらだったのではないかと推察される。2010WVS調査は2010年11月24日から12月12日にデータが収集されているが，2012SN調査の期間は2012年11月9日から11月25日まで，2013CSES調査は2013年7月22日から8月25日までの期間であった。

　2010WVS調査が行われた2010年11月から12月の段階では既に鳩山内閣は退陣し，菅直人が首相であった。調査開始前の2010年9月には，尖閣諸島

3　この設問は3回基本的に同じ形式で尋ねられているが，設問を導入する部分に若干の文言の違いがある。2010WVS調査と2012SN調査では，導入部分は，「現在の日本がおかれた状況について，おたずねします。下記それぞれについて，あてはまるものをお選びください。」となっている。すなわち，2013CSES調査のように，「感情」という言葉を明示的に含めてはいない。

4　なお，標本における男女年齢の比率を母集団と合致させるために重み付けをして計算することも可能であるが，重みを付けずに計算した場合と大差がなかったため，重みを付けずに計算した結果を利用して作図している。

図 1

日本のおかれた状況　a) 怒りを感じること

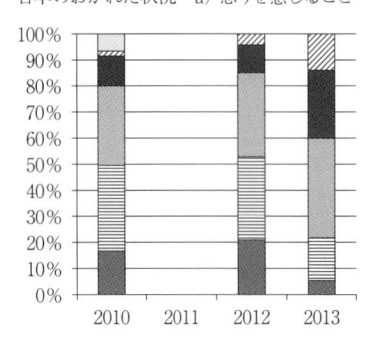

□ わからない・回答拒否・質問を理解していない
☑ 全くない　　■ たまにある
▣ ときどきある　▤ よくある

日本のおかれた状況　b) 希望を感じること

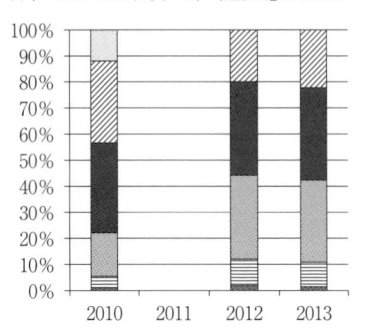

□ わからない・回答拒否・質問を理解していない
☑ 全くない　　■ たまにある
▣ ときどきある　▤ よくある

日本のおかれた状況　c) 不安を感じること

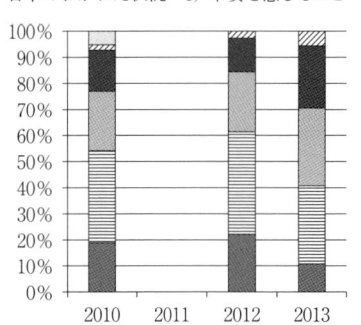

□ わからない・回答拒否・質問を理解していない
☑ 全くない　　■ たまにある
▣ ときどきある　▤ よくある

日本のおかれた状況　d) うまくやっていけると感じる

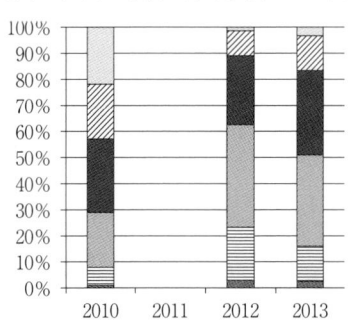

□ わからない・回答拒否・質問を理解していない
☑ 全くない　　■ たまにある
▣ ときどきある　▤ よくある

近辺の日本領海で中国人船長が逮捕された後，極めて不明瞭な経緯で那覇地検から釈放された。その後，ロシアのメドベージェフ大統領が北方領土の国後島に上陸するなど，我が国をめぐる東アジア情勢は極めて緊迫していた。のみならず，民主党政権における実力者・小沢一郎元代表が起訴されるなど，菅政権を本来は支えるべき与党民主党も混迷を極めていた。

2012SN 調査前後の政治状況に関しては，野田首相が衆院本会議で突如解散を表明したのは調査開始後 5 日目の 2012 年 11 月 14 日，実際に解散したのが16 日である。それ以前から，「社会保障と税の一体改革」をめぐる民主・自民・公明の三党合意の条件として「近いうちに解散」することになっており，政局は解散時期をめぐる攻防となっていた。2012 年 10 月に成立した野田第三次改造内閣は，衆議院の任期満了まで一年を切っていたことから「思い出づくり内閣」と揶揄されており，3 年以上にわたる民主党政権の評価が有権者の念頭にあった可能性が高い。さらに，8 月 10 日に韓国の李明博大統領が島根県の竹島に上陸したことが外交上の懸案になっていたのみならず，9 月 11 日には尖閣諸島を日本政府が国有化したことを契機に大規模な反日デモが中国で生じていた。日本がおかれた状況について，内政上の混迷や長期的なエネルギー政策をめぐる対立だけではなく，東アジアの国際情勢も重要な課題として認識されていた可能性がある。

2013CSES 調査は最初から参議院選挙後調査として企画されていた。自民党が政権に復帰し 7 ヵ月が経過していたが，安倍首相が遂行する経済・金融政策（アベノミクス）に対する賛否が主な争点であった他，いわゆる「衆参のねじれ」が解消されるか否かが大きな関心を集めていた。

データを解釈する際に，上述の政治的文脈を過度に読み込むことは危険かも知れないが，そのころ内政あるいは外交上「日本がおかれていた状況」が調査時に回答者の念頭にあったことは間違いないだろう[5]。その前提で，図 1 に示

5　文脈という意味では，直前に聞かれた設問の影響も重要であろう（Schuman and Presser, 1981）。それぞれの調査で直前に聞かれた 5 問を列挙するならば，2010WVS 調査はパソコン利用頻度（問 70），選挙で投票に行くか（問 71），仮に明日総選挙がある場合の投票政党（問 72），政権担当能力がある政党（問 73），そして内閣支持（問 74）である。2012SN 調査は内閣支持（問 14），政権を取って欲しいと思う政党（問 15），近いと感じる政党（問 16），インターネットやソーシャルメディアを通じた政党や候補者との接触（問 17），そして民主主義満足度（問 18）である。2013CSES

された回答分布の推移をたどるならば，二つの否定的感情である「怒り」と「不安」が似た変化を示している。民主党政権期には，「怒り」，「不安」を感じる人が多かったが，自民党への政権交代を経た 2013 年になると，そのように感じる人々の割合が低下している。おそらく，民主党政権の体たらくが「日本のおかれていた状況」に対する怒りや不安につながったのに対して，安倍首相の再登板で多くの有権者の状況認識が変化したのであろう。

　一方，希望と「うまくやっていける」という感覚に対する設問は，2010 年と比べると 2012 年と 2013 年はそのように感じる人の割合が相対的に増えている。2011 年 3 月に東日本大震災が起きたことを踏まえるならば，この 2 つの設問に関しては，政権交代前後よりも東日本大震災前後の変化が大きいと考えられる。ここで注意しなければならないのは，2 つの設問，特に「うまくやっていける」という設問には，「わからない・回答拒否・質問を理解していない」という分類に含まれる回答者が 2010 年に多かったことである。希望に関する設問で 11.8 %，「うまくやっていける」の設問で 22 % がこのカテゴリーに分類されているが，2013 年にはそれぞれ 1.2 % と 3.2 % に激減している。推察するに 2010 年段階では，国政上の混乱はあるにしても，今後の日本人・日本国の将来について思いを馳せるということ自体が稀であり，「日本がうまくやっていける」かと聞かれても，どのような文脈を念頭に置いているのか，ピンと来ない人が多かったのであろう。それが，東日本大震災を経て「絆」や「希望」という言葉が多く語られるようになったことで，この設問をどのような文脈で答えるべきかが「了解」されたのではないかと思われる。そもそも東日本大震災以前に作られた設問であるので，調査をする側としては初めからそのように意図して質問を作ったわけではない。質問を作成した側が想定したのとは異なる文脈でこの設問が「了解」されることで，人々の回答の傾向も変化したのだと思われる。いずれにしても，日本の将来に希望を持ち，「うまくやっていけ

調査，インターネットとソーシャルメディアの利用（問 29），インターネットやソーシャルメディアを通じた政党や候補者との接触（問 30），選挙期間中にインターネットやソーシャルメディアで行った活動（問 31），選挙期間中に接触したニュース（問 32），政治知識質問（問 33）である。全ての調査において政党や選挙，選挙運動に関連した事柄が，「日本のおかれた状況」に関する設問の前に尋ねられているので，設問の並び方が与える影響は，各調査回で一定であったと考えてよいだろう。

表1 日本におかれた状況についての感情 相関係数

2010年

	相関係数行列					バリマックス回転後の因子負荷量	
	怒り	希望	不安	うまく		第一因子	第二因子
怒りを感じること	1				怒り	− 0.11	0.62
希望を感じること	− 0.11	1			希望	0.66	− 0.10
不安を感じること	0.52	− 0.19	1		不安	− 0.17	0.62
うまくやっていけると感じること	− 0.17	0.57	− 0.21	1	うまく	0.66	− 0.16

N=1818

2012年

						第一因子	第二因子
	怒り	希望	不安	うまく			
怒りを感じること	1				怒り	0.06	0.52
希望を感じること	0.05	1			希望	0.52	0.00
不安を感じること	0.39	− 0.05	1		不安	− 0.06	0.52
うまくやっていけると感じること	0.03	0.39	− 0.04	1	うまく	0.52	0.00

N=1109

2013年

						第一因子	第二因子
	怒り	希望	不安	うまく			
怒りを感じること	1				怒り	0.06	0.54
希望を感じること	0.08	1			希望	0.62	0.03
不安を感じること	0.40	− 0.04	1		不安	− 0.10	0.54
うまくやっていけると感じること	0.01	0.51	− 0.12	1	うまく	0.63	− 0.06

N=1864

る」と感じる人の割合は東日本大震災後に増えたことは間違いないが，それは，困難に立ち向かうからこそ希望を持ち，そして，前向きになったからである[6]。やや皮肉な言い方をすれば，そもそも理想的な状況になれば，あえて希望を抱いたり，前向きになったりする必要はないと考えられる。

この4つの設問について，調査ごとに相関係数を計算した結果を表1に載せた。相関係数行列は基本的に同じパターンを示している。「怒り」を感じることと「不安」を感じることの間の相関係数が高く，また，「希望」と「うまくやっていける」ことの相関係数が高い。年度によるバラツキはあるが，最小でも0.39，最大では0.57の数値を示している。その一方，「怒り」と「希望」あるいは「怒り」と「うまくやっていける」の相関係数，そして，「不安」と「希望」あるいは「不安」と「うまくやっていける」の相関係数の値は安定し

6 御厨（2011, 48）の議論も同様の趣旨だと思われる。

ない。2010年はこれら4つの相関係数は一様に負の値を示し，その値は-0.2～-0.1程度である（全て5%水準で統計的に有意である）。2012年になると，「怒り」と「希望」，「怒り」と「うまくやっていける」の相関係数は符号が正に変化しているが，いずれの相関係数も5%水準では統計的に有意ではなく，これらの変数間の関係ははっきりしない。2013年も，相関係数の正負のパターンは2012年と同じである。ただし，「怒り」と「希望」，「希望」と「不安」，そして，「不安」と「うまくやっていける」の相関係数は，再び統計的に有意になっている。ただし，「怒り」と「希望」の相関は正であり，2010年とは符号が逆転している。全体的に言えば，肯定的な感情と否定的な感情の関係は明確なものではないと判断できる。

なお，4つの変数に対して因子分析を行い，因子回転を行った後の因子負荷量のパターンを見ると，2次元の解が現れる。相関係数行列のパターンが類似しているので，想像の範囲内だが，第1因子では「希望」と「うまくやっていける」の因子負荷量が高く，第2因子では，「怒り」と「不安」の因子負荷量が高い。この4つの設問で，日本がおかれた状況に関して，肯定的な感情と否定的な感情をすくい上げていると思われる。ここでは，第1因子を肯定的感情，第2因子を否定的感情と呼ぶことにしよう。なお，各因子が直交することを想定しているバリマックス回転ではなく，因子が斜交することを許容するプロマックス回転でも，因子負荷量のパターンに変化はない。

6.3 感情と政治的判断

6.3.1 内閣支持と感情

有権者が抱く感情の構造自体も興味深いが，ここでより重要なのは，政治状況についての不安や希望が有権者の政治判断に影響を与えたのか否かである。その具体的な対象の一つとして，ここでは政府に対する支持を考える。日本がおかれた状況に対して抱く感情は，多分にその時期の政治・外交の状況に影響を受けるであろう。従って，実際に日本の政治・外交の舵取りを担う内閣に対する評価に，有権者の抱く感情が反映されると考えるのは自然である。そこで，共通の内閣支持質問を含む2010WVS調査，2012SN調査，そして2013CSES

調査のデータについて、内閣支持を従属変数とした回帰分析を試みる。

本パネル調査では、その時点での内閣に対する支持を、「あなたは現内閣を支持していますか」という設問で訊ねている。新聞の世論調査のように、支持・不支持の二項選択で尋ねるのではなく、回答は4択形式である。ここでは、「かなり支持する」に4,「やや支持している」に3,「あまり支持していない」に2, そして「ほとんど支持していない」に1と値を割当てた上で従属変数とする。

主な独立変数は、先ほどの因子分析（バリマックス回転）から抽出された二つの因子, 日本のおかれた状況についての肯定的感情と, 否定的感情の因子得点である。政党支持については、調査により質問文が違うので注意を要するが, 2つのダミー変数を作成することで対応する[7]。民主党支持を1, それ以外を0とするダミー変数, 同様に自民支持のダミー変数を態度変数として投入する。従って、政党支持なしと他党の支持者が一体として比較のベースラインとなる。その他は年齢グループ別のダミー変数（20〜30歳代が基準）, 性別（女性が1, 男性が0）, そして教育程度を教育年数に変換した値を用いる。教育年数は中卒が9, 高卒が12, 大卒が16となるように値を割り当てている。

日本のおかれた状況に対する感情が内閣支持に与える簡潔なモデルの推定結果を表2に示す。調査により年齢の影響の大きさが異なると同時に, 性別の影響が2013年はそれまでと逆転していることも一考の余地があるが, それを検証することは本節の主目的ではない。表2からは, 年度により係数の大きさには違いがあるが, 日本のおかれた状況についての肯定的感情は内閣に対する支持の気持ちを押し上げ, また, 否定的な感情は, 内閣に対する支持を押し下げ

7　本パネル調査は各波で異なる国際比較調査の設問を採用しているので, 概念的には同じ内容を測定する場合であっても, 異なる文言を用いている場合がある。政党支持については、2010WVS調査は、「問72 仮に明日, 総選挙があるとしたら, あなたはどの党に投票しますか。または, どの党に一番ひかれますか」という設問に対する回答を, 2012SN調査は「問11 仮に明日選挙がある場合に投票したい政党はどの党ですか」という設問に対する回答を用いている。2013CSES調査は「あなたが, ふだん自分にとって近いと感じる政党がありますか」と尋ね, ないと答えた場合には, 「多少なりとも近いと感じられる政党がありますか」と質問しているが, そこで「近い」あるいは「多少なりとも近い」と感じられる政党があると答えた人に対して, 自由回答で答えてもらった政党名を利用している。調査によっては、「政党支持なし」のダミー変数を作成できないため, あえて, 自民党支持ダミーと民主党支持ダミーの2つに絞り, それ以外の選択を全てまとめて比較のベースラインとした。

表2　内閣支持と日本のおかれた状況に対する感情

	2010	2012	2013
年齢 40 歳代	0.034	0.036	0.131**
	(0.049)	(0.078)	(0.059)
年齢 50 歳代	0.022	0.030	−0.028
	(0.048)	(0.077)	(0.058)
年齢 60 歳代	0.101**	0.048	0.002
	(0.046)	(0.073)	(0.054)
年齢 70 歳代以上	0.213***	0.201***	0.044
	(0.056)	(0.074)	(0.056)
女性	0.112***	0.146***	−0.106***
	(0.032)	(0.046)	(0.034)
教育年数	0.005	0.001	−0.009
	(0.008)	(0.011)	(0.008)
肯定的感情	0.262***	0.151***	0.245***
	(0.022)	(0.037)	(0.024)
否定的感情	−0.244***	−0.234***	−0.116***
	(0.023)	(0.036)	(0.026)
自民党支持	−0.240***	0.063	0.773***
	(0.039)	(0.054)	(0.039)
民主党支持	0.737***	1.207***	−0.328***
	(0.047)	(0.072)	(0.065)
定数	1.658***	1.697***	2.685***
	(0.114)	(0.164)	(0.122)
回答者数	1,691	1,101	1,843
自由度調整済み決定係数	0.337	0.277	0.299
モデル自由度	10	10	10
残差自由度	1680	1090	1832
F 統計	86.76	43.13	79.65
標準誤差	0.646	0.747	0.717

*** $p < 0.01$, ** $p < 0.05$, * $p < 0.10$　両側検定
括弧内の数値は標準誤差

　る働きをすることは明瞭である。各年度で両因子得点は1%水準で統計的に有意である。その一方，興味深いのは，2010年には，両因子の影響は回帰係数の大きさで見る限り，ほぼ同程度であるのに対し，東日本大震災以降は非対称的になっている点である。

　2012年の野田内閣を例にすると，肯定的感情が一番低い値（−1.4）から高い値（1.9）まで変化する時には，4点尺度の内閣支持で0.5ポイントの変化に結びつくのに対して，否定的感情が同様に（−1.9から1まで）変化する場合は，

内閣支持で 0.7 ポイントの下落につながる。一方，2013 年の安倍内閣の結果では，肯定的感情が一番低い値（−1.4）から一番高い値（2.2）まで変化するときに，4 点尺度の内閣支持で 0.9 ポイント支持を高める効果がある。その一方，否定的な感情については，最大の変化（−1.6 から 1.6 までの）で 0.4 ポイント程度の違いを引き起こすに過ぎない。

　野田内閣時の結果と安倍内閣時の結果の違いが生ずる原因については，憶測の域を出ないが，社会状況・政治状況の変化と評価対象（この場合は内閣・首相）との関連を通じて，感情が政治判断で果たす役割も変わってくると推察される。この点は，後に敷衍したい。

6.3.2　感情により政策判断の効果が増幅するとき

(1) 理論と予測

　感情的知性の理論にもとづくならば，不安の程度と政策態度との間には交互作用が存在することが予想される。政策態度が内閣支持に影響を与えるのは，合理的選択の理論の立場から予想されるところであるが（Downs, 1957），具体的にいかなる状況において，誰が政策を考慮するのかは，感情的知性の理論に基づけば，検証可能な仮説として提示できる。

　分かりやすい否定的感情の方から説明しよう。不安を感じると，人間は通常の慣習的判断を一旦停止し，情報を収集し，その上で判断をする（Marcus, 2000）。不安は，その意味では，情報収集並びに熟慮の意義を高め，より政策に沿った判断を有権者に促す。例えば，東日本大震災以降の日本で，原子力発電に対する考え方が，時の内閣への支持・不支持と関連していても不思議ではない。ただし，日本のおかれた状況に悲観的な人は，楽観的な人に比べて，より原子力発電所に関する政策に重きをおいて，内閣を評価するであろう。

　ただし，いかなる政策分野の判断が，否定的な感情の高低によって増幅・縮減するのかは，当該政策の政局における位置づけに大きく依存すると思われる。有権者の脳裏にすぐさま浮かばないような政策は，仮に長期的には重要であっても，否定的な感情からの影響は受けないだろう。一方，何らかの恐怖や危険の感覚を有権者に抱かせる領域の政策は，否定的な感情による増幅の効果があると考えられる。その観点から言えば，放射能の恐怖を抱かせる原子力発電政

策や，隣国との紛争を通じて不安をかき立てる外交・防衛の分野の政策は否定的な感情からの影響が強く表れる可能性がある。一方，経済・財政政策は，長期的には財政破綻から生ずる社会的混乱への恐怖というシナリオもあり得るだろうが，否定的な感情からの影響を受けにくいと思われる。統計分析の文脈で言えば，政策態度と否定的感情はそれぞれ，独立に内閣支持に影響を与えるが，不安の直接的原因となる政策分野では交互作用が明確に見られるのに対して，不安との直接的関係がなければ，交互作用は検出されないと予測される。

　それに対して，希望や「うまくやっていける」という感覚を持つ場合は，特に政策の効果は増幅しないと考えられる。改めて，情報を収集したり，自分自身の判断を吟味したりする動機に欠けるからである。逆に，具体的な情報に対して注意を払わなくなることを通じて，自分自身が本来持っている考え方の影響が強くなるであろう。その意味では，回答者の持つ価値観や政党支持態度が内閣支持に与える影響が肯定的感情によって増幅されることが予想される。

(2) 政策態度の設問

　本パネル調査は，複数の国際比較調査に各回で対応する方式になっているため，4回継続して尋ねられた政策質問はない。ただし，感情の影響が大きくなったと予想される東日本大震災以降の2012SN調査と2013CSES調査には，4つの政策分野について共通の政策設問が含まれている。また，両調査の間に，民主党から自民党への政権交代が起きているので，時の政権の政策方針も異なり，感情的知性の理論を検証するのに好適である。

　具体的な設問は，特定の政策について二つの対立する立場を意見A，意見Bとして提示し，回答者にはどちらに近いかを選択してもらう形式を採用している。単純な二項選択ではなく，「Aに近い」(1)，「どちらかといえばA」(2)，「どちらかといえばB」(3)，「Bに近い」(4) という4点尺度になっている。対象となっている政策分野は，消費税，原子力発電，TPP（環太平洋戦略的経済連携協定)，そして集団的自衛権である。以下に，それぞれの政策について，AとBの立場を示す。

〈消費税〉

「意見Ａ：将来の社会保障の安定と財政健全化のためには，消費税の増税もやむをえない」

「意見Ｂ：消費税の増税は安易に国民に負担増を求めるもので，認められない」

〈原子力発電〉

「意見Ａ：エネルギーの安定供給や経済効率の点から，原子力発電は今後も利用すべきである」

「意見Ｂ：原子力発電の危険性やコストは非常に大きいので，できるだけ早く利用をやめるべきである」

〈TPP〉

「意見Ａ：日本の経済を活性化させるので，加入すべきである」

「意見Ｂ：日本の経済・社会にダメージを与えるので，加入すべきでない」

〈集団的自衛権〉

「意見Ａ：日米安保体制を強化するためには，集団的自衛権の行使を認めるべきである」

「意見Ｂ：国際紛争に巻き込まれることになるので，集団的自衛権の行使を認めるべきではない」

(3) 回帰分析── 2012SN 調査

　では，実際のデータ分析の結果を確認したい。ここでは，4つの政策態度変数を追加的にそれぞれ投入した単純なモデルの推定結果を確認した後に，肯定的感情と否定的感情との交互作用を一つ一つ確認する形で検討を進めていく。4変数と感情変数との交互作用を一挙に投入することは多重共線性の観点から実際的ではないからである。具体的には，2012SN 調査（野田内閣時）のデータに対しては，4つの政策態度変数を投入した基本モデルの結果を確認した後に，まず，肯定的感情と消費税増税との交互作用だけを投入，次は，政策態度変数を入れ替え，原子力発電との交互作用だけを投入，そして TPP との交互作用だけを投入，最後は集団的自衛権との交互作用だけを投入という具合である。同様に，否定的感情についても，各政策態度との交互作用を個別に検討する。実際の分析結果を整理したのが表3である。

表 3(a)　回帰分析　2012 年　野田内閣支持　肯定的感情と政策

	交互作用なし	消費税	原発	TPP	集団的自衛権
年齢 40 歳代	0.053	0.043	0.054	0.050	0.053
	(0.082)	(0.082)	(0.082)	(0.082)	(0.082)
年齢 50 歳代	0.008	0.006	0.009	0.007	0.008
	(0.082)	(0.082)	(0.082)	(0.082)	(0.082)
年齢 60 歳代	0.035	0.029	0.036	0.032	0.035
	(0.079)	(0.079)	(0.079)	(0.079)	(0.079)
年齢 70 歳代以上	0.165**	0.161**	0.166**	0.162**	0.165**
	(0.080)	(0.080)	(0.080)	(0.080)	(0.080)
女性	0.133***	0.133***	0.134***	0.134***	0.133***
	(0.050)	(0.050)	(0.050)	(0.050)	(0.050)
教育年数	−0.004	−0.005	−0.004	−0.003	−0.004
	(0.012)	(0.012)	(0.012)	(0.012)	(0.012)
自民党支持	0.079	0.077	0.078	0.083	0.079
	(0.059)	(0.059)	(0.059)	(0.059)	(0.059)
民主党支持	1.152***	1.146***	1.152***	1.153***	1.152***
	(0.076)	(0.076)	(0.076)	(0.076)	(0.076)
肯定的感情	0.156***	0.262***	0.224**	0.256***	0.155*
	(0.040)	(0.081)	(0.108)	(0.094)	(0.088)
否定的感情	−0.227***	−0.232***	−0.228***	−0.227***	−0.227***
	(0.040)	(0.040)	(0.040)	(0.040)	(0.040)
消費税	−0.088***	−0.089***	−0.088***	−0.091***	−0.088***
	(0.024)	(0.024)	(0.024)	(0.024)	(0.024)
原発	0.046*	0.047*	0.047*	0.047*	0.046*
	(0.025)	(0.025)	(0.025)	(0.025)	(0.025)
TPP	−0.038	−0.042	−0.039	−0.038	−0.038
	(0.027)	(0.027)	(0.027)	(0.027)	(0.027)
集団的自衛権	0.047*	0.048*	0.048*	0.046*	0.047*
	(0.027)	(0.027)	(0.027)	(0.027)	(0.027)
消費税×肯定的感情		−0.051			
		(0.034)			
原発×肯定的感情			−0.024		
			(0.036)		
TPP ×肯定的感情				−0.045	
				(0.038)	
集団的自衛権×肯定的感情					0.001
					(0.037)
定数	1.840***	1.851***	1.836***	1.827***	1.840***
	(0.202)	(0.202)	(0.202)	(0.202)	(0.202)
回答者数	981	981	981	981	981
自由度調整済決定係数	0.290	0.291	0.289	0.290	0.289
モデル自由度	14	15	15	15	15
残差自由度	966	965	965	965	965
F 統計	29.53	27.75	27.58	27.67	27.54
回帰分析の標準誤差	0.746	0.746	0.746	0.746	0.746

*** $p < 0.01$, ** $p < 0.05$, * $p < 0.10$　両側検定　括弧内の数値は標準誤差

表3(b)　回帰分析　2012年　野田内閣支持　否定的感情と政策

	交互作用なし	消費税	原発	TPP	集団的自衛権
年齢40歳代	0.053	0.054	0.053	0.053	0.053
	(0.082)	(0.082)	(0.082)	(0.082)	(0.082)
年齢50歳代	0.008	0.007	0.008	0.005	0.008
	(0.082)	(0.082)	(0.082)	(0.082)	(0.082)
年齢60歳代	0.035	0.034	0.033	0.035	0.035
	(0.079)	(0.079)	(0.079)	(0.079)	(0.079)
年齢70歳代以上	0.165**	0.163**	0.165**	0.161**	0.165**
	(0.080)	(0.080)	(0.080)	(0.080)	(0.080)
女性	0.133***	0.135***	0.133***	0.132***	0.133***
	(0.050)	(0.050)	(0.050)	(0.050)	(0.050)
教育年数	−0.004	−0.005	−0.004	−0.004	−0.004
	(0.012)	(0.012)	(0.012)	(0.012)	(0.012)
自民党支持	0.079	0.079	0.079	0.078	0.078
	(0.059)	(0.059)	(0.059)	(0.059)	(0.059)
民主党支持	1.152***	1.147***	1.152***	1.157***	1.152***
	(0.076)	(0.076)	(0.076)	(0.076)	(0.076)
肯定的感情	0.156***	0.160***	0.156***	0.156***	0.156***
	(0.040)	(0.040)	(0.040)	(0.040)	(0.040)
否定的感情	−0.227***	−0.321***	−0.259**	−0.144	−0.197**
	(0.040)	(0.084)	(0.107)	(0.099)	(0.090)
消費税	−0.088***	−0.093***	−0.089***	−0.087***	−0.088***
	(0.024)	(0.024)	(0.024)	(0.024)	(0.024)
原発	0.046*	0.046*	0.046*	0.046*	0.047*
	(0.025)	(0.025)	(0.025)	(0.025)	(0.025)
TPP	−0.038	−0.040	−0.039	−0.036	−0.038
	(0.027)	(0.027)	(0.027)	(0.027)	(0.027)
集団的自衛権	0.047*	0.047*	0.046*	0.048*	0.048*
	(0.027)	(0.027)	(0.027)	(0.027)	(0.027)
消費税×否定的感情		0.045			
		(0.036)			
原発×否定的感情			0.012		
			(0.036)		
TPP×否定的感情				−0.036	
				(0.040)	
集団的自衛権×否定的感情					−0.014
					(0.037)
定数	1.840***	1.854***	1.841***	1.826***	1.837***
	(0.202)	(0.202)	(0.202)	(0.203)	(0.202)
回答者数	981	981	981	981	981
自由度調整済決定係数	0.29	0.290	0.289	0.289	0.289
モデル自由度	14	15	15	15	15
残差自由度	966	965	965	965	965
F統計	29.53	27.69	27.55	27.62	27.55
回帰分析の標準誤差	0.746	0.746	0.746	0.746	0.746

*** $p < 0.01$, ** $p < 0.05$, * $p < 0.10$　両側検定　括弧内の数値は標準誤差

　表3(a)では，肯定的感情と政策態度の交互作用を含む回帰分析の結果を示している。交互作用を含まない第1列の結果を見ると，消費税率引き上げへの反対は，係数の値が−0.088と推定され，1％水準で統計的に有意な結果である。消費税への反対は内閣への支持を押し下げる効果があり，1から4までの最大の変化で内閣への評価を0.27ポイント引き下げる。原子力発電，TPP，そして集団的自衛権の回帰係数は絶対値で消費税の半分程度，統計的にも辛うじて両側10％水準で有意であり，その影響は消費税の場合ほど明確ではない。単純に係数だけを見ると，原子力発電の継続に反対であるほど，TPPに積極的であるほど，集団的自衛権の行使に消極的であるほど，野田内閣への支持は高まる結果になっている。

　表3(a)の第2列から第5列まではそれぞれの政策態度と肯定的感情との交互作用の推定結果を示している。交互作用の回帰係数を単独で見た場合，どれ一つとして統計的に有意ではない。しかし，交互作用の効果は主効果を合わせて全体として判断する必要があるので（Friedrich 1982; Brambor, Clark, and Golder, 2005），肯定的感情の値ごとに政策態度の影響がどのように変化するかを，その95％信頼区間と合わせて図示したのが図2aである。原子力発電，TPP，集団的自衛権については肯定的感情（最小値は−1.4，最大値は1.9）のどのレベルでも95％信頼区間が0を含んでおり，政策態度が内閣支持に影響を与えているとは言えないことが分かる。一方，消費税率引き上げに対する反対は，肯定的感情—すなわち希望や「うまくやっていける」という感覚—が強いほど，内閣に対する支持に負の効果を与えている。肯定的感情は政策態度の影響の大きさとは無関係という当初の仮説とは逆の結果になっている。

　次に，表3(b)では，否定的感情と政策態度との交互作用を含む回帰式の推定結果を示している。政策態度の主効果の回帰係数については，表3(a)とはとんど違いはない。否定的感情と政策態度の交互作用について，肯定的感情の場合と同様に，否定的感情の程度に応じてどのように政策態度の影響が変化するかを図示したのが図2bである。原子力発電，TPP，集団的自衛権については，否定的感情の変化によって政策態度の影響が変化すると主張するに足る統計的な証拠はない。しかし，消費税については，否定的感情−すなわち怒りや不安−が欠落しているほど，内閣支持に負の強い影響を与えていることが明瞭

図2a 肯定的感情と政策態度の交互作用 2012

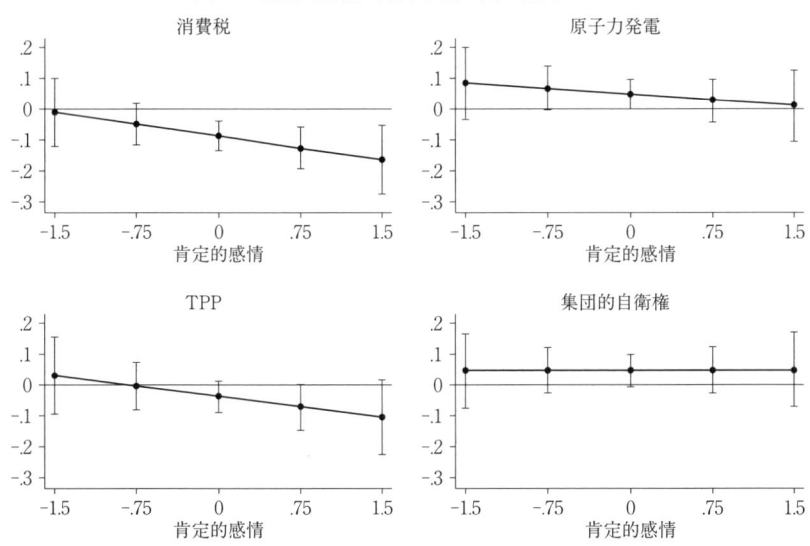

垂直な線は95%信頼区間

図2b 否定的感情と政策態度の交互作用 2012

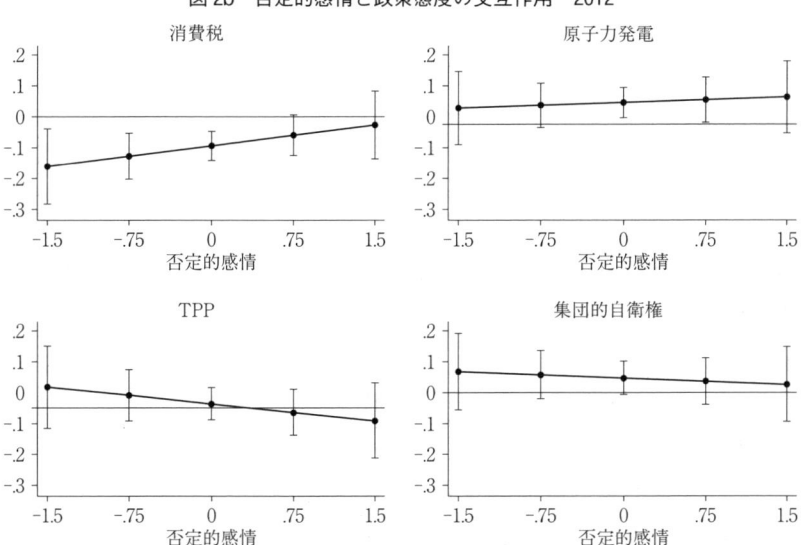

垂直な線は95%信頼区間

である。否定的感情が強いほど，政策的考慮を促すという当初の仮説とは逆の結果になっている。これは，肯定的感情が強いほど消費税増税への反対が内閣支持を押し下げるという結果と平仄が合っている。後付けの解釈にはなるが，日本のおかれた状況について希望を持ち，「うまくやっていける」と感じ，そして怒りや不安もなければ，そもそも消費税率を引き上げる必要を感じないのであろう。それが故に，消費税率を上げることに腐心した野田内閣に対して反発し，内閣への評価が下がったのではないかと思われる。

(4) 回帰分析——2013CSES 調査

　表 3 と同様の回帰分析を，2013CSES 調査データに対しても行った結果を表 4 に示す。まず表 4(a) の第 1 列の結果で概要を確認しよう。2012 年末の衆院選の結果，政権交代が起こり，自民・公明連立政権が発足，首相は民主党の野田佳彦から自民党の安倍晋三へと交代した。2012 年は自民党支持が内閣支持に与える影響を表す係数は実質的に小さく統計的にも有意ではなかったが，民主党支持者はそれ以外の人々と比べて 4 点尺度の変数で 1 点以上内閣支持が高かった[8]。一方，2013 年は自民党支持の係数が 0.63 で，ベースラインを構成する政党支持なし・他党支持者との違いが小さい。内閣支持が高い状態にあるので，支持なし層や他党支持者からも一定の支持を安倍内閣が集めていたことの証左だと思われる。民主党支持者であることは，ベースラインと比べると，内閣への支持を 0.3 低下させる。この調査が行われたのは 2013 年参議院選挙直後であるが，安倍内閣の発足からまだ 1 年を経過しておらず，民主党支持者もまだ安倍政権に対して様子を見ている状況であったのではないかと思われる。

　なお，政策態度が内閣支持に与える影響であるが，首相が野田から安倍に交代したにもかかわらず，消費税が与える影響は両内閣期でほとんど違いが見られない。その一方，TPP については，係数の符号こそ変わらないが，2012 年は −0.038 であった係数が 2013 年は −0.098 と倍以上になっており，かつ，影響も明確になっている。原子力発電については回帰係数が 2012 年の 0.046 か

8　先にも述べたとおり，政党支持変数は自民党支持と民主党支持のみをダミー変数として作成している。従って，政党支持なしや他党支持者を一括りにしてベースラインとしている点に注意されたい。

ら 2013 年は −0.048 となっている。集団的自衛権は，2012 年には，集団的自衛権の行使に消極的な方に 1 点変化すると，内閣支持に +0.047 の影響があったのに対して，2013 年には符号が逆転し −0.159 とマイナスの影響を持つようになっている。首相の交代に伴い，政策態度が内閣支持に与える影響の方向が変化していることは，有権者が政治状況と時の政府の立場を理解し，その上で政治的な判断を下していることを示唆している。

　次に，感情と政策態度とがいかに複合的に内閣支持に影響を与えているかを確認したい。説明は繰り返さないが，肯定的感情と政策態度との交互作用を政策ごとに分析した結果を表 4(a) の第 2 列から第 5 列までに示してある。2012 年と同様に肯定的感情と政策とが内閣支持に与える影響について視覚的に検討しよう。図 3a に，肯定的感情のレベルに応じて政策態度が内閣支持に与える影響の大きさ（係数）と 95％信頼区間を示した。ここでは，肯定的感情のレベルに応じて政策態度の影響は変化しないことを確認しておこう。いずれの政策態度に関しても 95％信頼区間を視認する限りは，政策態度は調査対象者の肯定的感情の水準にかかわらず，内閣に対する評価に影響を与えると考えられる。消費税については肯定的感情が低い値（−1.5）を取る場合，原子力発電では肯定的感情が高い値（0.75 と 1.5）を取る場合に信頼区間が 0 を含んでいるが，全体としては政策態度の影響があることは明確だと考えられる。具体的には，消費税率の引き上げに反対するほど，原子力発電の利用に反対であるほど，TPPに反対であるほど，そして集団的自衛権の行使に反対であるほど，内閣に対する支持は低下する。そして，政策態度と肯定的感情との交互作用は確認できない。

　次に，否定的感情と政策態度との交互作用を同じく視覚的に確認しよう。図 3b が交互作用の大きさと信頼区間のグラフである。否定的感情と政策態度の交互作用が，極めて明瞭に検出されている。グラフを確認すると，消費税率引き上げに対する態度は，否定的感情の有無にかかわらず，内閣支持に対して同程度のマイナスの影響を持つことが読み取れる。その一方，原子力発電，TPP，そして集団的自衛権については，否定的感情が最も低い値の場合（否定的感情が全く無い場合），政策態度は内閣支持に全く影響を与えないのに対して，否定的感情が増加するに従い，政策態度が内閣支持に与える影響が大きくなってい

表4(a)　回帰分析　2013年　安倍内閣支持　肯定的感情と政策

	交互作用なし	消費税	原発	TPP	集団的自衛権
年齢40歳代	0.105*	0.105*	0.106*	0.105*	0.103*
	(0.058)	(0.058)	(0.058)	(0.058)	(0.058)
年齢50歳代	−0.093	−0.093	−0.089	−0.092	−0.094
	(0.058)	(0.058)	(0.058)	(0.058)	(0.058)
年齢60歳代	−0.049	−0.050	−0.046	−0.049	−0.047
	(0.055)	(0.055)	(0.055)	(0.055)	(0.055)
年齢70歳代以上	0.008	0.008	0.011	0.008	0.008
	(0.058)	(0.058)	(0.058)	(0.058)	(0.058)
女性	−0.046	−0.045	−0.047	−0.046	−0.048
	(0.035)	(0.036)	(0.035)	(0.036)	(0.036)
教育年数	−0.019**	−0.019**	−0.018**	−0.019**	−0.018**
	(0.008)	(0.008)	(0.008)	(0.008)	(0.008)
自民党支持	0.633***	0.632***	0.635***	0.633***	0.633***
	(0.041)	(0.041)	(0.041)	(0.041)	(0.041)
民主党支持	−0.295***	−0.296***	−0.298***	−0.296***	−0.303***
	(0.064)	(0.064)	(0.064)	(0.064)	(0.065)
肯定的感情	0.181***	0.209***	0.095	0.175***	0.101*
	(0.025)	(0.051)	(0.063)	(0.059)	(0.058)
否定的感情	−0.074***	−0.075***	−0.071***	−0.074***	−0.072***
	(0.027)	(0.027)	(0.027)	(0.027)	(0.027)
消費税	−0.089***	−0.089***	−0.090***	−0.089***	−0.090***
	(0.018)	(0.018)	(0.018)	(0.018)	(0.018)
原発	−0.048***	−0.047**	−0.051***	−0.048***	−0.049***
	(0.019)	(0.019)	(0.019)	(0.019)	(0.019)
TPP	−0.098***	−0.099***	−0.098***	−0.098***	−0.098***
	(0.021)	(0.021)	(0.021)	(0.021)	(0.021)
集団的自衛権	−0.159***	−0.159***	−0.158***	−0.159***	−0.159***
	(0.020)	(0.020)	(0.020)	(0.020)	(0.020)
消費税×肯定的感情		−0.013			
		(0.021)			
原発×肯定的感情			0.032		
			(0.022)		
TPP×肯定的感情				0.003	
				(0.025)	
集団的自衛権×肯定的感情					0.035
					(0.023)
定数	3.757***	3.754***	3.752***	3.757***	3.758***
	(0.144)	(0.144)	(0.144)	(0.144)	(0.144)
回答者数	1607	1607	1607	1607	1607
自由度調整済決定係数	0.395	0.395	0.395	0.394	0.395
モデル自由度	14	15	15	15	15
残差自由度	1592	1591	1591	1591	1591
F統計	75.84	70.78	70.98	70.74	70.99
回帰分析の標準誤差	0.675	0.675	0.675	0.675	0.675

*** $p < 0.01$, ** $p < 0.05$, * $p < 0.10$　両側検定　括弧内の数値は標準誤差

表4(b) 回帰分析 2013年 安倍内閣支持 否定的感情と政策

	交互作用なし	消費税	原発	TPP	集団的自衛権
年齢40歳代	0.105*	0.105*	0.105*	0.096*	0.102*
	(0.058)	(0.058)	(0.058)	(0.058)	(0.058)
年齢50歳代	-0.093	-0.093	-0.094	-0.100*	-0.087
	(0.058)	(0.058)	(0.057)	(0.057)	(0.057)
年齢60歳代	-0.049	-0.050	-0.048	-0.055	-0.046
	(0.055)	(0.055)	(0.055)	(0.055)	(0.055)
年齢70歳代以上	0.008	0.007	0.008	0.001	0.013
	(0.058)	(0.058)	(0.058)	(0.058)	(0.058)
女性	-0.046	-0.046	-0.046	-0.045	-0.037
	(0.035)	(0.036)	(0.035)	(0.035)	(0.036)
教育年数	-0.019**	-0.019**	-0.019**	-0.019**	-0.018**
	(0.008)	(0.008)	(0.008)	(0.008)	(0.008)
自民党支持	0.633***	0.633***	0.633***	0.630***	0.631***
	(0.041)	(0.041)	(0.041)	(0.041)	(0.041)
民主党支持	-0.295***	-0.295***	-0.291***	-0.294***	-0.295***
	(0.064)	(0.064)	(0.064)	(0.064)	(0.064)
肯定的感情	0.181***	0.181***	0.179***	0.183***	0.180***
	(0.025)	(0.025)	(0.025)	(0.025)	(0.025)
否定的感情	-0.074***	-0.057	0.116*	0.091	0.111*
	(0.027)	(0.058)	(0.070)	(0.068)	(0.066)
消費税	-0.089***	-0.088***	-0.090***	-0.088***	-0.089***
	(0.018)	(0.018)	(0.018)	(0.018)	(0.018)
原発	-0.048***	-0.048***	-0.046**	-0.046**	-0.047**
	(0.019)	(0.019)	(0.019)	(0.019)	(0.019)
TPP	-0.098***	-0.098***	-0.094***	-0.096***	-0.095***
	(0.021)	(0.021)	(0.021)	(0.021)	(0.021)
集団的自衛権	-0.159***	-0.159***	-0.158***	-0.158***	-0.159***
	(0.020)	(0.020)	(0.020)	(0.020)	(0.020)
消費税×肯定的感情		-0.008			
		(0.024)			
原発×肯定的感情			-0.071***		
			(0.024)		
TPP×肯定的感情				-0.072***	
				(0.028)	
集団的自衛権×肯定的感情					-0.079***
					(0.026)
定数	3.757***	3.759***	3.745***	3.755***	3.735***
	(0.144)	(0.144)	(0.143)	(0.143)	(0.144)
回答者数	1607	1607	1607	1607	1607
自由度調整済決定係数	0.395	0.394	0.398	0.397	0.398
モデル自由度	14	15	15	15	15
残差自由度	1592	1591	1591	1591	1591
F統計	75.84	70.75	71.69	71.5	71.76
回帰分析の標準誤差	0.675	0.675	0.673	0.674	0.673

*** $p < 0.01$, ** $p < 0.05$, * $p < 0.10$ 両側検定 括弧内の数値は標準誤差

図 3a　肯定的感情と政策態度の交互作用　2013

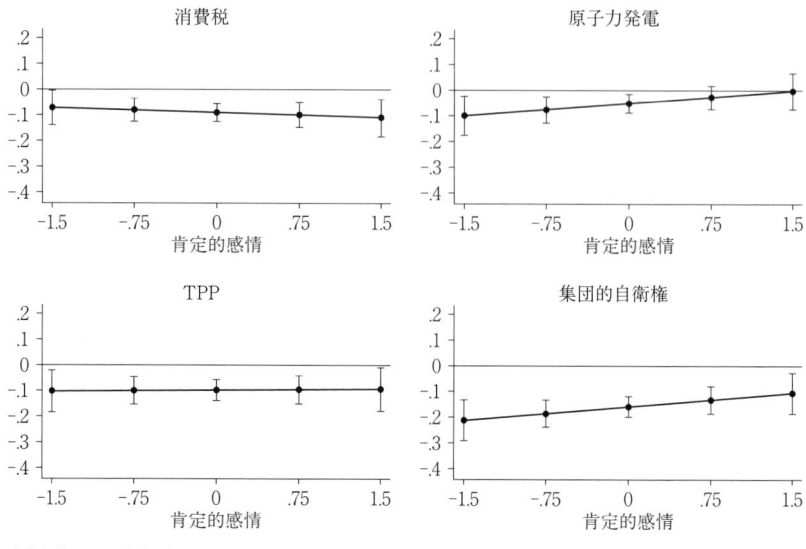

垂直な線は 95％信頼区間

図 3b　否定的感情と政策態度の交互作用　2013

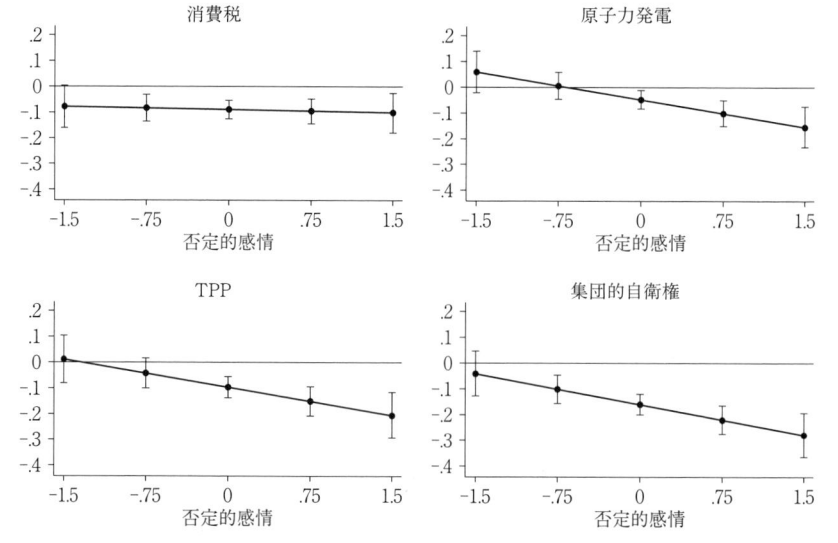

垂直な線は 95％信頼区間

ることが明瞭である。集団的自衛権を例に説明しよう。2013CSES 調査で否定的感情の因子得点は最小値 -1.6，最大値 $+1.6$ なので，グラフの横軸とほぼ対応している。否定的感情の値が最小に近い -1.5 の場合，集団的自衛権に対する調査対象者の意見は，内閣支持にほとんど影響を与えない（影響の大きさを計算すると -0.05 である）。それが，否定的感情の水準が 0.75 ずつ上がっていくにつれ，内閣支持に与える影響の大きさは，-0.11，-0.17，-0.23，そして，-0.29 と大きくなっていく。否定的な感情の水準が -0.75 かそれ以上の場合，信頼区間が 0 を含まないことから，政策態度が内閣支持に与える影響が統計的に有意であることも分かる。影響の具体的大きさは異なるが，原子力発電に関する政策態度，TPP に関する政策態度の場合も状況は同じである。すなわち，否定的感情の水準が低い場合，政策態度は内閣支持への影響を持たないが，否定的感情—すなわち怒りや不安—の水準が徐々に上がるにつれて，原子力発電，TPP，集団的自衛権に対する考え方と，内閣支持・不支持とのつながりが強くなるのである。集団的自衛権を例に取れば，否定的感情の水準が低い場合，集団的自衛権の行使に積極的であろうが消極的であろうが，内閣に対する支持・不支持に結びつかないのに対して，否定的感情の水準が高まると，集団的自衛権に対する態度が内閣支持へと結びつくようになる。これは，感情的知性の理論が想定した通りの結果である。

6.3.4 政党支持と感情的知性

これまでは，日本のおかれた状況に対して有権者が抱く感情と政策態度の相互関係が内閣支持に与える影響を検討してきた。政策に対する態度が政治的判断に結びつくためには一定の情報収集と比較検討が必要になるが故に，2013CSES 調査については，情報の積極的吟味を促す否定的感情と政策態度との関係が確認された。一方，理論的には，肯定的な感情は個人の価値観と結びつくと思われる。希望やうまくやっていけるという感覚を持つ場合は，改めて情報を収集したり，自分自身の判断を吟味したりする動機に欠けるからである。従って，具体的な情報に対して注意を払わなくなることを通じて，自分自身が本来持っている価値観や身に付けた考え方の影響が強くなると予測できる。

実際には何を政治的価値観や安定した態度として利用するかによっても結果

は変わってくるであろうが，ここでは，政治的態度の中でも最も代表的な政党支持と感情との関係を検討したい。具体的な仮説としては，肯定的感情は回答者本人の長期的党派性を反映する政党支持態度が内閣支持へと与える影響を増幅するのに対して，否定的感情と政党支持との関係は見られないと予想する。表3と表4で行った政策態度と感情との交互作用を取り除き，政党支持，具体的には自民党支持と2つの感情の交互作用，民主党支持と2つの感情との交互作用の両方を一度に回帰式に投入して推定を行った[9]。

　表5に推定結果を示す。第1列が2012SN調査を用いた推定結果である。当時は民主党の野田内閣であったので，民主党支持であれば，内閣に対する支持が4点尺度で最大1.2ポイント増加する。感情との交互作用を確認すると，民主党支持の影響が肯定的感情の大小により変化することはない。否定的感情との交互作用は辛うじて10％水準で統計的に有意である。一方，自民党支持については，ベースラインのグループと比べると，主効果（2つの感情の値が0である場合）の影響は確認できないが，否定的感情との交互作用が明瞭である。

　交互作用の影響をより分かりやすくするために，感情のレベルにより，民主党支持あるいは自民党支持の影響がどう変化するかを，95％信頼区間と共に示したのが，図4aである。図4aの上部は，肯定的感情のレベル（−1.5, −0.75, 0, 0.75, 1.5）に応じて，民主党支持あるいは自民党支持が内閣支持に与える影響がどう変化するかを示している。肯定的感情のどのレベルでも民主党支持の95％信頼区間が0を含まないことから，民主党を支持すること自体が内閣への評価を高めることは明白であるが，感情のレベルによる影響の大きさの違いはほとんどないことがわかる。自民党支持については，全てのレベルで95％信

9　念のために確認しておくが，2012SN調査の政党支持は明日仮に選挙があった場合の投票政党，2013CSES調査の政党支持は親しみを感じる政党質問から作成されており，通常の政党支持質問のように「支持政党なし」を選択肢として作成することは難しい。ここでは，2012SN調査における自民党支持ダミー変数はもし明日選挙があった場合の投票選択として自民党を選ぶ場合を1，それ以外をゼロとするダミー変数である。2013CSES調査の場合は，親しみを感じる政党として自民党を上げる場合を1，それ以外を0とするダミー変数となっており，その意味では，厳密には同一の変数ではない。民主党支持のダミー変数も同様に作成されている。自民党支持と民主党支持がそれぞれダミー変数としてモデルに投入されているので，比較のベースラインは，それ以外の政党を選んだ人，2012SN調査であれば「投票したい政党はない」「選挙で投票するつもりはない」を選んだ人，2013CSES調査の場合は，親しみを感じる政党の自由回答に政党名を挙げなかった人たちを合わせたグループとなる。

表5 感情と政党支持の交互作用

	2012 年　野田内閣	2013 年　安倍内閣
年齢 40 歳代	0.032	0.101*
	(0.082)	(0.058)
年齢 50 歳代	−0.003	−0.094
	(0.081)	(0.058)
年齢 60 歳代	0.028	−0.054
	(0.079)	(0.055)
年齢 70 歳代以上	0.152*	0.003
	(0.080)	(0.058)
女性	0.145***	−0.046
	(0.050)	(0.035)
教育年数	−0.003	−0.018**
	(0.012)	(0.008)
自民党支持	0.086	0.640***
	(0.059)	(0.042)
民主党支持	1.191***	−0.297***
	(0.078)	(0.065)
肯定的感情	0.132**	0.176***
	(0.052)	(0.032)
否定的感情	−0.175***	−0.119***
	(0.051)	(0.033)
消費税	−0.087***	−0.088***
	(0.024)	(0.018)
原発	0.046*	−0.047**
	(0.024)	(0.019)
TPP	−0.045*	−0.096***
	(0.026)	(0.021)
集団的自衛権	0.042	−0.159***
	(0.027)	(0.020)
自民党支持×肯定的感情	0.091	0.006
	(0.092)	(0.053)
自民党支持×否定的感情	−0.335***	0.143**
	(0.093)	(0.060)
民主党支持×肯定的感情	0.020	0.030
	(0.114)	(0.101)
民主党支持×否定的感情	0.187*	0.070
	(0.110)	(0.100)
定数	1.842***	3.748***
	(0.200)	(0.144)
回答者数	981	1,607
自由度調整済決定係数	0.302	0.395
モデル自由度	18	18
残差自由度	962	1588
F 統計	24.52	59.37
回帰分析の標準誤差	0.740	0.675

*** $p < 0.01$, ** $p < 0.05$, * $p < 0.10$　両側検定　括弧内の数値は標準誤差

図 4a　肯定的感情と政党支持の交互作用　2012

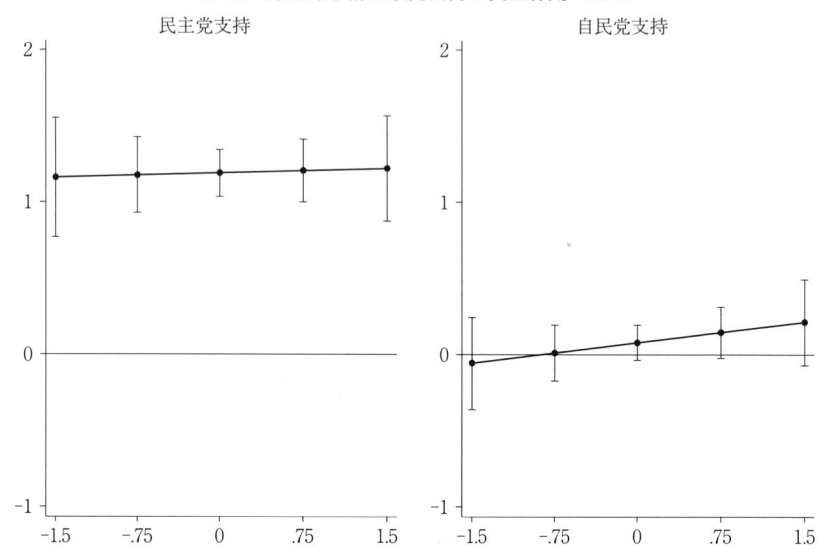

否定的感情と政党支持の交互作用　2012

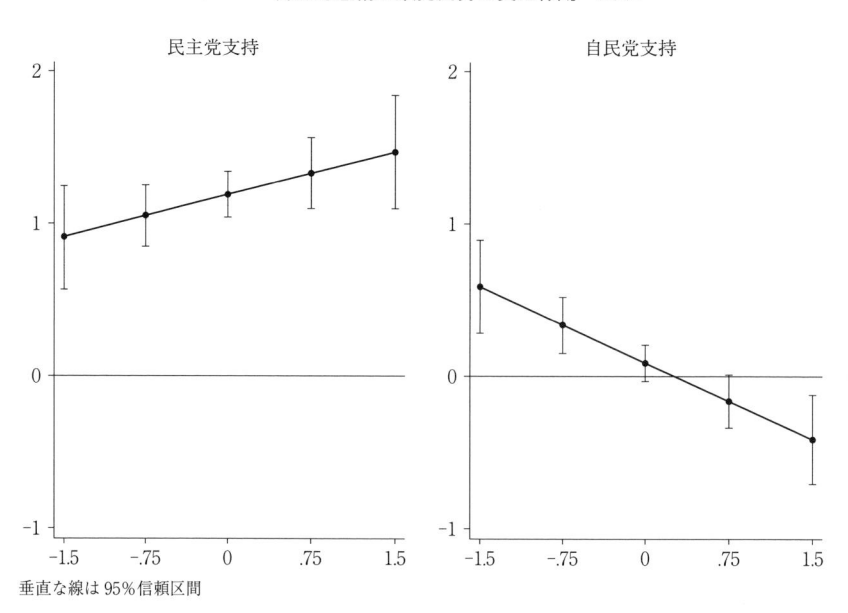

垂直な線は95%信頼区間

図 4b　肯定的感情と政党支持の交互作用　2013

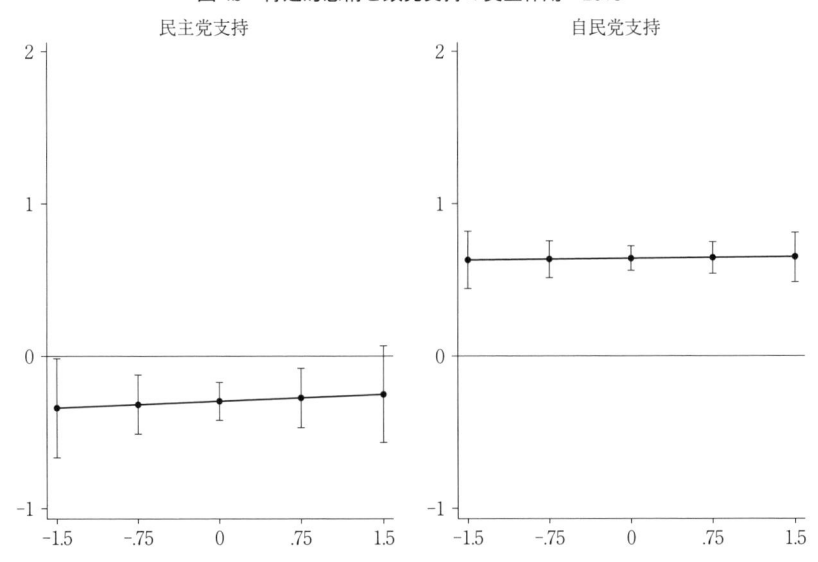

否定的感情と政党支持の交互作用　2013

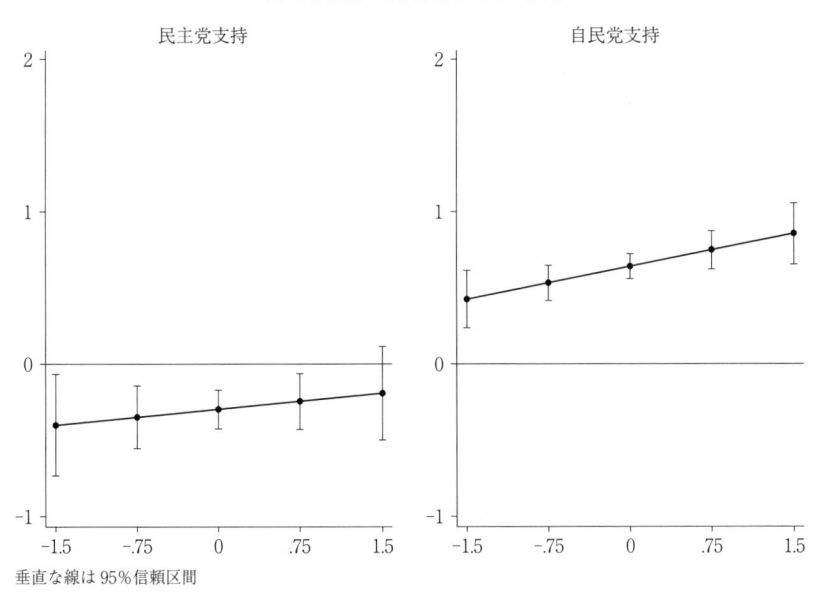

垂直な線は 95％信頼区間

頼区間が 0 を含んでいるので，内閣支持に対する影響は確認できない。一方，否定的な感情と政党支持の交互作用を示した図 4a 下部のグラフは興味深い。民主党支持については，日本のおかれた状況に対する否定的感情が高まると，民主党支持が内閣支持に与える影響が強まる傾向が確認できる。自民党支持については，否定的感情の水準が上昇するにつれて，野田内閣支持に与えるマイナスの影響が増幅していることを読み取ることができる。日本のおかれた状況に対する否定的感情の水準が非常に低い場合（例えば-1.5），自民党支持であることはベースライン（自民党支持と民主党支持以外の全て）と比べて，内閣支持を 4 点尺度で 0.6 程度押し上げていたのに対して，否定的感情の水準が高い場合（+1.5），内閣支持を 0.42 押し下げている。符号がマイナスからプラスに切り替わるのは，異質なグループを便宜上ベースラインとしてまとめていることによると思われるが，民主党支持・自民党支持と日本のおかれた状況に対する否定的感情の交互作用を総体としてみると，否定的感情—すなわち怒りや不安—が高じることで，心理的党派性が内閣に対する評価に与える影響が増幅しているように見える。

　同じ分析を 2013CSES 調査のデータを用いて行った結果を表 5 の第 2 列にまとめた。2012SN 調査時から 2013CSES 調査の間に政権交代が起き，民主党・野田内閣から自民党・第二次安倍内閣へと変化しているので，係数の符号は逆転することが予想される。民主党支持・自民党支持と感情との交互作用を視覚的に示したのが図 4b の上段（肯定的感情）と下段（否定的感情）である。予想通り，民主党支持は内閣支持を押し下げ（-0.3 前後），自民党支持は内閣支持を押し上げるが（0.6 前後），肯定的感情の水準による影響の変化はないと解釈できる。一方，否定的な感情との交互作用も，その傾向は確認できるが，2012SN 調査のようには明確ではない。民主党支持は，否定的な感情が高い場合は内閣への支持に影響を持たなくなるが，否定的感情が欠落（マイナスの値）の場合は，内閣支持への影響を確認できる。ただし，線の傾きから判断すると実質的な交互作用は大きくない。自民党支持も，否定的な感情-怒りや不安-が高まると内閣支持に与える影響が増幅する傾向にはあるが，そのことを断定できるほど強いわけではない。

6.4 考察

本章では，東日本大震災前後で一変した政治的ムードと新たに浮上した政治争点，そして民主党から自民党への再度の政権交代を念頭に，日本人有権者を代表する標本データを分析した。特に有権者が政治状況の変化に応じた政治的評価を下したのかどうかを，内閣に対する支持・不支持を軸として，検討してきた。

日本がおかれた状況に関して有権者が抱く感情について尋ねられた4つの質問に対する因子分析から抽出された肯定的感情と否定的感情の因子得点は，想定通り前者が内閣支持にプラスの影響を，後者がマイナスの影響を与えていることが分かった。政策態度との交互作用を検討すると，肯定的感情は，2012年に消費税率引き上げに対する賛否が野田内閣への支持・不支持に与える影響を増幅させたが，それ以外には，体系的な影響を与えることはなかった。一方，否定的な感情については，2013年において原子力発電，TPP，そして集団的自衛権行使への賛否が内閣支持に与える影響を増幅させた。肯定的な感情，否定的な感情が政治的判断に影響を与えたタイミングと，与えた領域がハッキリと分かれたが，この点について最後に敷衍したい。

本章の分析から明らかな通り，日本のおかれた状況についての感情は直接的に内閣に対する評価に結びつく。その感情は，特定の政策に対する賛否を軸とした判断を有権者に促すようである。では，どのような条件で，どの政策に対する賛否が大きな意味を持ってくるのであろうか。肯定的な感情については，2012SN調査を用いた分析で消費税率引き上げ反対の立場が内閣支持を押し下げる効果を増幅させる効果があった。消費税率を上げる法案は6月26日に衆議院で，8月10日に参議院で可決され成立したが，2012SN調査はそれから3カ月後に行われている。肯定的な感情が高いと何故消費税率引き上げに対する賛否が内閣支持に大きな影響を与えたのであろうか。憶測の域を出ないが，現状に対して肯定的であるからこそ，長期的な観点からの財政均衡の必要を認めず，現状を維持しようという考えが現れたという解釈は可能であろう。ただし，政策態度と肯定的感情との相互作用は，理論的に予想していなかった結果であ

り，この結果は割り引いて考える必要があるだろう。ただし，2012年最大の政治争点が消費税率であったことは明らかであり，政権に対する評価に最にも大きな影響を与えたと思われる。さらに言えば，税収と歳出が均衡する財政を好むか，あるいは，国債発行を厭わず必要な事柄に支出をするかは，個々人の経済感覚とも深く結びついていると考えられる。もし，個人の経済観念が国の財政に対する態度と連動していると考えるならば，消費税率の引き上げに対する賛否と肯定的な感情との交互作用は，消費税が政局の中心となったことにより，基本的な個人の経済観念の影響が増幅された結果として理解することも可能であろう。

　次に，2013CSES調査においては，感情的知性の理論の想定した通り，否定的な感情と政策態度の影響との交互作用が観察できた。原子力発電の継続的利用にせよ，集団的自衛権の行使にせよ，TPPにせよ，安倍内閣の立場は多くの有権者に不安を抱かせるものであったように思われる。朝日新聞社が参院選直後に行った世論調査によれば，「今後，自民党が進める政策について，期待の方が大きいですか，不安の方が大きいですか」という質問に41％が「期待の方が大きい」そして39％が「不安の方が大きい」と答えている。特に男性は「期待」48％，「不安」37％であったのに対し，女性は「期待」35％に対し「不安」42％と，多数派・少数派が男女で逆転していた（『朝日新聞』2013年7月24日朝刊紙面）。また，TPPについては，2013年参院選数ヵ月前の同じく朝日新聞の世論調査で，安倍首相によるTPP参加の表明については71％が肯定的に評価していたが，それと同時に，「TPPに参加することで，食品の安全基準が下がる不安を感じますか。感じませんか。」という設問に対しては，71％が不安を感じると回答している（『朝日新聞』2013年3月18日，19日朝刊）。安倍政権が推進しようとしていた原子力発電所の再稼働，TPPへの加盟・交渉参加，そして集団的自衛権の行使を可能にする法整備は，いずれも有権者に不安を抱かせる内容であったのであろう。それが故に，「怒り」や「不安」といった否定的な感情により政策態度が内閣支持率に与える影響が増幅されたのだと思われる。一方，消費税については，少なくとも2013年段階では政局の中心的話題ではないと同時に，その後の政治的展開から読み取れるように，安倍首相自身は必ずしも消費税率の引き上げに積極的ではなかった。憶測をたくま

しくすれば，消費税率に対する態度が内閣評価に与える影響の程度を政治的感情が増幅させることがなかったのは，安倍首相の消費税に対する態度を有権者が認識していたからではないかと思われる。

なお，本章の分析では感情的知性の理論が想定したような形で心理的な党派性と政治的感情との関係を析出することはできなかった。理論的には肯定的感情と党派性との関係を予測したが，発見されたのは，むしろ否定的な感情と党派性との関係，それも明確に確認できたのは 2012SN 調査のみであった。この点については，心理的な党派性がどの程度個人にとって重要な根本的な政治的価値であるかが，米国と日本では異なり，日本人の政党支持が相対的には不安定であることに依る部分もあるであろう。しかし，本パネル調査が行われた 2012 年，2013 年の政治的・社会的文脈で言えば，3 年 4 カ月にわたる民主党政権の混乱，特に東日本大震災と福島原発事故への対応と，中国やロシアとの領土を巡る対立が，有権者に大きな不安を抱かせたことは間違いないと思われる。その意味では，仮に個別政策領域においては安倍政権の立場が不安を抱かせるものであったにせよ，自民党政権の再登場に有権者が安堵したのもまた事実であろう。党派性と否定的感情の交互作用が観察されたのは，どの政党が政権を掌握するかということ自体が，不安の対象であったからではないかと思われる。

本章は日本の有権者調査データを用いて感情的知性の理論を検証したおそらく初めての論文である。基本的に仮説検証の手続きに従って分析は進めているが，理論的な想定から逸脱した部分については，探索的に議論したところも多い。今後は，この結果をもとに，新たな政治状況に対して，感情的知性の理論にもとづく予測を定式化し，検証していくことが必要だと思われる。

第 7 章

投票外参加と価値観

山田真裕

7.1 はじめに——問題設定と分析手法

　選挙での投票は最も多くの人々が利用する政治参加の形態である。投票は選挙の勝敗を左右するために政党や政治家に対して大きなプレッシャーを与えるが，有権者の選好を伝える手段としては必ずしも十分ではない。よって自己の選好を政策に反映させることを望む有権者は，投票以外の政治参加（投票外参加）を行なうことで，政党や政治家に自らの選好や主張を伝えようとする（山田，2016a）。こういった投票外参加の手段は多様であるが，世界価値観調査第6波（以下 2010WVS 調査と略称する）が調査対象としているのは，「請願書・陳情書への署名」「不買運動（ボイコット）」「平和的なデモ」「ストライキ」「その他の抗議行動」の 5 種類である。このデータを用いて筆者は以前，日本における保革イデオロギーと投票外参加の関連を分析した（池田編 2016, 126-127）[1]。その結果，相対的に革新側において投票外参加が多く用いられている傾向を示した。しかし保革イデオロギーについては，自分を保革の軸に位置づけられない回答者も多く，かつさまざまな問題に対する態度を包括する度合いの弱まりも指摘されている（蒲島・竹中，2012）。また筆者は先に，投票以外の政治参加にはそれぞれ固有の事情があることを，JEDS2000 データの分析で示した（山田，2004）。

---

[1]　この際用いたデータは 2014 年 2 月時点のもの（WorldValuesSurvey-Wave6-2010-2012_clean_v2014-2_11_spss.sav）であった。

表 1　2010WVS データにおける投票外参加の回答分布

		やった (参加した) ことがある	やるかも しれない	けっして やることは ないだろう	わからない	合計
請願書・陳情書への署名	件数	683	875	468	417	2443
	%	28.0	35.8	19.2	17.1	100.0
不買運動	件数	34	737	1035	637	2443
	%	1.4	30.2	42.4	26.1	100.0
デモ	件数	89	758	1012	584	2443
	%	3.6	31.0	41.4	23.9	100.0
ストライキ	件数	86	453	1276	628	2443
	%	3.5	18.5	52.2	25.7	100.0
その他の抗議活動	件数	41	600	1007	795	2443
	%	1.7	24.6	41.2	32.5	100.0

　本章は世界価値観調査に含まれている上記 5 種類の投票外参加がどのような態度や価値観や態度に支えられたものなのかを明らかにすることを目的とする。世界価値観調査には価値観や政治的態度について多くの変数が含まれているので，この分析を行なうにふさわしい。

　分析に先立って 2010WVS 調査が調査している投票外参加 5 項目についての回答の分布傾向を確認しておこう（表 1）[2]。2010WVS 調査では，投票外参加 5 項目のそれぞれについて回答者に対し，「やった（参加した）ことがある」「やるかもしれない」「けっしてやることはないだろう」の 3 つから回答を選ぶよう求めている。ただし，これら 3 つから選んでもらえず「わからない」と答えてくる事例もあるため，表 1 のように「わからない」を含んだ回答の分布となっている。

　表 1 が示す分布から以下のようなことがうかがえる。まず第 1 に，投票外参加を行なう人の割合は多くない。「請願書・陳情書への署名」については全体の回答者のうち 28.0％が「やった（参加した）ことがある」と回答しているが，それ以外の 4 項目において「やった（参加した）ことがある」と回答するのはいずれも 5％を越えない[3]。第 2 に，これら 4 項目においては「けっしてやる

2　日本語版調査票問 30 において以下のように尋ねている。「次にあげるいくつかの政治的行動について，これまでやった（参加した）ことがある，やったことはないがやるかもしれない，あるいはどんな場所でも決してやることはないだろう，のいずれかでお答え下さい。」

ことはないだろう」の回答率が高い。もっとも忌避されているのが「ストライキ」で52.2％と半数以上がやらないと回答している。「ストライキ」は労働者にとって重要な闘争手段であるが，これがかくも多く忌避されることは注目に値する。「不買運動（ボイコット）」「平和的なデモ」「その他の抗議行動」の3項目においても40％以上の回答者が「けっしてやることはないだろう」を選んでいる。署名は行なっても基本的には直接的な行動を忌避するといったこのような傾向は，西澤（2004）においても示されているところである。第3の重要な点としては，各項目において「わからない」の選択率が高いことである[4]。最も少ないもので「請願書・陳情書への署名」における17.1％，最も高いのは「その他の抗議行動」における32.5％である。ここには「社会的望ましさバイアス」（social desirability bias）が存在する可能性が高い。すなわち，投票外参加への関与を公言することをはばかる意識が働いているかもしれないということである[5]。よってこのように大きな割合を占める「わからない」という回答群を，投票外参加と価値観の関係を分析する際に，分析から除外することは好ましくない。

　以上の点に鑑みて，ここでは CHAID（Chi-squared Automatic Interaction Detection）の手法を用いて，投票外参加の5項目を被説明変数，2010WVS調査における様々な価値指標を説明変数とした分析を行なう。CHAID は複数の説明変数と1つの被説明変数についてカイ自乗検定を行ない，最も低い p 値を示す説明変数によって標本を分割することで，標本内の特徴ある集団を浮かび上がらせる手法である。その際，説明変数において有意差のないカテゴリーを結合する。それによって相対的にシンプルなクロス集計表を生み出す[6]。分

3　山田（2016b, 120-125）において示しているように，日本は投票外参加に関わる割合が国際比較でみて相対的に低い。また，Inglehart（1990=1993）はポスト近代化に伴う価値観の変容によって，エリートが指導する政治的動員の低下と，エリート対抗型の参加の拡大がもたらされると論じているが，山田（2002）はそれが日本では生じていないことを示した。

4　「わからない」という回答（"Don't Know" Responses, DK回答と呼ばれる）発生について筆者は山田・尾野（2015）において理論的検討を行なった。

5　破壊行為を伴うような抗議活動（disruptive protests）を調査する際にこのような問題があることについては Cornell and Grimes（2015, 669）に言及がある。社会的望ましさバイアス（社会迎合バイアスともいう）についての政治学的検討として西澤・栗山（2010），飯田（2013）を参照されたい。また国際比較調査のような異文化にまたがる調査における社会的望ましさについての検討として，Johnson and Van de Vijver（2003）を参照。

表2　説明変数リスト

変数	2010WVS 日本語版での設問番号
生活において重要なもの	問 1
幸福度	問 2
生活満足度	問 6
あなたはどのような人？	問 23
政治関心	問 29
保革イデオロギー	問 31
経済観	問 32
日本社会についての現状認識	問 33
日本が目指すべき社会・国家像	問 34
組織・制度への信頼	問 36
好ましい政治制度	問 37
民主主義の性質として必須なもの	問 38
民主主義の国に住むことの重要さ	問 39
日本の民主的統治	問 40
我が国における人権	問 41
日本人であることの誇り	問 67
現在の日本に対する感情	問 75
ナショナリズム	問 76
政治的有力感	問 77
10 年後の予想	問 78
日本が悪い方向に向かっていると考えるもの	問 80
世帯収入	F8

割された標本のそれぞれをノード，全体とそこから分割された個々のノードの連鎖全体を決定木（decision tree）と呼ぶ。分析に先立ってノードの標本規模と，決定木の最大深度（depth）を指定することができるので，ここでは分割前のノードに含まれるケース数の最小値を 400，分割後のノードに含まれるケース数の最小値を 200，決定木の最大深度を 5 とした。

　分析に用いる説明変数のリストを表2として示した。これらの説明変数は基本的に投票外参加に影響する可能性がある価値観に関わるものの他，世帯収入を加えている。以後はこれらの説明変数を用いて行なった投票外参加 5 項目に

6　分析には IBM SPSS Statistics 24 を用いた。IBM 社による CHAID の資料として，ftp://ftp.software.ibm.com/software/analytics/spss/support/Stats/Docs/Statistics/Algorithms/13.0/TREE-CHAID.pdf を参照。実際の分析ではすべての分割の可能性を確認する Exhaustive CHAID を使っている。

ついての分析結果をそれぞれ示していく。

7.2 「請願書・陳情書への署名」についての分析

　図1は「請願書・陳情書への署名」についてのCHAID分析の分析結果を示したものである。図中1番左上にある度数分布表は，表1で示したものと同一である。まず深度1において1回目の分割が，「政治制度についての考え：民主的な政権」(Q37D)という説明変数により，ノード1から3に3分割されている。この変数は，「問37　あなたは、次にあげるそれぞれの政治制度について、わが国の政治を行なう方法としてどのように考えますか。それぞれについて、『非常に好ましい』『やや好ましい』『やや好ましくない』『非常に好ましくない』のいずれかでお答え下さい」という問いにおける「民主的な政権」という項目についての回答の結果である。

　ノード1は上の問いに対して「非常に好ましい」と回答した，民主的な政権を強く支持する集団で，全体標本2443件のうち690件がここに含まれる。これに対してノード2は「やや好ましい」(1069件)，ノード3は「非常に好ましくない」「わからない」「やや好ましくない」を選んだ集団（684件）である。これら3つのノードを比較すると，請願書・陳情書への署名について「やった（参加した）ことがある」と回答した人の割合が，39.7％（ノード1）→ 28.8％（ノード2）→ 14.8％（ノード3）と，下に行くほど減少していることがわかる。すなわち「民主的な政権」を好むほど，「請願書・陳情書への署名」を行なう傾向が表れている。この傾向は「けっしてやることはないだろう」という回答の割合が，11.3％（ノード1）→ 18.2％（ノード2）→ 28.5％（ノード3）と下に行くほど増加していることにも裏打ちされている。同様の傾向は「わからない」という回答の割合にも表れていて，11.2％（ノード1）→ 13.3％（ノード2）→ 28.9％（ノード3）となっている。

　深度2においてはこれら1から3の3つのノードがそれぞれ分割されている。まず690名の回答者を抱えるノード1は，「これからの日本はどのような社会・国家を目指すべきか：経済成長か財政規律か」(Q34D)という変数によりノード4と5に2分割されている。この問34Dでは「それでは、これからの

図1　「請願書・陳情書への署名」に対する CHAID 分析

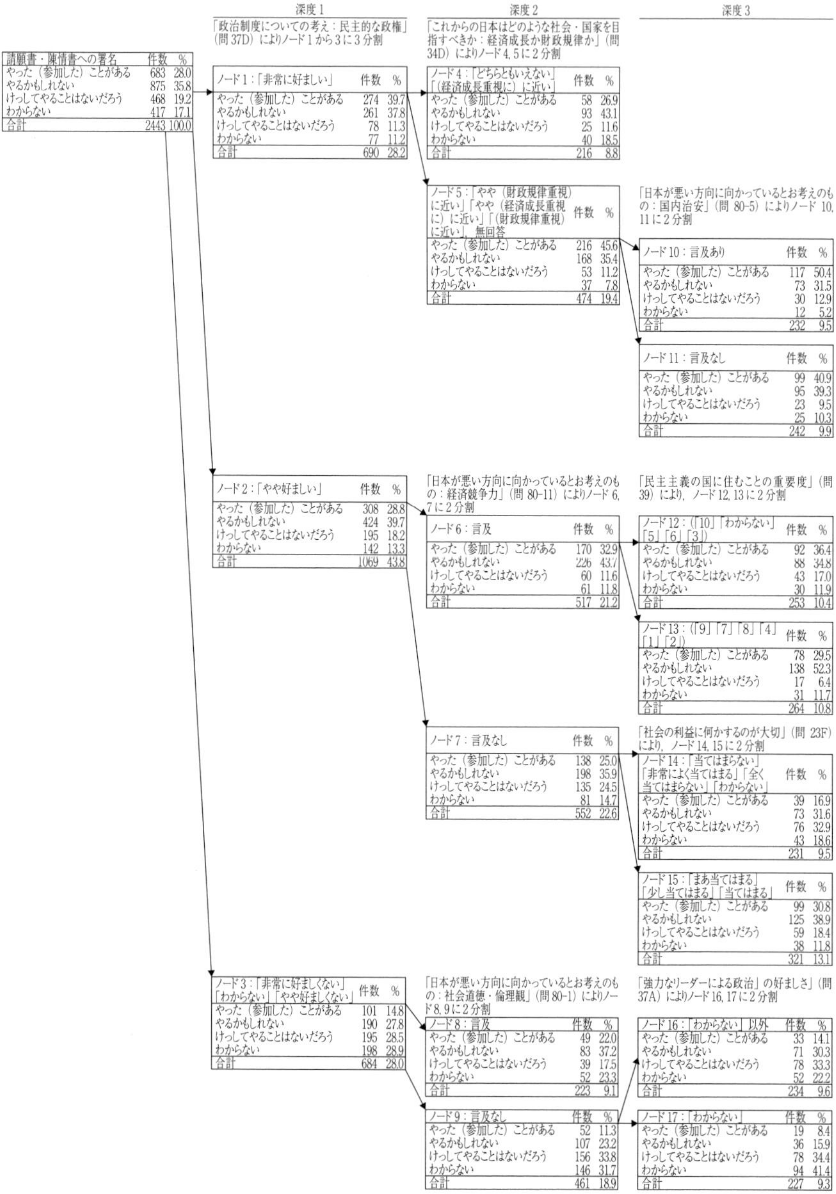

深度 1　「政治制度についての考え：民主的な政権」（問 37D）によりノード 1 から 3 に 3 分割

深度 2　「これからの日本はどのような社会・国家を目指すべきか：経済成長か財政規律か」（問 34D）によりノード 4, 5 に 2 分割

深度 3

請願書・陳情書への署名

	件数	%
やった（参加した）ことがある	683	28.0
やるかもしれない	875	35.8
けっしてやることはないだろう	468	19.2
わからない	417	17.1
合計	2443	100.0

ノード 1：「非常に好ましい」

	件数	%
やった（参加した）ことがある	274	39.7
やるかもしれない	261	37.8
けっしてやることはないだろう	78	11.3
わからない	77	11.2
合計	690	28.2

ノード 4：「どちらともいえない」（経済成長重視に）に近い

	件数	%
やった（参加した）ことがある	58	26.9
やるかもしれない	93	43.1
けっしてやることはないだろう	25	11.6
わからない	40	18.5
合計	216	8.8

ノード 5：「やや（財政規律重視）に近い」「やや（経済成長重視）に」に近い」「（財政規律重視）に近い」、無回答

	件数	%
やった（参加した）ことがある	216	45.6
やるかもしれない	168	35.4
けっしてやることはないだろう	53	11.2
わからない	37	7.8
合計	474	19.4

「日本が悪い方向に向かっているとお考えのもの：国内治安」（問 80-5）によりノード 10, 11 に 2 分割

ノード 10：言及あり

	件数	%
やった（参加した）ことがある	117	50.4
やるかもしれない	73	31.5
けっしてやることはないだろう	30	12.9
わからない	12	5.2
合計	232	9.5

ノード 11：言及なし

	件数	%
やった（参加した）ことがある	99	40.9
やるかもしれない	95	39.3
けっしてやることはないだろう	23	9.5
わからない	25	10.3
合計	242	9.9

ノード 2：「やや好ましい」

	件数	%
やった（参加した）ことがある	308	28.8
やるかもしれない	424	39.7
けっしてやることはないだろう	195	18.2
わからない	142	13.3
合計	1069	43.8

「日本が悪い方向に向かっているとお考えのもの：経済競争力」（問 80-11）によりノード 6, 7 に 2 分割

ノード 6：言及

	件数	%
やった（参加した）ことがある	170	32.9
やるかもしれない	226	43.7
けっしてやることはないだろう	60	11.6
わからない	61	11.8
合計	517	21.2

「民主主義の国に住むことの重要度」（問 39）により、ノード 12, 13 に 2 分割

ノード 12：「[10]「わからない」「5」「6」「3」」

	件数	%
やった（参加した）ことがある	92	36.4
やるかもしれない	88	34.8
けっしてやることはないだろう	43	17.0
わからない	30	11.9
合計	253	10.4

ノード 13：「[9]「7」「8」「4」「1」「2」」

	件数	%
やった（参加した）ことがある	78	29.5
やるかもしれない	138	52.3
けっしてやることはないだろう	17	6.4
わからない	31	11.7
合計	264	10.8

ノード 7：言及なし

	件数	%
やった（参加した）ことがある	138	25.0
やるかもしれない	198	35.9
けっしてやることはないだろう	135	24.5
わからない	81	14.7
合計	552	22.6

「社会の利益に何かすのが大切」（問 23F）により、ノード 14, 15 に 2 分割

ノード 14：「当てはまらない」「非常によく当てはまる」「全く当てはまらない」「わからない」

	件数	%
やった（参加した）ことがある	39	16.9
やるかもしれない	73	31.6
けっしてやることはないだろう	76	32.9
わからない	43	18.6
合計	231	9.5

ノード 15：「まあ当てはまる」「少し当てはまる」「当てはまる」

	件数	%
やった（参加した）ことがある	99	30.8
やるかもしれない	125	38.9
けっしてやることはないだろう	59	18.4
わからない	38	11.8
合計	321	13.1

ノード 3：「非常に好ましくない」「わからない」「やや好ましくない」

	件数	%
やった（参加した）ことがある	101	14.8
やるかもしれない	190	27.8
けっしてやることはないだろう	195	28.5
わからない	198	28.9
合計	684	28.0

「日本が悪い方向に向かっているとお考えのもの：社会道徳・倫理観」（問 80-1）によりノード 8, 9 に 2 分割

ノード 8：言及

	件数	%
やった（参加した）ことがある	49	22.0
やるかもしれない	83	37.2
けっしてやることはないだろう	39	17.5
わからない	52	23.3
合計	223	9.1

「強力なリーダーによる政治」の好ましき（問 37A）によりノード 16, 17 に 2 分割

ノード 16：「わからない」以外

	件数	%
やった（参加した）ことがある	33	14.1
やるかもしれない	71	30.3
けっしてやることはないだろう	78	33.3
わからない	52	22.2
合計	234	9.6

ノード 9：言及なし

	件数	%
やった（参加した）ことがある	52	11.3
やるかもしれない	107	23.2
けっしてやることはないだろう	156	33.8
わからない	146	31.7
合計	461	18.9

ノード 17：「わからない」

	件数	%
やった（参加した）ことがある	19	8.4
やるかもしれない	36	15.9
けっしてやることはないだろう	78	34.4
わからない	94	41.4
合計	227	9.3

日本はどのような社会・国家を目指すべきだと思いますか。それぞれの項目について、あなたの考えが左右に書かれた意見のどちらに近いかをお知らせ下さい」という設問文の後で、左には「経済成長を重んじ、公共投資や公共事業を盛んに行う社会」、右には「財政規律を重んじ、国や地方自治体の借金を大きくしない社会」が置かれた上で、「左に近い」「やや左に近い」「どちらともいえない」「やや右に近い」「右に近い」のうちいずれかを選択することが回答者に求められている。ノード4に含まれている216名の回答者は、上記の回答選択肢の中から「どちらともいえない」もしくは「左（すなわち経済成長重視）」のいずれかを選んだ人々である。これに対してノード5に含まれる474名の回答者は、それ以外の答え、すなわち「やや右（財政規律重視）に近い」「やや左（経済成長重視に）に近い」「右（財政規律重視）に近い」と回答した人々と、無回答だった人々である。

　ノード4とノード5の回答分布を比較すると、「請願書・陳情書への署名」をしたことのある回答者の割合がノード4においては26.9%であるのに対して、ノード5では45.6%と20%ポイント近くも高いことがわかる。またノード5では「けっしてやることはないだろう」「わからない」の回答率もそれぞれノード4より低い。ノード4は上述したように216名の回答者しか含まれていないために、これ以上の分割はされない。一方、474名の回答者を擁するノード5は再び分割されている（深度3）。

　ノード5を分割する基準は、「問80　以下にあげる項目の中から、あなたが日本が悪い方向に向かっているとお考えのものをすべてお知らせ下さい」において、「国内治安」（Q80-5）に言及したか否かである。言及した回答者232名がノード10を、言及しなかった回答者242名がノード11を構成している。ノード10とノード11を比べると、前者の方が「請願書・陳情書への署名」を「やった（参加した）ことがある」と回答する人の割合が50.4%であり、後者よりも10%ポイント近く高い。つまりノード5においては国内治安への不安と「請願書・陳情書への署名」との関連が見られるのである。なお、ノード10とノード11はそれぞれ400名を越えないので、これ以上分割されない。

　続いて深度1において3分割されたうちの別のノード、ノード2とノード3における分割をそれぞれ検討しよう。先に見たように、ノード2は「政治制度

についての考え：民主的な政権」（Q37D）において「やや好ましい」と回答した人々である。ノード 1 ほど「請願書・陳情書への署名」をしたことのある回答者の割合が高くないが，ノード 3 におけるそれよりは高い。ノード 2 は問80 において「経済競争力」を悪い方向に向かっているものとして選択したかどうかによって，ノード 6 とノード 7 に 2 分割されている。ノード 6 は言及した回答者群で，517 名からなる。ノード 7 は対照的に「経済競争力」には言及しなかった回答者群で，552 名の回答者がここに含まれる。ノード 6 とノード7 のそれぞれにおける「請願書・陳情書への署名」についての回答分布を確認すると，前者は「やった（参加した）ことがある」「やるかもしれない」の双方において，後者よりも高い回答率を示している。すなわち前者の方が後者よりも「請願書・陳情書への署名」を行なった経験を多く持ち，かつ前向きである。

　ノード 6 とノード 7 はそれぞれ深度 3 において分割されている。ノード 6 を分割するのは，「問 39　民主主義の国に住むことは，あなたにとってどの程度重要ですか。『1』は『『全く重要でない』を、また『10』は『非常に重要である』を示すとします」における回答選択である。この設問において，「10」「わからない」「5」「6」「3」を選択したグループ（253 名）がノード 12 に，それ以外の「9」「7」「8」「4」「1」「2」を選択した回答者（264 名）がノード 13 に，それぞれ分類されている。回答選択肢は順序尺度であるのに対して，図に示された選択の順序は CHAID のアルゴリズムがカテゴリーを結合させた順序に並べられている。問 39 の回答分布という観点からノード 12 とノード 13 を比べると，前者が「10　非常に重要である」を除いて比較的中間に位置する曖昧な回答を多く含むのに対して，後者は「4」以外は比較的両端に近い明確な態度選択になっていることがうかがえる。

　ではノード 12 とノード 13 は「請願書・陳情書への署名」における回答分布ではどのように異なっているのであろうか。「やった（参加した）ことがある」においては前者が 36.4%，後者が 29.5% と前者が後者を約 7% ポイントほど上回っている。その一方で，「けっしてやることはないだろう」の割合では前者は 17.0%，後者が 6.4% でむしろノード 13 において忌避する人の割合が低い。また「やるかもしれない」という回答の割合においても，ノード 12 は 34.8%

であるのに対して，ノード13では52.3％と半数以上が前向きな回答を示している。ここから明確な解釈を導くのは難しい。

続いてノード7における分割を検討する。ノード7を分割しているのは，「問23　人によって大切なことは異なります。次のような人がいるとすれば、それぞれのあり方について、あなたはどの程度当てはまりますか」のうちの「F）社会の利益のために何かするということが大切な人」における回答選択である。この設問において「当てはまらない」「非常によく当てはまる」「全く当てはまらない」「わからない」などの回答をした231名がノード14に，「まあ当てはまる」「少し当てはまる」「当てはまる」を選んだ321名がノード15に分類されている。順序尺度の回答が必ずしもきれいに結合されていないためにここも解釈が難しいが，ノード15は「当てはまる」傾向がノード14よりも強そうである。そしてノード14とノード15における「請願書・陳情書への署名」に対する回答分布を比較すると，後者において「やった（参加した）ことがある」「やるかもしれない」という回答が明白に多く，「けっしてやることはないだろう」「わからない」という回答は前者において多い。

最後にノード3における分割を検討しよう。ノード3は先に見たように，「政治制度についての考え：民主的な政権」（Q37D）において「非常に好ましくない」「わからない」「やや好ましくない」を選んだ集団（684件）で，民主的な政権に懐疑的ないし否定的な人々である[7]。この集団を深度2において分割する変数は，「問80　以下にあげる項目の中から、あなたが日本が悪い方向に向かっているとお考えのものをすべてお知らせ下さい」において，「社会道徳・倫理観」（Q80-1）を選んだか否かである。これを選択した層（223名）がノード8に，選択しなかった層（461名）がノード9に2分割されている。ノード8においては「やった（参加した）ことがある」が22.0％，「やるかもしれない」が37.2％であるのに対して，ノード9ではそれぞれ11.3％，23.2％となっており，ノード8の方が「請願書・陳情書への署名」において相対的に多く行なっているとともに前向きである。

---

[7]　これらのノード3を構成する人々が真に反民主主義的な態度を持つ人々なのか，調査時点における民主党を中心とする政権の誕生に対して懐疑的・否定的な人々であるかは，別に検討されるべきであるが，ここでは触れない。

ノード 9 は深度 3 においてさらにノード 16 とノード 17 に 2 分割されている。このような分割を行なう変数は、「問 37 あなたは、次にあげるそれぞれの政治制度について、わが国の政治を行なう方法としてどのように考えますか。それぞれについて、『非常に好ましい』『やや好ましい』『やや好ましくない』『非常に好ましくない』のいずれかでお答え下さい」における「A) 国会や選挙を気にする必要のない強力なリーダーによる政治」への回答である。この設問において、いずれかの回答を選択した 234 名がノード 16 に、「わからない」を選んだ 227 名がノード 17 に分類されている。この集団は「請願書・陳情書への署名」において、「やった（参加した）ことがある」という回答の割合が 8.4% と、図 1 におけるすべてのノードにおいて最も低く、「けっしてやることはないだろう」の 34.4%、「わからない」の 41.4% はすべてのノードにおいて最も高い。

それ以上分割されなくなったすべてのノード（4、8、10 から 17）を見ると、最も「請願書・陳情書への署名」を行なっているのがノード 10 であり、対照的にもっとも行なっていないのがノード 17 である。そしてノード 1 の系列（ノード 1 から分割されたノード 4、5、10、11）は、ノード 2 やノード 3 の系列下にあるノードよりも、より「請願書・陳情書への署名」を行なう傾向がある。このことから標本全体を最初に分割する、「民主的な政権」を好ましく思うかどうかという変数の重要性が浮かび上がってくる。

7.3 「不買運動（ボイコット）」についての分析

図 2 は「不買運動（ボイコット）」についての CHAID 分析の分析結果を示したものである。図中一番左上を見て明らかなように、「不買運動（ボイコット）」に参加したことがある人は全回答者中わずか 34 名、割合にして 1.4% に過ぎない。「やるかもしれない」と答えた人は 30.2% で、経験者とあわせても 3 割程度である。逆にこの種の行動を忌避する「けっしてやることはないだろう」という回答は全体の 42.4%、「わからない」は 26.1% となっている。

この全体が CHAID 分析の深度 1 では、1 から 4 の 4 つのノードに分割されている。分割に用いられている変数は、「問 38 次にあげる事柄は、民主主義

図2 「不買運動（ボイコット）」に対する CHAID 分析

深度1

民主主義の性質：「市民権によって，国の弾圧から国民が守られる」（問 38F，10 点尺度で数値が大きいほど民主主義にとって必須）により，ノード1から4に4分割．

不買運動	件数	％
やった（参加した）ことがある	34	1.4
やるかもしれない	737	30.2
けっしてやることはないだろう	1035	42.4
わからない	637	26.1
合計	2443	100.0

ノード1：「10」「9」	件数	％
やった（参加した）ことがある	21	2.7
やるかもしれない	343	44.9
けっしてやることはないだろう	254	33.2
わからない	146	19.1
合計	764	31.3

ノード2：「1」「8」「7」「4」「3」	件数	％
やった（参加した）ことがある	10	1.5
やるかもしれない	219	32.5
けっしてやることはないだろう	310	46.0
わからない	135	20.0
合計	674	27.6

ノード3：「わからない」	件数	％
やった（参加した）ことがある	3	0.5
やるかもしれない	77	12.7
けっしてやることはないだろう	278	45.9
わからない	248	40.9
合計	606	24.8

ノード4：「6」「5」「2」	件数	％
やった（参加した）ことがある	0	0.0
やるかもしれない	98	24.6
けっしてやることはないだろう	193	48.4
わからない	108	27.1
合計	399	16.3

深度2

「あなたの生活にとって重要なもの：政治」（問 1D により，ノード5，6に2分割

ノード5：「重要」「やや重要」	件数	％
やった（参加した）ことがある	20	3.6
やるかもしれない	268	47.9
けっしてやることはないだろう	159	28.4
わからない	112	20.0
合計	559	22.9

ノード6：「あまり重要ではない」「全く重要ではない」「わからない」	件数	％
やった（参加した）ことがある	1	2.2
やるかもしれない	75	37.7
けっしてやることはないだろう	95	40.8
わからない	34	19.3
合計	205	18.7

政治への関心（問 29）により，ノード7と8に2分割

ノード7：「やや関心あり」「非常に関心あり」	件数	％
やった（参加した）ことがある	10	2.2
やるかもしれない	172	37.7
けっしてやることはないだろう	186	40.8
わからない	88	19.3
合計	456	18.7

ノード8：「あまりない」「全くない」「わからない」	件数	％
やった（参加した）ことがある	0	0
やるかもしれない	47	21.6
けっしてやることはないだろう	124	56.9
わからない	47	21.6
合計	218	8.9

民主主義の性質「政府に能力がない場合は軍隊が支配する」（問 38E，1 から 10 の 10 点尺度で数値が大きいほど，民主主義に必須と評価）により，ノード9と10に2分割

ノード9：「1」「3」「2」「4」「6」「10」「8」	件数	％
やった（参加した）ことがある	3	1.2
やるかもしれない	56	21.6
けっしてやることはないだろう	109	42.1
わからない	91	35.1
合計	259	10.6

ノード10：「わからない」「5」「7」	件数	％
やった（参加した）ことがある	0	0
やるかもしれない	21	6.1
けっしてやることはないだろう	169	48.7
わからない	157	45.2
合計	347	14.2

深度3

保革自己認識（問 31，革新 1，保守が 10 の 10 点尺度）でノード 11 と 12 に2分割

ノード11：「わからない」「5」「7」「4」「1」	件数	％
やった（参加した）ことがある	7	2.3
やるかもしれない	133	42.8
けっしてやることはないだろう	85	27.3
わからない	86	27.7
合計	311	12.7

ノード12：「6」「8」「2」「10」「3」「9」	件数	％
やった（参加した）ことがある	13	5.2
やるかもしれない	135	54.4
けっしてやることはないだろう	74	29.8
わからない	26	10.5
合計	248	10.2

これからの日本が目指す社会・国家：平等な分配か，成果に応じた配分か（問 34A）により，ノード 13，14 に2分割

ノード13：「やや右（成果に応じた分配）に近い	件数	％
やった（参加した）ことがある	0	0.0
やるかもしれない	92	43.6
けっしてやることはないだろう	85	40.3
わからない	34	16.1
合計	211	8.6

ノード14：それ以外	件数	％
やった（参加した）ことがある	10	4.1
やるかもしれない	80	32.7
けっしてやることはないだろう	101	41.2
わからない	54	22.0
合計	245	10.0

の性質としてどの程度必須のものだと思われますか。『1』は『民主主義に必須ではない』を、『10』は『民主主義に必須である』を示すとします。1 から 10 までの数字で当てはまるものを 1 つお答え下さい」における「F）市民権によって、国の弾圧から国民が守られる」という項目への回答である。

　ノード 1 は上記の問いにおいて「10」ないし「9」を選択した集団であるから，「市民権によって、国の弾圧から国民が守られる」ことが民主主義において必須と考える人々である。ここでは「不買運動（ボイコット）」への参加が 2.7％と全体よりも倍近くの参加率になっているとともに，「やるかもしれない」という回答も 44.9％と，全体のそれより 15％ポイント近く高い。同様に「けっしてやることはないだろう」「わからない」においても全体に比してそれぞれ約 9％ポイント，7％ポイントほど低くなっている。ノード 2 はほぼ全体と同様の傾向で，ノード 3 と 4 は全体よりも「やった（参加した）ことがある」「やるかもしれない」という回答の選択率が低い。ノード 4 は 399 名の回答者なのでこれ以上の分割はされないが，ノード 1 から 3 はそれぞれ深度 2，3 と分割されているので，以下ではそれぞれのノードにおけるさらなる分割を確認しておこう。

　ノード 1 は「問 1　次にあげるそれぞれが、あなたの生活にとってどの程度重要かをお知らせ下さい」の「D）政治」についての回答により，ノード 5 とノード 6 に 2 分割されている。ノード 5 は「政治」を「重要」ないし「やや重要」と回答した 559 名からなり，他の答えを選んだ 205 名がノード 6 に分類されている。両者を比較すると，ノード 5 において「やった（参加した）ことがある」「やるかもしれない」という回答の選択率が相対的に高い。そしてノード 6 では「けっしてやることはないだろう」を選んだ人が 40.8％であり，これはノード 5 の 28.4％に比べて明らかに高い。

　ノード 5 は深度 3 においてノード 11 とノード 12 に 2 分割されている。分割に用いられた変数は保革自己認識で，「左（革新）」が 1 で「右（保守）」が 10 である。ノード 11 には「わからない」「5」「7」「4」「1」を選んだ 311 名が含まれ，それ以外の選択をした集団がノード 12 を形成している。つまり保革できれいに分かれているわけではない。ノード 11 とノード 12 を比べた際の明白な相違は，後者において「やった（参加した）ことがある」「やるかもしれな

い」が多く，「わからない」が少ないということである。ノード12における「やった（参加した）ことがある」の回答選択率5.2％と「やるかもしれない」の回答選択率54.4％はいずれも，図2におけるすべてのノードの中で最も高い割合である。

　続いてノード2から始まる分割について検討しよう。ノード2は政治への関心（問29）によりノード7とノード8に分割されている。ノード7は政治に関心のある集団（「やや関心あり」「非常に関心あり」）で，456名からなる。ノード8は対照的に政治関心の低い集団（「あまりない」「全くない」「わからない」と回答）であり218名により構成されている。ノード7の方が「やった（参加した）ことがある」「やるかもしれない」の回答選択率がいずれも高く，ノード8においては「けっしてやることはないだろう」の回答選択率が56.9％と半数を超える。

　このうちノード7は深度3において，ノード13とノード14に2分割されている。分割に用いられた変数は，「問34　それでは、これからの日本はどのような社会・国家を目指すべきだと思いますか。それぞれの項目について、あなたの考えが左右に書かれた意見のどちらに近いかをお知らせ下さい」における項目A)「働いた成果とあまり関係なく、貧富の差が少ない平等な社会」（左に配置）か「自由に競争し、成果に応じて分配される社会」（右に配置）かの選択である。回答の選択肢は「1　左に近い」「2　やや左に近い」「3　どちらともいえない」「4　やや右に近い」「5　右に近い」の5つである。このうち，「4　やや右に近い」を選択した人々（211名）はノード13に，それ以外（245名）はノード14に分類されている。

　ノード13とノード14を「不買運動（ボイコット）」への参加という点で比較すると，前者には「やった（参加した）ことがある」人がいないのに対して，後者では4.1％（10名）が「やった（参加した）ことがある」と回答している。一方，「やるかもしれない」については，ノード13において43.6％，ノード14では32.7％で10％ポイント以上ノード13が高い。

　ノード3は深度2においてノード9とノード10に2分割されている。分割に用いられた変数は，「問38　次にあげる事柄は、民主主義の性質としてどの程度必須のものだと思われますか。『1』は『民主主義に必須ではない』を、

『10』は『民主主義に必須である』を示すとします。1 から 10 までの数字で当てはまるものを 1 つお答え下さい」における項目 E）「政府に能力がない場合は軍隊が支配する」に対する回答者の反応である。ただし分割の際の回答選択について規則性を見出すことは難しい。

「不買運動（ボイコット）」についてノード 9 とノード 10 を比べた場合の重要な違いは，「やるかもしれない」の回答選択率がノード 9 において相対的に高く（ノード 9 で 21.6%，ノード 10 で 6.1%），ノード 10 においては「不買運動（ボイコット）」に関与する意思が甚だしく希薄ということである。またノード 10 においては「わからない」の割合が 45.2% と半数近く，ノード 9 における 35.1% に比べても多い。

以上をまとめると市民権の重視は「不買運動（ボイコット）」への関与と強い関連性を持っていること，政治への関心が「不買運動（ボイコット）」を「やるかもしれない」と考えることと関連していることがうかがえる。

7.4　「デモ」についての分析

図 3 は「平和的なデモ」についての CHAID 分析の分析結果を示したものである。1 回目の分割は「政治制度についての考え：民主的な政権」（問 37D）という変数によりなされ，ノード 1 からノード 3 に 3 分割されている。ノード 1 は上の問いに対して「非常に好ましい」と回答した，民主的な政権を強く支持する集団で，全体標本 2443 件のうち 690 件がここに含まれる。これに対してノード 2 は「やや好ましい」「非常に好ましくない」「やや好ましくない」を選んだ集団（1315 件）であり，ノード 3 は「わからない」を選んだ 438 件によって構成されている。これら 3 つのノードを比較するとノード 1 において「やった（参加した）ことがある」と「やるかもしれない」の割合が相対的に高く，ノード 3 においてこれらは最も低い。

1 から 3 の各ノードは深度 2，深度 3 においてそれぞれさらに分割されている。まずはノード 1 における分割から確認していこう。ノード 1 を分割しているのは保革自己認識（Q31）である。ノード 4 は保革自己認識において「わからない」か，「7」から「10」と答える保守的な回答者から構成されている。ノ

図3 「平和的なデモ」に対する CHAID 分析

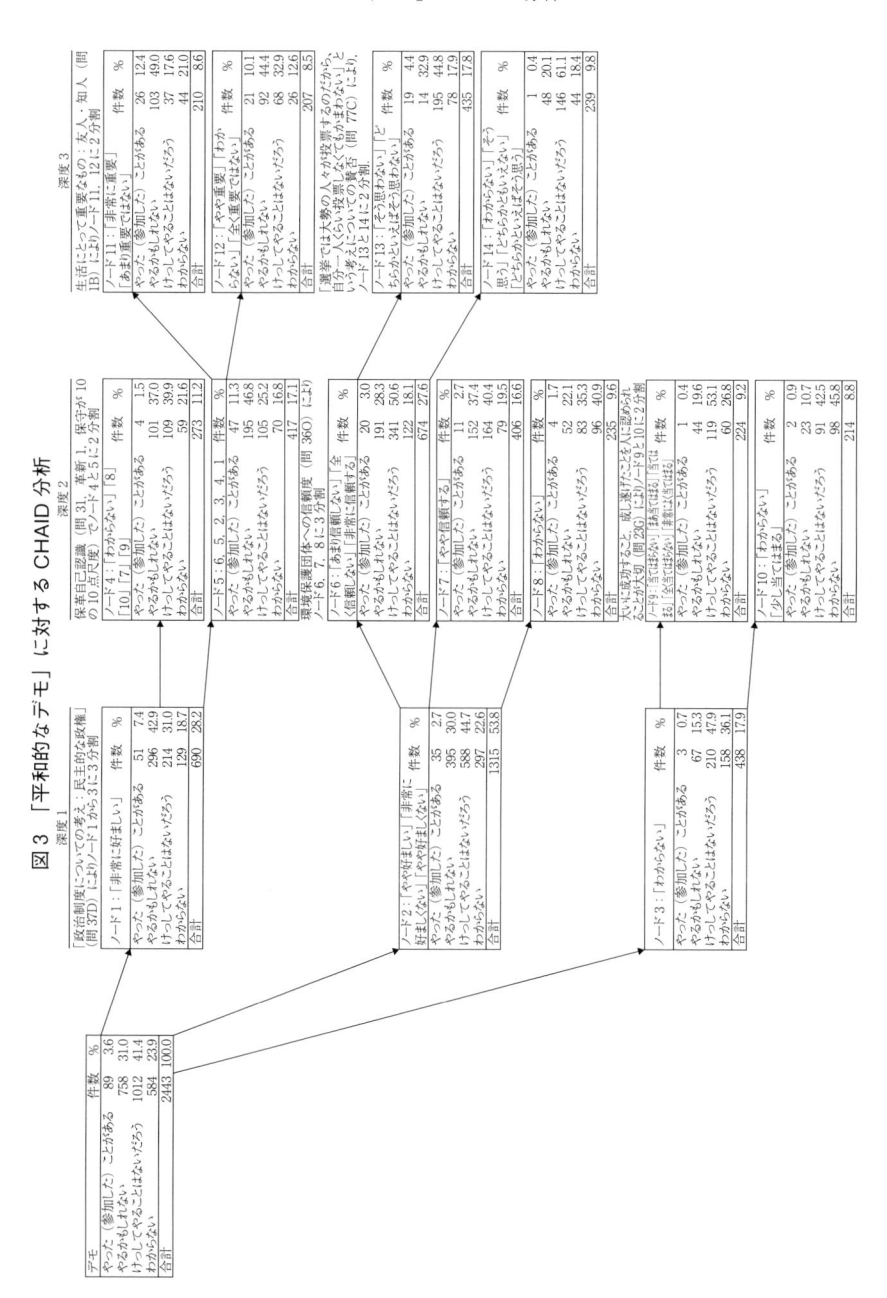

ード5はそれ以外の回答者である。ノード4とノード5を「平和的なデモ」への参加態度という点で比較すると，ノード5において明らかに「やった（参加した）ことがある」と「やるかもしれない」の回答率が高く，「けっしてやることはないだろう」「わからない」という回答率は低い。「民主的な政権」を「非常に好ましい」と思う保守的な集団が「平和的なデモ」には関わらない傾向がここには明白に現れている。

　ノード4はそれ以上分割されないが，ノード5はさらにノード11とノード12に分割される。ノード5を分割しているのは，「問1　次にあげるそれぞれが、あなたの生活にとってどの程度重要かをお知らせ下さい」における「B)友人・知人」に対する回答である。ノード11はこの問に対して「非常に重要」「あまり重要ではない」と回答した集団で，ノード12はそれ以外の回答を選んだ人々である。これら2つのノードは「平和的なデモ」における参加においては大きな差はないが，「けっしてやることはないだろう」という回答の割合がノード12においては顕著に高い。

　次にノード2からの分割を確認する。ノード2は深度2においてノード6, 7, 8に3分割されている。この分割に用いられているのは環境保護団体への信頼度（Q36O）で，「あまり信頼しない」「全く信頼しない」「非常に信頼する」という回答をした集団（674件）がノード6に，「やや信頼する」と回答した集団（406件）がノード7に，「わからない」と回答した集団（235件）がノード8に分類されている。これら3つのノードにおける「平和的なデモ」の参加態度を比較すると，「やるかもしれない」という回答の割合が最も高いのはノード7で，37.4％を示している（ノード6では28.3％，ノード8では22.1％）。一方「平和的なデモ」への参加を忌避する「けっしてやることはないだろう」という回答の選択率は，高い順にノード6（50.6％），ノード7（40.4％），ノード8（35.3％）となっている。またノード8の顕著な特徴は「わからない」における40.9％という回答率の高さで，ノード6とノード7におけるそれが2割弱であることとは大きく異なっている。

　これら3つのノードのうち，深度3において分割されているのはノード6だけである。ノード6を分割しているのは，「選挙では大勢の人々が投票するのだから、自分一人くらい投票しなくてもかまわない」という考えについての賛

否である（Q77C）。「そう思わない」「どちらかといえばそう思わない」という投票参加に前向きな集団がノード13に，それ以外の回答を選んだ集団がノード14に分類されている。ノード13とノード14の顕著な違いは，前者において「やった（参加した）ことがある」「やるかもしれない」の回答の割合が明確に高く，より「平和的なデモ」に関与する傾向を見せていることである。

　ノード3はノード1，ノード2に比べて「平和的なデモ」に関与しない集団であるが，深度2においてノード9とノード10に2分割されている。分割に使われている変数は，「問23　人によって大切なことは異なります。次のような人がいるとすれば、それぞれのあり方について、あなたはどの程度当てはまりますか」という問いにおける項目G)「大いに成功すること、成し遂げたことを人に認められることが大切な人」に対する回答である。回答の選択肢は「非常によく当てはまる」「当てはまる」「まあ当てはまる」「少し当てはまる」「当てはまらない」「全く当てはまらない」「わからない」の7つである。このうち「わからない」ないし「少し当てはまる」を選んだ214件がノード10に，それ以外を選んだ回答者がノード9に分類されている。この両者の「平和的デモ」への参加態度における顕著な相違は，まずノード10における「わからない」の割合45.8％がノード9におけるそれ（26.8％）を大きく上回ることである。ノード9は「やるかもしれない」と「けっしてやることはないだろう」の双方においてノード10よりも高い割合を示しており，参加するかしないかについての態度表示がノード10よりも明確である。

　これ以上の分割がされなくなった各ノード（具体的にはノード4, 7から14）について再確認すると，「平和的なデモ」の経験が最も高くかつ「やるかもしれない」の割合が最も高いのはノード11で，ノード12がこれに次ぐ。他のノードにおける「やった（参加した）ことがある」の割合はいずれも5％にも満たない。このことから「平和的なデモ」への関与においては「民主的な政権」を好ましく思うことと，保革自己認識が中道から左寄りであることが強く関連していると言える。

7.5　「ストライキ」についての分析

　図 4 は「ストライキ」についての CHAID 分析の分析結果を示したものである。「ストライキ」は少なくとも現在の日本において大いに忌避されている選択肢で，図 4 における分割前の分布から明らかなように「やった（参加した）ことがある」という回答の割合が 3.5％しかなく，「やるかもしれない」という回答でさえ 18.5％にとどまり，「けっしてやることはないだろう」という回答が 52.2％と半数を超える。

　この標本は環境保護団体への信頼度（Q36O）によってノード 1, 2, 3 に 3 分割されている。環境保護団体への信頼度について「あまり信頼しない」「全く信頼しない」「非常に信頼する」と回答した集団（1096 件）がノード 1 に，「やや信頼する」と回答した集団（782 件）がノード 2 に，「わからない」を選んだ集団（565 件）がノード 3 にそれぞれ分類されている。この 3 つのノードについて「ストライキ」への参加性向を比較すると，ノード 2 において「やった（参加した）ことがある」および「やるかもしれない」という回答の割合が最も高い。これに対し，「けっしてやることはないだろう」という回答の割合が最も高いのはノード 1 の 57.5％で，それにノード 2 の 50.8％が続き，ノード 3 の 44.1％が最小である。ノード 3 は「わからない」という回答の割合が 43.4％と最も高く，以下ノード 2（21.7％），ノード 1（19.4％）の順に低くなる。

　これら 3 つのノードは深度 2 においてそれぞれさらに分割される。ノード 1 は問 38 における「F）市民権によって、国の弾圧から国民が守られる」という項目への回答によってノード 4 とノード 5 に 2 分割される。ノード 5 には「6」「9」ないし「わからない」を選択した集団が，ノード 4 にはそれ以外の選択をした回答者が入っている。ノード 4 と 5 を「ストライキ」への関与について比較すると，前者の方が相対的に「やった（参加した）ことがある」「やるかもしれない」を選択する率が高い。そしてノード 5 においては「けっしてやることはないだろう」と「わからない」の選択率がともに高い。

　ノード 4 はそこからさらに深度 3 において，ノード 10 とノード 11 に分割されていく。分割に用いられている変数は，「問 80　以下にあげる項目の中から、

図4 「ストライキ」に対する CHAID 分析

深度1

環境保護団体への信頼度（問 36O）によりノード1, 2, 3に3分割.

ストライキ	件数	%
やった（参加した）ことがある	86	3.5
やるかもしれない	453	18.5
けっしてやることはないだろう	1276	52.2
わからない	628	25.7
合計	2443	100.0

深度2

民主主義の性質：「市民権によって，国の弾圧から国民が守られる」（問 38F, 10 点尺度で数値が大きいほど民主主義にとって必須）により，ノード4,5に2分割.

ノード1：「あまり信頼しない」「全く信頼しない」「非常に信頼する」

	件数	%
やった（参加した）ことがある	26	2.4
やるかもしれない	227	20.7
けっしてやることはないだろう	630	57.5
わからない	213	19.4
合計	1096	44.9

深度3

「日本が悪い方向に向かっていると考えているもの：国家の防衛体制」（問 80-12）によりノード10, 11に2分割.

ノード4：「10」「1」「8」「7」「4」「5」「2」

	件数	%
やった（参加した）ことがある	23	3.2
やるかもしれない	184	25.2
けっしてやることはないだろう	396	54.3
わからない	126	17.3
合計	729	29.8

深度4

民主主義の性質：「国民の収入が平等になるよう国が統制する」（問 38G, 10 点尺度で数値が大きいほど民主主義にとって必須）により，ノード14,15に2分割.

ノード10：言及なし

	件数	%
やった（参加した）ことがある	11	2.2
やるかもしれない	116	22.9
けっしてやることはないだろう	287	56.6
わからない	93	18.3
合計	507	20.8

ノード14：「1」「3」「10」「4」

	件数	%
やった（参加した）ことがある	4	1.3
やるかもしれない	87	29.3
けっしてやることはないだろう	167	56.2
わからない	39	13.1
合計	297	12.2

ノード5：「わからない」「6」「9」

	件数	%
やった（参加した）ことがある	3	0.8
やるかもしれない	43	11.7
けっしてやることはないだろう	234	63.8
わからない	87	23.7
合計	367	15.0

ノード11：言及あり

	件数	%
やった（参加した）ことがある	12	5.4
やるかもしれない	68	30.6
けっしてやることはないだろう	109	49.1
わからない	33	14.9
合計	222	9.1

ノード15：「わからない」「8」「6」「7」「5」「9」

	件数	%
やった（参加した）ことがある	7	3.3
やるかもしれない	29	13.8
けっしてやることはないだろう	120	57.1
わからない	54	25.7
合計	210	8.6

民主主義の性質：「市民権によって，国の弾圧から国民が守られる」（問 38F, 10 点尺度で数値が大きいほど民主主義にとって必須）により，ノード6,7に2分割.

ノード2：「やや信頼する」

	件数	%
やった（参加した）ことがある	42	5.4
やるかもしれない	173	22.1
けっしてやることはないだろう	397	50.8
わからない	170	21.7
合計	782	32.0

保革自己認識（問 31, 革新が1, 保守が10の10点尺度）でノード12と13に2分割.

ノード6：「10」「8」「9」「7」「4」「2」

	件数	%
やった（参加した）ことがある	35	6.6
やるかもしれない	148	28.1
けっしてやることはないだろう	248	47.1
わからない	96	18.2
合計	527	21.6

ノード12：「わからない」「6」「7」「10」「9」

	件数	%
やった（参加した）ことがある	4	1.7
やるかもしれない	45	19.1
けっしてやることはないだろう	137	58.1
わからない	50	21.2
合計	236	9.7

ノード7：「1」「わからない」「3」「5」

	件数	%
やった（参加した）ことがある	7	2.7
やるかもしれない	25	9.8
けっしてやることはないだろう	149	58.4
わからない	74	29.0
合計	255	10.4

ノード13：「5」「2」「3」「7」「4」「1」

	件数	%
やった（参加した）ことがある	31	10.7
やるかもしれない	103	35.4
けっしてやることはないだろう	111	38.1
わからない	46	15.8
合計	291	11.9

「政治制度についての考え：民主的な政権」（問 37D）によりノード8, 9に2分割.

ノード3：「わからない」

	件数	%
やった（参加した）ことがある	18	3.2
やるかもしれない	53	9.4
けっしてやることはないだろう	249	44.1
わからない	245	43.4
合計	565	23.1

ノード8：「非常に好ましい」「やや好ましい」「非常に好ましくない」「やや好ましくない」

	件数	%
やった（参加した）ことがある	18	5.1
やるかもしれない	40	11.4
けっしてやることはないだろう	153	43.6
わからない	140	39.9
合計	351	14.4

ノード9：「わからない」

	件数	%
やった（参加した）ことがある	0	0.0
やるかもしれない	13	6.1
けっしてやることはないだろう	96	44.9
わからない	105	49.1
合計	214	8.8

7.5 「ストライキ」についての分析

あなたが日本が悪い方向に向かっているとお考えのものをすべてお知らせ下さい」の中の「国家の防衛体制」（Q80-12）への言及の有無である。言及しない回答者がノード 10 に，言及した回答者がノード 11 に分類されている。この 2 つのノードを比較するとノード 11 の方が「やった（参加した）ことがある」「やるかもしれない」の選択率がそれぞれ高く，かつ「けっしてやることはないだろう」と「わからない」の選択率がともに低い。よってノード 4 からの分割においては「国家の防衛体制」が悪い方に向かっていると考える集団において，より「ストライキ」に関与する人の割合が高くなっている。

　ノード 10 は深度 4 でさらに 2 分割されている。分割に用いられている変数は，「問 38　次にあげる事柄は、民主主義の性質としてどの程度必須のものだと思われますか。『1』は『民主主義に必須ではない』を、『10』は『民主主義に必須である』を示すとします。1 から 10 までの数字で当てはまるものを 1 つお答え下さい」における G 項「国民の収入が平等になるよう国が統制する」である。二分されている回答選択肢はノード 14 においては「1」「3」「10」「4」，ノード 15 はそれ以外となっており分割基準には数値上の連続性がない。ノード 14 とノード 15 を「ストライキ」への参加についての分布という点で比べると，明白な違いは前者において相対的に「やるかもしれない」が多く，後者においては「わからない」が多いという点である。

　続いてノード 2 からの分割を確認する。ノード 2 はノード 1 と同様に問 38 の F 項，すなわち「市民権によって、国の弾圧から国民が守られる」ことを民主主義の性質としてどの程度必須と回答者が評価したかによって，ノード 6 とノード 7 に分割されている。ノード 6 は「10」「8」「6」「9」「7」「4」「2」と回答した人々が，そしてノード 7 には「1」「わからない」「3」「5」と回答した人々が含まれていることから，前者の方が相対的には市民権を民主主義の性質として重視している傾向が強いようである。この 2 つのノードを「ストライキ」への参加で比較すると，ノード 6 において「やった（参加した）ことがある」「やるかもしれない」の選択率がそれぞれ高く，かつ「けっしてやることはないだろう」と「わからない」の選択率がともに低い。よって少なくともノード 2 においては，市民権重視の姿勢と「ストライキ」への参加性向に関連がありそうである。

　ノード6はここからさらに深度3においてノード12とノード13に分割される。分割に用いられている変数は保革自己認識（問31）で，「わからない」「6」「8」「10」「9」という回答選択をした集団がノード12に，それ以外がノード13に分けられている。ノード12は「わからない」を含む保守層で，ノード13は「7」を除くと革新よりの層ということになる。この両者を「ストライキ」への参加という点で比べると，後者であるノード13において「やった（参加した）ことがある」「やるかもしれない」の選択率がそれぞれ高く，かつ「けっしてやることはないだろう」と「わからない」の選択率がともに低い。ノード13では「やった（参加した）ことがある」という回答が10.7％，「やるかもしれない」という回答が35.4％となっている。また「けっしてやることはないだろう」という回答の割合は38.1％にとどまっている。ノード13におけるこれらの値から，それ以上の分割がされなくなったすべてのノードの中で，このノード13の人が「ストライキ」経験者を最も多く含むだけでなく，「ストライキ」に前向きな人々を最も多く含んでいることがわかる。もっともこの層においてさえ，「やった（参加した）ことがある」と「やるかもしれない」という回答を合わせても，「ストライキ」に前向きな人は半数を超えない。「ストライキ」を武器に待遇改善を求めることのある労働組合にとって，日本の世論は厳しいようである。

　最後にノード3からの分割を確認する。ノード3は「民主的な政権」への好ましさ（問37D）によりノード8とノード9に分割されている。この設問に対して「わからない」と答えればノード9，それ以外の回答をすればノード8に分類される。この2つのノードは「けっしてやることはないだろう」という回答の割合においては大差ない（ノード8で43.6％，ノード9で44.9％）。両者の違いは，「やった（参加した）ことがある」「やるかもしれない」の割合がノード8においてより高く，「わからない」を選択する率がノード9においてより高いということである。

　先にも述べたが，これ以上分割されなくなったすべてのノード（ノード5, 7, 8, 9, そして11から15）のうち，もっとも「ストライキ」参加者率が高く，かつ「ストライキ」に前向きなのはノード13である。他のノードは総じて「ストライキ」に対して後ろ向きである。

7.6 「その他の抗議活動」についての分析

図5は「その他の抗議活動」についてのCHAID分析の分析結果を示している。標本全体の分布は、「やった（参加した）ことがある」が1.7%しかおらず、「やるかもしれない」人も24.6%しかいない。最も割合が多いのは「けっしてやることはないだろう」の41.2%で、「わからない」の32.5%がこれに次ぐ。

標本全体を分割するのは、「政治制度についての考え：民主的な政権（問37D）という変数で、ノード1からノード4までの4つのノードに標本全体が分割されている。ノード1には「非常に好ましい」と答えた690件、ノード2には「やや好ましい」という回答の1069件、ノード3には「非常に好ましくない」「やや好ましくない」という回答が入っている。ノード4には「わからない」と答えた438件がそれぞれ入っている。総じてノード1から4にるについて、「やった（参加した）ことがある」や「やるかもしれない」が低下する傾向がある8。ノード1においては「やるかもしれないだろう」の割合が29.6%で、「けっしてやることはないだろう」の29.6%より高い。ノード2、3、4では逆になりかつてのノードほどその差が開いていく。

これらの4つのノードのうち、ノード3はそれ以上分割されないが、他の各ノードはそれぞれさらに分割されていく。まずノード1におけるは分割しよう。深度2には問78C「10年後の世界情勢は今より良くなっているか」に対する反応により、ノード1はノード5とノード6に分割されている。この分割は問78C「10年後の世界情勢は今より良くなっている」と回答しなされている。すなわち、ノード5には「そう思う」「そう思わない」と回答した人々（441件）、ノード6には「わからない」を選択した人々（249件）が分類されている。つまりノード5は世界情勢について自分の考えを明示した集団であり、ノード6は自分の考えを持たないか回答としてを控えた人たちである。前者において「やるかもしれない」の割合が約17%ポイント（43.3%−26.5%）ほど高く、後者において「その他の抗議活動」をするかどうかにおける「わからない」という回答の割合が約20%ポイント（43.0% −

8　ノード3、4において「やった（参加した）ことがある」の割合が高いのは後者だが、件数が少ない（ノード3で1件、ノード4で3件）ので、意味のある差とみなすことはできない。

198

図5 「その他の抗議活動」に対する CHAID 分析

その他の抗議行動

	件数	%
やった（参加した）ことがある	41	1.7
やるかもしれない	600	24.6
けっしてやることはないだろう	1007	41.2
わからない	795	32.5
合計	2443	100.0

深度 1

「政治制度についての考え：民主的な政権」（問37D）（により）ノード1から4に4分割

ノード1：「非常に好ましい」

	件数	%
やった（参加した）ことがある	22	3.2
やるかもしれない	257	37.2
けっしてやることはないだろう	204	29.6
わからない	207	30.0
合計	690	28.2

ノード2：「やや好ましい」

	件数	%
やった（参加した）ことがある	15	1.4
やるかもしれない	272	25.4
けっしてやることはないだろう	455	42.6
わからない	327	30.6
合計	1069	43.8

ノード3：「非常に好ましくない」

	件数	%
やった（参加した）ことがある	1	0.4
やるかもしれない	36	14.6
けっしてやることはないだろう	136	55.3
わからない	73	29.7
合計	246	10.1

ノード4：「わからない」

	件数	%
やった（参加した）ことがある	3	0.7
やるかもしれない	35	8.0
けっしてやることはないだろう	212	48.4
わからない	188	42.9
合計	438	17.9

深度 2

「10. 年後の世界情勢は今より良くなっているか悪くなっているか」（問36C）（により）ノード5と6に2分割

ノード5：「そう思う」「そう思わない」

	件数	%
やった（参加した）ことがある	14	3.2
やるかもしれない	191	43.3
けっしてやることはないだろう	136	30.8
わからない	100	22.7
合計	441	18.1

ノード6：「わからない」

	件数	%
やった（参加した）ことがある	8	3.2
やるかもしれない	66	26.5
けっしてやることはないだろう	68	27.3
わからない	107	43.0
合計	249	10.2

「慈善団体の信頼」（問36Q）（により）ノード7と8に2分割

ノード7：「あまり信頼しない」「全く信頼しない」

	件数	%
やった（参加した）ことがある	9	1.2
やるかもしれない	226	29.4
けっしてやることはないだろう	338	44.0
わからない	196	25.5
合計	769	31.5

ノード8：「わからない」「非常に〜」「に信頼する」

	件数	%
やった（参加した）ことがある	6	2.0
やるかもしれない	46	15.3
けっしてやることはないだろう	117	39.0
わからない	131	43.7
合計	300	12.3

豊かさについての考え方（問32F）10点尺度「1 他の人を犠牲にして自分だけは豊かになれる」、10「富は増えて皆が、みんなが豊かになれる」、ノード9と10に2分割

ノード9：「7」「5」「4」「6」「8」「3」「1」

	件数	%
やった（参加した）ことがある	0	0.0
やるかもしれない	30	12.9
けっしてやることはないだろう	111	47.8
わからない	91	39.2
合計	232	9.5

ノード10：「わからない」「10」

	件数	%
やった（参加した）ことがある	3	1.5
やるかもしれない	5	2.4
けっしてやることはないだろう	101	49.0
わからない	97	47.1
合計	206	8.4

深度 3

民主主義の性質「市長職によって、国の権圧から国長が守られる」（問38F）10.点尺度で議論が込み込は民主主義にとって必須に」（により）ノード11.12に2分割。

ノード11：10、5

	件数	%
やった（参加した）ことがある	10	4.4
やるかもしれない	117	51.5
けっしてやることはないだろう	65	28.6
わからない	35	15.4
合計	227	9.3

ノード12：それ以外

	件数	%
やった（参加した）ことがある	4	1.9
やるかもしれない	74	34.6
けっしてやることはないだろう	71	33.2
わからない	65	30.4
合計	214	8.8

「日本が悪い方向に向かっているとお考えその他、社会道徳・偏理問題（問80-1）（により）ノード13、14に2分割

ノード13：言及

	件数	%
やった（参加した）ことがある	7	1.7
やるかもしれない	142	34.1
けっしてやることはないだろう	158	37.9
わからない	110	26.4
合計	417	17.1

ノード14：言及なし

	件数	%
やった（参加した）ことがある	2	0.6
やるかもしれない	84	23.9
けっしてやることはないだろう	180	51.1
わからない	86	24.4
合計	352	14.4

22.7％）ほど高い。

　ノード6はそれ以上分割されないが，ノード5は深度3においてさらにノード11とノード12に二分割されている。その分割に用いられているのは，問38における「F）市民権によって、国の弾圧から国民が守られる」という項目への回答である。この設問では1から10までの10点尺度で数値が高いほど「民主主義に必須」ということになる。この設問で「10」あるいは「5」と答えた集団はノード11を，それ以外の回答を選んだ集団はノード12を構成する。なぜ「10」と「5」を1つのノードを構成するのかについての理論的な説明は現時点では難しい。「その他の抗議活動」への関与についてノード11とノード12を比べると，前者の方が「やった（参加した）ことがある」および「やるかもしれない」という回答の割合が高く，後者においては「けっしてやることはないだろう」「わからない」の割合が高い。以上がノード1からの分割である。

　続いてノード2からの分割を確認する。ノード2は深度2において「慈善団体への信頼」（問36Q）により，ノード7と8に2分割されている。ノード7は「あまり信頼しない」「やや信頼する」「全く信頼しない」と答えた集団（769件）であり，ノード8はそれ以外の「わからない」「非常に信頼する」と答えた集団（300件）である。この2つのノードに見られる「その他の抗議運動」の分布における顕著な相違は，「やるかもしれない」という回答の割合がノード7において30％近いのに対して，ノード8では15％程度に留まる点と，後者においては「わからない」という回答の割合が高く43.7％となっていることである。

　ノード7は深度3においてさらにノード13とノード14に分割される。分割に用いられている基準は，「問80　以下にあげる項目の中から、あなたが日本が悪い方向に向かっているとお考えのものをすべてお知らせ下さい」において，「社会道徳・倫理観」（問80-1）に言及したか否かである。言及した集団がノード13，しなかった集団がノード14を構成している。ノード13とノード14を「その他の抗議活動」への参加という点から比較すると，ノード13において「やるかもしれない」の割合がやや高く（ノード13が34.1％，ノード14が23.9％），ノード14では「けっしてやることはないだろう」の割合が高い（ノード13において37.9％だが，ノード14では51.1％）。つまり少なくともノード7において

は，日本の「社会道徳・倫理観」が悪化していると感じる層は，それ以外よりも「その他の抗議活動」に向かう可能性がやや高まるようである。

最後にノード4からの分割を確認しよう。ノード4は「政治制度についての考え：民主的な政権」（問37D）において，「わからない」と答えた集団であった。このノードは深度2においてノード9とノード10に2分割されている。分割している変数は，「問32　次にあげるいろいろな問題について、あなたはどのように考えますか。左に書かれた意見と全く同じならば「1」、右に書かれた意見と全く同じならば「10」とお答え下さい」における項目F）で，左（「1」）には「他の人を犠牲にしなければ豊かにはなれない」，右（「10」）には「富は増えてゆくから、みんなが豊かになれる」が配置されている。この問に対して「わからない」もしくは「10」と答えた回答者はノード10に，それ以外はノード9に分類される。ノード9とノード10における「その他の抗議活動」についての関与で大きく異なる点は，ノード9には「やるかもしれない」人々が12.9%（30名）存在するのに対して，ノード10には2.4%（5名）しかいないことである。

以上の分析をまとめると，そもそも「その他の抗議活動」に関わった人の割合は低く，「やるかもしれない」と答える人たちも全体の4分の1程度である。そんな中で，「民主的な政権」を好ましく思い，「10年後の世界情勢」についての考えを表明し，かつ「市民権」が民主主義にとって必須であると強く思う人々において，ようやく半数が「その他の抗議活動」への参加に前向きであることがわかった。

7.7　まとめ

まず，第2節から第5節の結果をまとめよう。表3は本章で取り上げた「請願書・陳情書への署名」「不買運動（ボイコット）」「平和的なデモ」「ストライキ」「その他の抗議活動」のそれぞれについて，分割に使われた変数を深度ごとに示したものである。深度1で全体を分割する変数としては「政治制度についての考え：民主的な政権」（問37D）が，「請願書・陳情書への署名」「平和的なデモ」「その他の抗議活動」において用いられている。この変数は「スト

表3　標本分割に用いられた変数

| | | 深度 | | |
	1	2	3	4
請願書・陳情書への署名	「政治制度についての考え：民主的な政権」（問 37D）	「これからの日本はどのような社会・国家を目指すべきか：経済成長か財政規律か」（問 34D） 「日本が悪い方向に向かっているとお考えのもの：経済競争力」（問 80-11） 「日本が悪い方向に向かっているとお考えのもの：社会道徳・倫理観」（問 80-1）	「日本が悪い方向に向かっているとお考えのもの：国内治安」（問 80-5） 「民主主義の国に住むことの重要度」（問 39） 「社会の利益に何かするのが大切」（問 23F） 「強力なリーダーによる政治」の好ましさ」（問 37A）	
不買運動（ボイコット）	民主主義の性質：「市民権によって，国の弾圧から国民が守られる」（問 38F）	「あなたの生活にとって重要なもの：政治」（問 1D） 政治への関心（問 29） 民主主義の性質「政府に能力がない場合は軍隊が支配する」（問 38E）	保革自己認識（問 31） これからの日本が目指す社会・国家：平等な分配か，成果に応じた配分か（問 34A）	
平和なデモ	「政治制度についての考え：民主的な政権」（問 37D）	保革自己認識（問 31） 環境保護団体への信頼度（問 36O） 大いに成功すること，成し遂げたことを人に認められることが大切（問 23G）	生活にとって重要なもの：友人・知人（問 1B） 「選挙では大勢の人々が投票するのだから，自分一人くらい投票しなくてもかまわない」（問 77C）	
ストライキ	環境保護団体への信頼度（問 36O）	民主主義の性質：「市民権によって，国の弾圧から国民が守られる」（問 38F） 「政治制度についての考え：民主的な政権」（問 37D）	「日本が悪い方向に向かっていると考えているもの：国家の防衛体制」（問 80-12） 保革自己認識（問 31）	民主主義の性質：「国民の収入が平等になるよう国が統制する」（問 38G）
その他の抗議活動	「政治制度についての考え：民主的な政権」（問 37D）	「10年後の世界情勢は今より良くなっている」への賛否（問 78C） 「慈善団体への信頼」（問 36Q） 豊かさについての考え方（問 32F）	民主主義の性質：「市民権によって，国の弾圧から国民が守られる」（問 38F） 「日本が悪い方向に向かっているとお考えのもの：社会道徳・倫理観」（問 80-1）	

ライキ」の深度2においても分割に関わっており，投票外参加を説明する上で重要なものであると考えられる。「不買運動（ボイコット）」を深度1において分割する「市民権」を民主主義の性質としてどの程度必須であると考えているかは，「ストライキ」における深度2，「その他の抗議活動」における深度3において分割に寄与しているが，カテゴリー結合の仕方が数字の大小に必ずしも関連しているように見えないために，解釈が難しい。また「ストライキ」を深度1において分割する「環境保護団体への信頼度（問360）」は，それ以外の分析には登場してこない。

　これ以外に複数回登場するのは保革自己認識（問31）と「日本が悪い方向に向かっているとお考えのもの：社会道徳・倫理観」（問80-1）の2つである。保革自己認識は，「不買運動（ボイコット）」における深度3，「平和的なデモ」における深度2においてそれぞれ分割に寄与している。ただし「平和的なデモ」においては左派から中道にかけてより高い参加傾向を示すことがうかがえるものの，「不買運動（ボイコット）」においては，このような規則性はうかがえず解釈が難しい。

　また「日本が悪い方向に向かっているとお考えのもの：社会道徳・倫理観」（問80-1）は「請願書・陳情書への署名」の深度2，「その他の抗議活動」における深度3で分割に関わっている。いずれにおいてもこれに言及する集団が言及しない集団よりもより多く，参加者や参加に前向きなものを含む傾向がある。

　それ以外の分割についてはさまざまな変数が関わっており，それぞれの行動独自の論理が介在していることがうかがわれる。また分析するデータが取られた時期における違いもありうる。ただいずれの変数もイデオロギーや信念体系，または態度形成と深く関連していそうである。本章の分析結果から総じて言えるのは，投票外参加への関与が回答者の民主主義観と密接に関連しているということであり，今後さらに探究の余地があろう。

第 8 章

民主主義観と信頼の現在

安野智子

8.1　民主主義は信頼を失いつつあるのか
——民主主義国における「ポピュリズム」の拡大

　2016 年は「ポピュリズム（populism）」への注目が高まった年であった。6 月にはイギリスの国民投票で EU 離脱派が残留派を上回り，イギリスの EU 脱退が決定した。11 月にはアメリカの大統領選で，共和党のドナルド・トランプ候補が民主党のヒラリー・クリントン候補を破った。5 月に実施されたオーストリアの大統領選では，極右といわれる自由党のホーファー候補が，また翌 2017 年のフランス大統領選ではナショナリズム政党「国民戦線」のマリーヌ・ルペン候補が，それぞれ僅差で敗退はしたものの大きく支持を伸ばした。こうした流れは反グローバル主義や反移民感情の高まりを反映したものと考えられ，「ポピュリズムの勝利」「社会の分断による民主主義の危機」と嘆く声も多かった。アジアに目を向ければ，麻薬などの犯罪撲滅に強い姿勢を見せるロドリゴ・ドゥテルテが，2016 年 6 月に大統領に就任しており，過激な発言もあってこれも「ポピュリズム」とみなされている。国によって，文化や経済・歴史的な背景も異なるので，これらの動きを同列に語ることはできないが，かつてであれば少数派にとどまっていたであろう勢力がここまで支持を拡大しているという事実は，従来の政治や社会システムに不満を感じる層の増加を示唆している。

　しかしながら「ポピュリズム」という呼称は一種のバズワードになっており（Mudde and Kaltwasser, 2017），その定義が曖昧なまま濫用されているという問

205

題がある。水島（2016）によれば，ポピュリズムの定義はおよそ二つに分けることができるという。一つは「固定的な支持基盤を超え，幅広く国民に直接訴えかける政治スタイル」（水島，2016, p. 6）をポピュリズムとするものであり，もう一つは「『人民』の立場から既成政治やエリートを批判する政治運動」（水島，2016, p. 7）をポピュリズムとするものである。

　どちらも「ポピュリズム」の重要な要素であるが，近年の民主主義国における「ポピュリズム」の特徴を考えたとき，より重要なのは後者の反エリート主義的な要素であろう。たとえばバー（Barr, 2009）は，ポピュリズムを「反エスタブリッシュメントをアピールするアウトサイダーによって導かれる大衆運動」と定義している。ポピュリスト政治家は「普通の人々」を，特権を持つエリート層と対比させ，自らをサイレントマジョリティの代弁者と自任する（Canovan, 1999）。「反エリート」「反エスタブリッシュメント」という主張は，政界の主流から外れたポピュリスト政治家によってより説得力を持つことになる。ポピュリズム自体は特定の政策を志向しない「薄い」イデオロギーなので（Mudde and Kaltwasser, 2017），「反エリート」を軸に，いわゆる左寄りの政策とも右寄りの政策とも結びつく可能性がある。

　しかし反エリート主義を掲げる一方で，ポピュリズムは権威主義との親和性が高い。ポピュリズムは「普通の人々（ordinary people）」の美徳と権利の代弁であるからこそ，普通の人々が支持してきた伝統的な価値観を守ることや，土着の住民ではない移民の排斥と結びつきやすいのである（Inglehart and Norris, 2016; Mudde, 2007[1]）。反エリート主義が蔓延すれば，エリート層や既存の主流派政党が「多様性」や「マイノリティの権利の保護」など，良識的な主張をするほど，「普通の人々」は既存政党との距離を感じる可能性がある。ミュラーによれば，ポピュリズムとは「一部の人民のみが真の人民」であるというアイデンティティ・ポリティクスの一形態であり，反多元主義という特徴をもつ（Müller, 2016）。

　なお，ポピュリズムには，対立と社会の分断を煽ったり，立憲主義やマイノリティ，人権の軽視に走ったりする負の側面がある一方，周縁に追いやられて

　1　マッド（Mudde, 2007）は，ポピュリズムの 3 つの核として，反エスタブリッシュメント，権威主義，自国主義（nativism）をあげている。

きた人々の政治参加を促したり，「普通の人々」の期待に応えるような政治の応答性（responsibility）を高めたりといった肯定的な面も存在することは指摘しておくべきであろう（Mudde and Kaltwasser, 2012, 水島, 2016）。ポピュリスト政治家たちが民主主義自体は否定しない（むしろ自らがそれを体現していると アピールする）ように，ポピュリズムはあきらかに民主主義の一形態である。しかし，エリートが支持するような価値観に異を唱え，制度的な手続きやマイノリティの権利を必ずしも重視しないという点で，現代民主主義の主流となっているリベラル・デモクラシー的価値観[2]とは異なっているのである。したがって，権威主義体制を支持する人ほど，現代の民主主義を支持しないと考えられる[3]。

8.1.1 ポピュリズム台頭とリベラル・デモクラシー衰退の背景

「ポピュリズム」の台頭は，従来の民主主義（リベラル・デモクラシー）が信頼を失いつつあることを示しているのだろうか。そうだとすれば，それはどのような要因によって生じているのであろうか。

ポピュリズムの要素となる反エリート主義の源泉としては，経済格差の拡大とグローバリズムだと考えられている（Mudde and Kaltwasser, 2012, 水島, 2016）[4]。グローバリズムと移民の流入は，それによって利益を得るエリート層と，職や賃金を奪われる非エリート層という対立を浮き上がらせた。この説に従えば，経済的・社会的に恵まれていない層ほど，リベラル・デモクラシーを含むエリート的な価値観を否定すると予想される[5]。

これに対してイングルハートとノリス（Inglehart & Norris, 2016）は，20世紀後半以降に起きた価値観の変化（LGBT の権利，ジェンダー観や家族観の変化，

---

2 リベラリズム（平等主義的自由主義）と結びついた自由民主主義（リベラル・デモクラシー）である。自由民主主義では，「政治的主権が人民にあること」に加え，「思想や信条，言論，活動などの自由が保障されていること」などが重要な要素とみなされる。

3 第6節仮説1参照。

4 水島（2016）は，民主主義の歴史が長いヨーロッパ諸国でポピュリズムが台頭している理由として，(1)左右政党間の政策距離が縮まったこと，(2)無党派層が増大したこと，(3)グローバリズムと経済格差の拡大によって，エリートと大衆の断絶が起きたこと，をあげている（水島, 2016, pp. 61-68）。

5 第6節仮説2参照。

多文化主義など）について行けない人々による文化的な揺り戻しがポピュリズム支持の背景にあると論じている。この仮説によれば，ポピュリスト政党や権威主義体制の支持は，年齢が高く，教育年数が短い層の間でより高いことが考えられる[6]。

近年のポピュリズムを支えるもう 1 つの要因として考えられるのは，インターネットとソーシャルメディアの普及である。インターネットの普及は，マスメディアではカバーしきれなかった多様な情報や意見に触れられる環境をもたらした。一方で，自分の興味や態度に沿った選択的接触が容易であり，意見の極化現象（サイバー・カスケード）が起きやすくなることが指摘されている（Sunstein, 2001）。さらにインターネット上では，能動的な選択的接触だけではなく，ソーシャルメディア上の対人関係によるフィルターや，リコメンドシステムのアルゴリズムによって，自覚しないままに選択的接触にさらされることも多くなっている（Mutz and Young, 2011; Pariser, 2011）。インターネット上では受け手の選択的接触がより容易になる一方で，送り手側の発信コストは低く，フィルター機能が存在しないことも多いため，個人の極端な意見や事実の裏付けがない報告も自由に投稿できる。現在の情報環境は，多様な意見に触れる機会を提供しているのも事実だが，こうした選択性の高さが社会の分断を促進する可能性は否定できない。

なお現状において，インターネットやソーシャルメディアは若年層でより利用率が高く（総務省「平成 28 年版情報通信白書」，図表 3-2-2-3），ソーシャルメディアの影響は，より若い年齢層の間で大きくなることが考えられる。イングルハートとノリス（Inglehart & Norris, 2016）による「文化の揺り戻し」仮説では，年齢が高い層でポピュリズム政党の支持や権威主義傾向が強くなることが予想されているが，もしソーシャルメディアやインターネットが「良識的」な既存の価値観を否定する極端な意見への接触可能性を高めるとすれば，インターネットによるこうした効果は若年層の間でより強く出る可能性が考えられる[7]。

6　第 6 節仮説 5 参照。
7　第 6 節仮説 6 参照。

8.1.2　信頼と民主主義

既存のリベラル・デモクラシーへの信頼が低下しているとすれば，その背景としてもう1点あげられるのは，他者に対する一般的信頼と，政治や行政などの公的機関・システムに対する信頼（制度信頼）の低下である。

パットナム（Putnam, 2000）をはじめとする社会関係資本（social capital）の研究では，市民の間の相互信頼が，互恵性規範やネットワークとともに，民主主義社会を支える重要な役割を果たしていることが報告されてきた。一般的信頼とは，相手との関係性や人格の情報に基づく信頼ではなく，相手の情報がない状況下での（不特定多数の）他者の善意への期待である（e.g., Uslaner, 2002; 山岸，1998）。社会関係資本には同質性の高いコミュニティ内での結びつきを示す結束型（bonding）の社会関係資本と，コミュニティを超えた協力を促す「橋渡し型（bridging）」の社会関係資本とがあるが（Putnam, 2000），民主主義との関連でいえば橋渡し型の社会関係資本がより重要であり，それを支えるのが一般的信頼である。パットナムは，（労働組合やPTA，教会グループなど，伝統的な）中間集団の衰退と個人の社会的孤立が，他者への信頼を低下させ，民主主義を損なっていると論じた[8]。不平等が信頼を損なうという実験結果も報告されており（Heap, Tan and Zizzo,2013），近年の格差拡大が一層の信頼の低下をもたらすことも考えられる。

ただし，日本において，一般的信頼の低下トレンドが明確に確認されているというわけではない。池田（2016b）は，世界価値観調査のデータから，他者への信頼に関する回答分布は調査年度を通して比較的安定していること，年齢と他者一般に対する信頼との関係は50代をピークとしてごく緩やかな曲線関係にあり明確な低下傾向が見えないことを報告している。同様に坂本（2010）は，日本人の一般的信頼感が1980年代から90年代にかけて上昇したあと，若干低下傾向にあることを指摘しており，これらの知見をふまえれば，時代や社会背景によって変動する可能性もある。

他者に対する日本人の信頼に大きな変化は見られない一方，政治や行政に対する制度信頼は，わずかながら漸減傾向にあるようである（山田，2016b）。ウ

8　パットナムが危惧したような中間集団の衰退が生じても，オンライン上のコミュニケーションなど新たな形態での信頼の醸成が進むという指摘もある（宮田，2005）。

ェルツェル（Welzel, 2007）が指摘するように，政治や行政への不信は（有権者の成熟による）批判的態度の獲得を示している場合もあり，政治や行政への信頼の低下がすなわち民主主義そのものの衰退を意味するとは言えないが，民主主義への評価の低下の説明要因としては蓋然性が高いだろう。したがって本章では，信頼と民主主義観の関連について，「一般的信頼は民主主義の支持に正の効果を持つ」「制度信頼は民主主義の支持に正の効果を持つ」[9] という 2 つの仮説を検証する。

　他方，マスメディアに対する日本人の信頼は高く，しかも安定している（小林，2016b）。ただし小林は，回答者に占める高齢者の割合が高くなっていることが，マスメディアへの信頼が高いままである可能性を指摘している。

　以上をふまえ，本章では，民主主義的価値観と，その規定要因について，コーホート（世代），世帯年収と学歴，メディア利用，および一般的信頼の効果を中心に検討する。使用するデータは，世界価値観調査第 6 波（2010WVS 調査）を中心として，比較のために第 5 波以前も随時参照することとする。

8.2　「民主主義の国に住むことの重要度」の変化

　世界価値観調査の第 5 波（2004-2009）および第 6 波（2010-2014）には，「民主主義の国に住むことは，あなたにとってどの程度重要ですか」という質問が含まれている（10 点スケール）。フォアら（Foa & Mounk, 2016）は，第 5 波および第 6 波のデータから，「非常に重要である」（10 点）をつけた回答者の比率が，若い世代ほど下がることを報告している（Foa & Mounk, 2016, Figure 1）。つまり，若い世代ほど，民主主義を重視していない可能性があると言うことである。フォアらはアメリカとヨーロッパの比較を行っているが，若い世代になるほど民主主義の重要度が下がる傾向は，アメリカのほうがより顕著であった。

　では，日本ではどうであろうか。同じ項目を使って，「民主主義の国に住む

9　第 6 節仮説 3, 仮説 4 参照。

10　フォアら（Foa & Mounk, 2016）では，2 回の調査のデータをプールして，ブートストラップ法で信頼区間を推定しているが，本章ではトレンドの比較が目的であるため，回答の選択率をそのまま表示している。

図 1.1 「民主主義の国に住むことの重要度」10 点選択率×出生コーホート（日本）

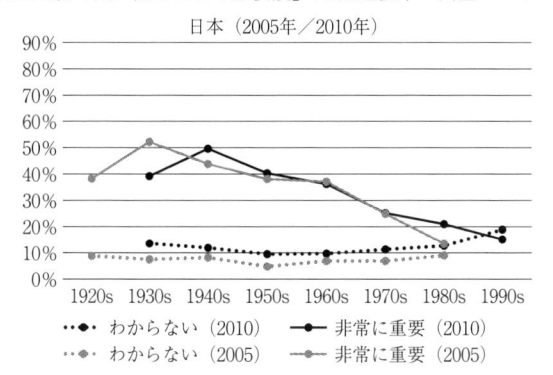

こと」を「非常に重要である（10）」と回答した比率を，出生コーホート別に，第 5 波・第 6 波にわけて見たものが図 1.1 である[10]。日本との比較のため，第 5 波と第 6 波の両方のデータがそろっている国の中から，民主主義国の例としてアメリカ・オーストラリア（英語圏），ドイツ・スウェーデン（西欧），台湾・韓国（東アジア）についても図示した[11]（図 1.2 ～図 1.7）。

　まず日本のデータを見てみると，調査時点で 70 歳前後となる世代をピークに，若くなるほど「非常に重要」という回答が減少している。若い世代ほど「非常に好ましい」が減るという傾向はアメリカ・オーストラリア・スウェーデンに近い。一方で，「非常に好ましい（10 点）」の選択率自体は日本と韓国が低めである。日本人については中間的な選択肢を好む傾向がある（例として林・林, 1995）ことも影響している可能性がある。もう 1 点，日本の特徴としては，「わからない」という回答が多いことである[12]。とくに 2010 年の第 6 波ではどのコーホートでも「わからない」が 1 割を超えており，1990 年代生まれの若いコーホートでは約 2 割に達する[13]。

11　ただし，「民主主義」という言葉の意味や理解は，その国の状況や文化によって異なる可能性がある。とりわけ 1 項目での単純な比較は難しい可能性があることには留意すべきである（cf., Ariely and Davidov, 2010）。

12　今回取り上げた日本以外の国の中では，「わからない／無回答」が 1 割を超えたのは，2010 年台湾調査の 1930 年代生まれコーホート（91 人中 18 人）のみである。

13　調査年によって調査方法が異なるので，単純な比較はできないことに注意する必要がある。

図 1.2　「民主主義の国に住むことの重要度」10 点選択率×出生コーホート（アメリカ）

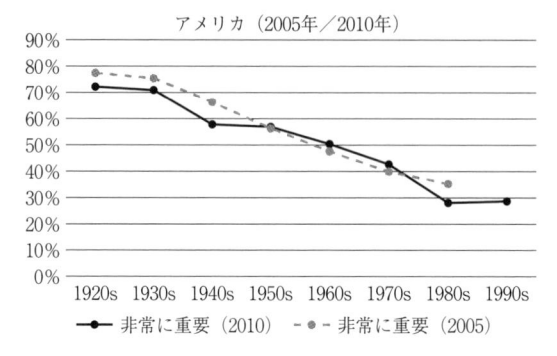

図 1.3　「民主主義の国に住むことの重要度」10 点選択率×出生コーホート（オーストラリア）

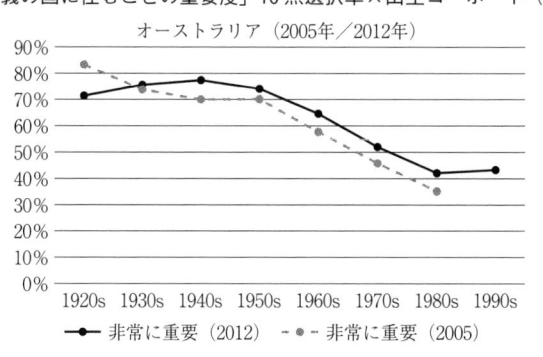

図 1.4　「民主主義の国に住むことの重要度」10 点選択率×出生コーホート（ドイツ）

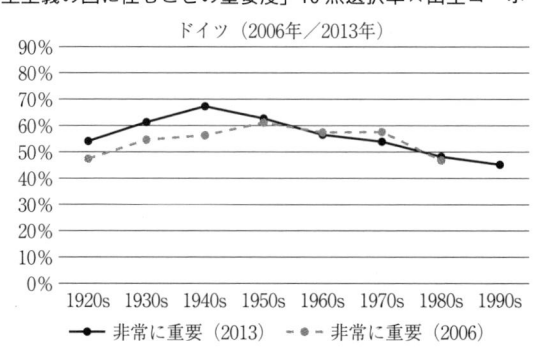

図1.5 「民主主義の国に住むことの重要度」10点選択率×出生コーホート（スウェーデン）

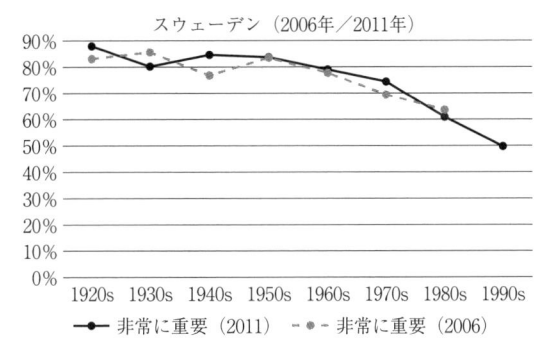

図1.6 「民主主義の国に住むことの重要度」10点選択率×出生コーホート（韓国）

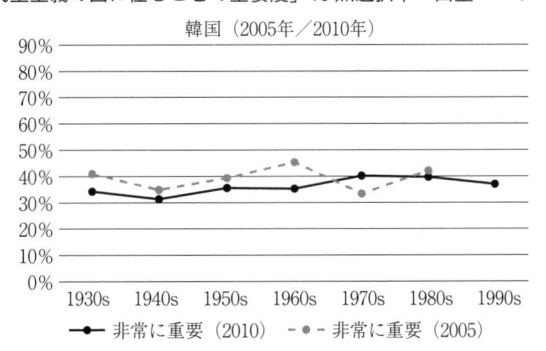

図1.7 「民主主義の国に住むことの重要度」10点選択率×出生コーホート（台湾）

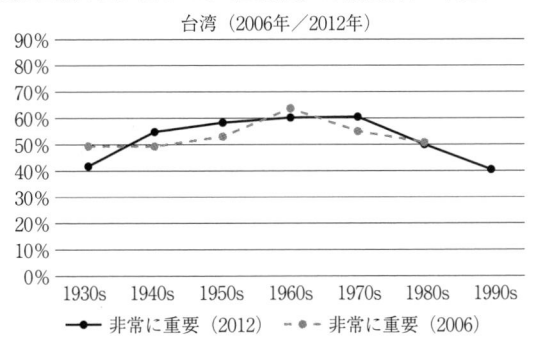

日本以外の国について見てみると，アメリカ・オーストラリア・スウェーデンで若い世代ほど「民主主義国に住むことが非常に重要」という回答が減るのに対し，ドイツ・韓国・台湾では，世代との関連はそれほど顕著ではないようだ。ただし，ドイツとスウェーデンを見ると，第 5 波よりも第 6 波で世代による傾きが大きくなっているようである。

8.3 「自国にとって好ましい政治形態」と年齢

前節では，「民主主義の国に住むことの重要度」が，フォアら（Foa and Mounk, 2016）が指摘するように，少なくとも一部の国では若年層ほど低下している可能性を示したが，フォアらは同時に，民主主義体制を好ましいと考える回答者の比率も，若年層ほど低下していることを報告している（Foa and Mounk, 2016, Figure 2）。本節では，日本における傾向を確認してみよう。

世界価値観調査では，「自国にとって好ましい政治形態」を次の 4 項目でたずねている。「あなたは，次にあげるそれぞれの政治制度について，わが国の政治を行なう方法として，どのように考えますか。それぞれについて，"非常に好ましい"，"やや好ましい"，"やや好ましくない"，"非常に好ましくない"のいずれかでお答え下さい。」評価の対象は，①国会や選挙を気にする必要のない強力なリーダーによる政治，②政府ではなく，テクノクラート（各分野の専門家）がわが国に最善と考える方法に従って物事を決めていく政治，③軍事政権，④民主的な政権，の 4 つである。

これらの 4 項目について，調査年ごとに，年齢層との関係を図示したものが図 2.1 〜図 2.4 である[14]。

まず，「強力なリーダーによる政治」について見ると，調査年によって違いはあるものの，年齢層による顕著な差はみられないようだ。これに対して「テクノクラート（専門家）による政治」については，どの調査年においても，若

14　安野（2016a）でも，第 6 波の「自国にとって好ましい政治形態」への意見について，年齢と学歴の効果を検討している。年齢が高くなるほど，また大学教育を受けている層ほど，「民主的な政権」への支持が増え，「軍事政権」の不支持が増える。ただし，大学教育を受けていない層では「わからない」が増えることが大きな要因と考えられる。

図 2.1 「強力なリーダーによる政治」への態度（日本データ）

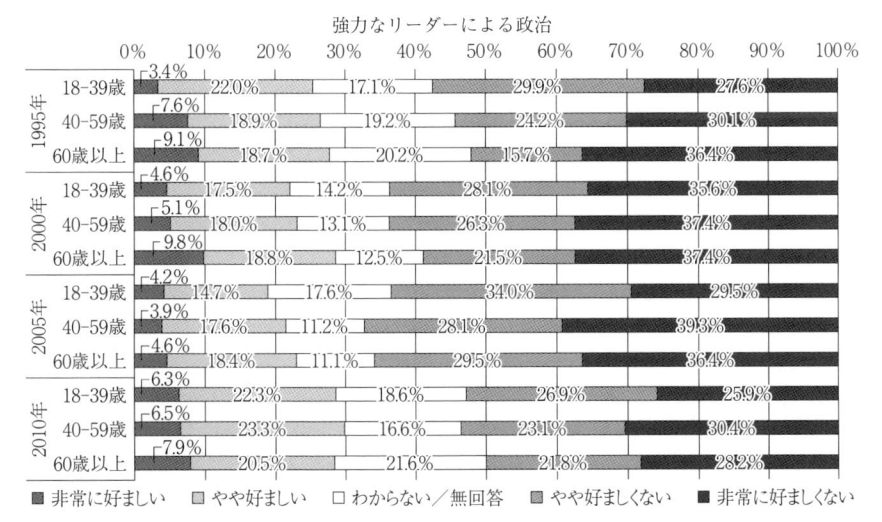

強力なリーダーによる政治

■ 非常に好ましい　■ やや好ましい　□ わからない／無回答　■ やや好ましくない　■ 非常に好ましくない

図 2.2 「テクノクラート（専門家）による政治」への態度（日本データ）

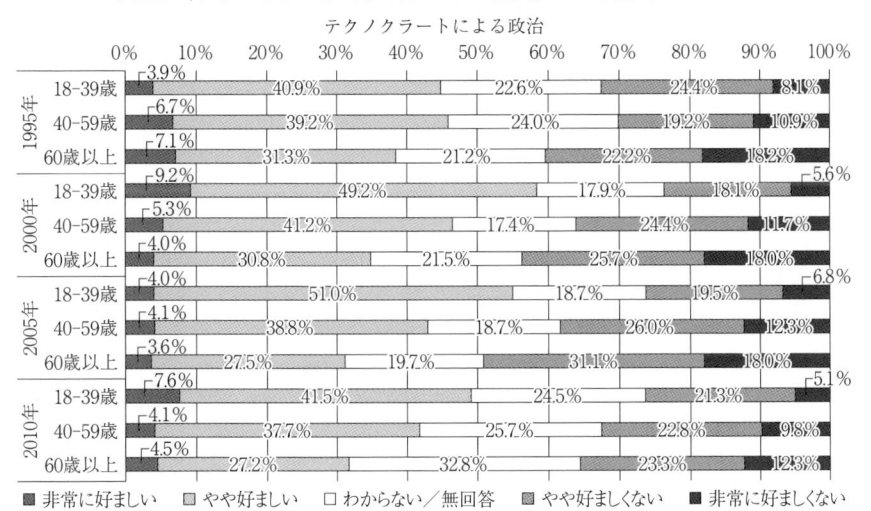

テクノクラートによる政治

■ 非常に好ましい　■ やや好ましい　□ わからない／無回答　■ やや好ましくない　■ 非常に好ましくない

図 2.3　「軍事政権」への態度（日本データ）

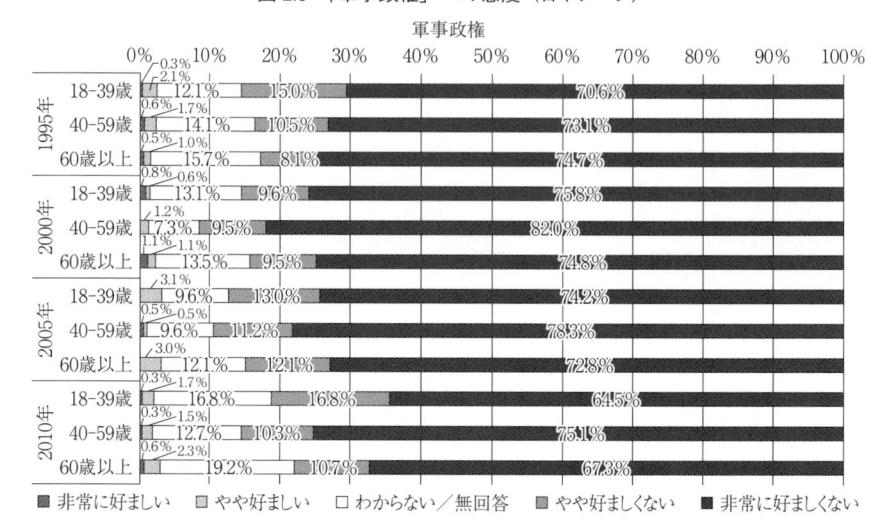

図 2.4　「民主的な政権」への態度（日本データ）

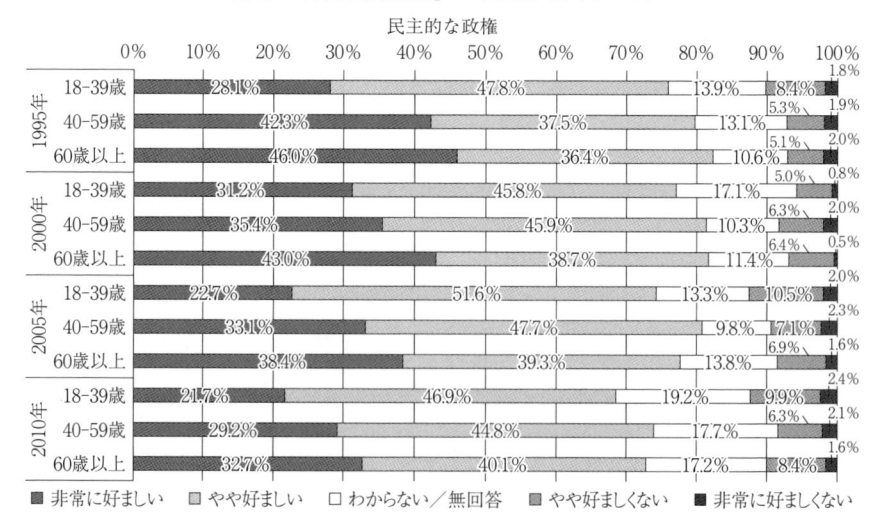

図3 「民主的な政権」について「やや好ましい・非常に好ましい」の選択率（第6波）

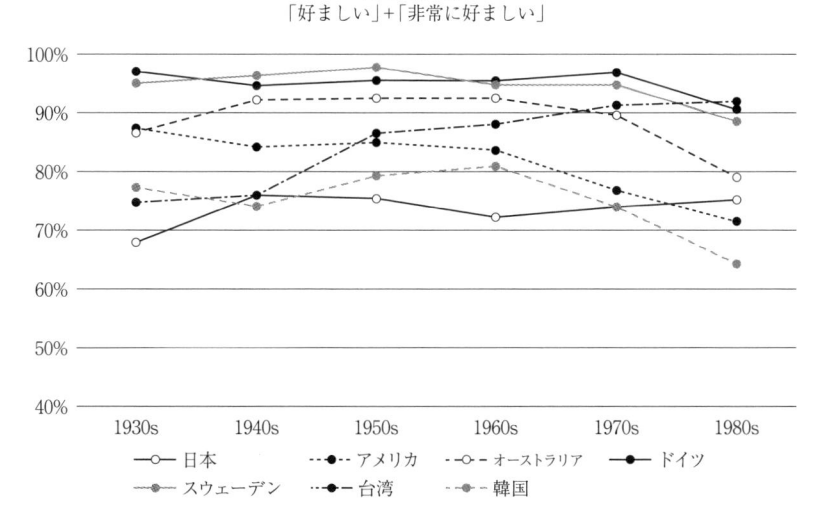

民主的な政権
「好ましい」+「非常に好ましい」

凡例:
─○─ 日本　　‥‥●‥ アメリカ　─○─ オーストラリア　─●─ ドイツ
─▲─ スウェーデン　‥‥●‥ 台湾　‥‥●‥ 韓国

い年代の支持が高い傾向にある。ただし「テクノクラートによる政治」については，「わからない」という回答が非常に多いことには注意する必要があるだろう。

　一方，「軍事政権」については，どの年代でも不支持が多いが，2010年の第6波ではそれ以前に比べて「わからない」が増え，不支持が減っている。年齢別に見ると，40歳〜59歳の中年層では，20-39歳および60代以上の層に比べて相対的に不支持が多いようである。

　「民主的な政権」については，フォアら（Foa & Mounk, 2016）と同様，日本においても若い世代ほど「非常に好ましい」という回答が減る傾向が見られた。調査方法が異なるので単純な比較はできないが，図1.2.1と合わせて考えると，若い世代ほど民主主義への強い支持が減っているとは言えそうである。弱い肯定まで含めた比較のため，第6波のデータについて，民主的な政権が「やや好ましい」「やや好ましい」を合計した選択率と出生コーホートの関係を7ヶ国で比較すると，台湾・韓国を除き，1980年代生まれのもっとも若いコーホートで肯定的な意見が少なくなる傾向が見られる（図1.3.5）。ただしアメリカで

は若い世代になるほど肯定率が下がる線形の関係が見られるのに対し，日本ではそれほど世代差は顕著ではない。(図3)。

8.4　信頼の現状

　前節では，民主主義への強い支持が若年層ほど低くなっていることを紹介したが，次に一般的信頼と制度信頼の現状を見てみよう。

　まず，「一般的にいって，人はだいたいにおいて信用できると思いますか，それとも人と付き合うには用心するにこしたことはないと思いますか」という一般的信頼に関する設問（選択肢は「だいたい信頼できる」「用心するにこしたことはない」「わからない」の3つ）で，「だいたい信頼できる」という回答の選択率を出生コーホート別に示したものが図4である。調査年によって調査方法も異なるので，調査年ごとの比較は難しいが，この設問については，先行研究の指摘にもあるように，生年コーホートが若いほど一般的信頼が下がるというような傾向は見られず，また同一のコーホートに着目した場合にも一定のトレンドはみられない。(ただし2010年については20〜30代の若い世代で一般的信頼は低い)

　信頼に関する別の項目はどうだろうか。世界価値観調査では，一般的信頼に似た項目として，他者の公正性に関する期待もたずねている。「人というものは，他人との関係において，機会に乗じてうまくやろうとするものだと思いますか，それとも公正に対処しようとするものだと思いますか」について，10件法（「1」は「機会に乗じてうまくやろうとすると思う」を，また「10」は「公正に対処しようとすると思う」）で評価してもらった回答の平均値（第6波）を年代別に見たものが図5である[15]。Tukey法による多重範囲検定の結果，40代以下と50代以上の間に有意差が見られた。1ポイント弱のわずかな差ではあるが，日本では40代前後を境に，「他者は公正に対処しようとすると思う」という期待が弱まっていることがわかる。

　次に，第6波の日本データから，組織や団体への制度信頼の回答分布を見て

15　1990年代生まれコーホートは該当者が少ないので，第6波のみを用いたこれ以降の分析では，出生コーホートではなく2010年調査時点での年齢層別に分析を進める。

図4 出生コーホート別に見た「一般的に他者は信頼できる」肯定率
（日本データ，第1波〜第6波）

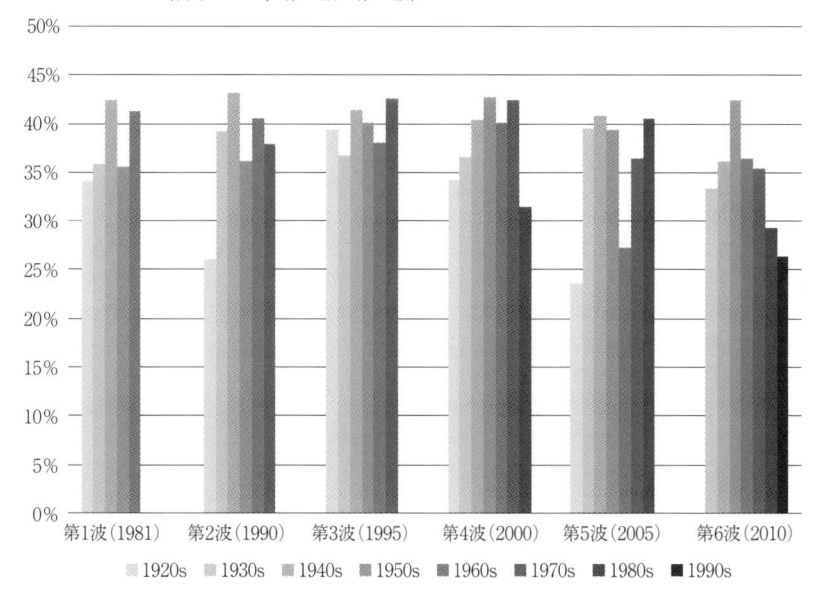

```
     ■1920s  ■1930s  ■1940s  ■1950s  ■1960s  ■1970s  ■1980s  ■1990s
```

図5 「人は公正に対処しようとする」平均値（日本データ，第6波，年代別）

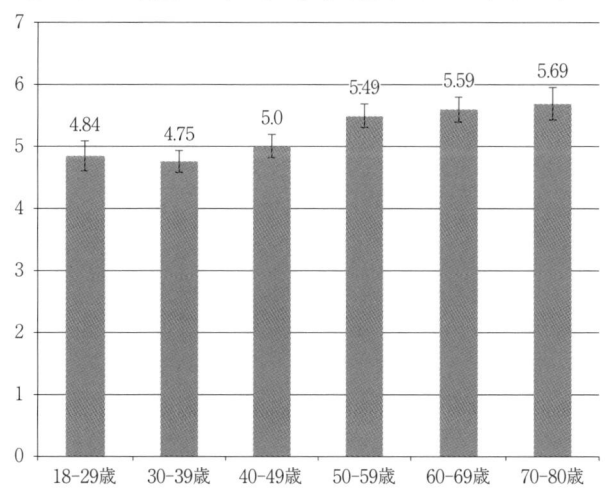

注：1点を「機会に乗じてうまくやろうとすると思う」，10点を「公正に対処し
ようとすると思う」とした10点尺度の平均値と95％信頼区間。

図6　制度信頼の回答分布（日本データ，第6波）

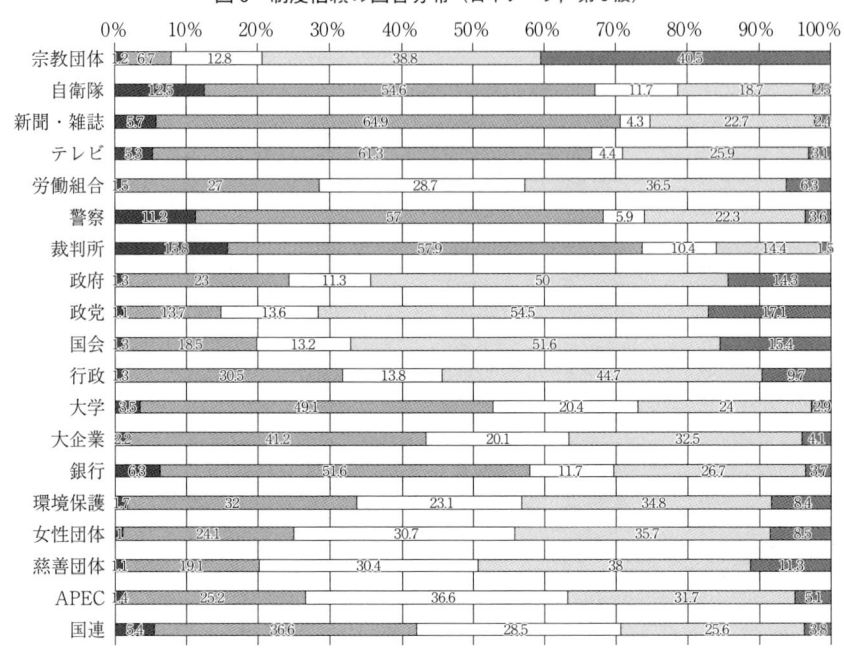

みよう（図6参照）。自衛隊，警察，裁判所などの公共の組織やマスメディア
への信頼は比較的高い一方で，宗教団体のほか政府・政党・国会・行政など政
治への信頼は低い。

　これらの回答について全体の構造を理解するために，「わからない」が中間
値となるよう変数を処理した上で因子分析（最尤法，プロマックス回転）を行っ
た結果が表1である。解釈をわかりやすくするため，9項目のみで分析を行っ
た[16]。第1の因子は国会・政党・政府・行政への信頼と関連しており，行政・
政治への信頼を意味していると解釈できる。第2の因子は裁判所・警察・自衛
隊への信頼と関連しており，ここでは便宜上，公共機関への信頼と名付けた。

16　因子の解釈をわかりやすくするため，「わからない」という回答が多い組織や共通性の低い組織，
　　どの因子にも負荷量の大きくない組織は分析から除外した。除外したのは，宗教団体，労働組合，
　　大学，大企業，銀行，環境保護団体，女性団体，慈善団体，APEC，国連，の10団体である。

表1　制度信頼の因子分析結果（最尤法，プロマックス回転，日本データ，第6波）

			因子1 行政・政治	因子2 公共機関	因子3 マスメディア
A36	組織や制度信頼度	J）国会	0.934	− 0.063	0.003
A36	組織や制度信頼度	I）政党	0.855	− 0.077	0.027
A36	組織や制度信頼度	H）政府	0.813	0.059	− 0.008
A36	組織や制度信頼度	K）行政	0.67	0.143	− 0.029
A36	組織や制度信頼度	G）裁判所	− 0.024	0.791	− 0.005
A36	組織や制度信頼度	F）警察	0.044	0.789	0.002
A36	組織や制度信頼度	B）自衛隊	− 0.002	0.496	0.041
A36	組織や制度信頼度	D）テレビ	0.011	− 0.048	0.948
A36	組織や制度信頼度	C）新聞・雑誌	− 0.013	0.092	0.743
因子間相関		因子1	1	0.495	0.301
		因子2	0.495	1	0.437
		因子3	0.301	0.437	1

図7　制度信頼：年代別にみた因子得点平均値（日本データ，第6波）

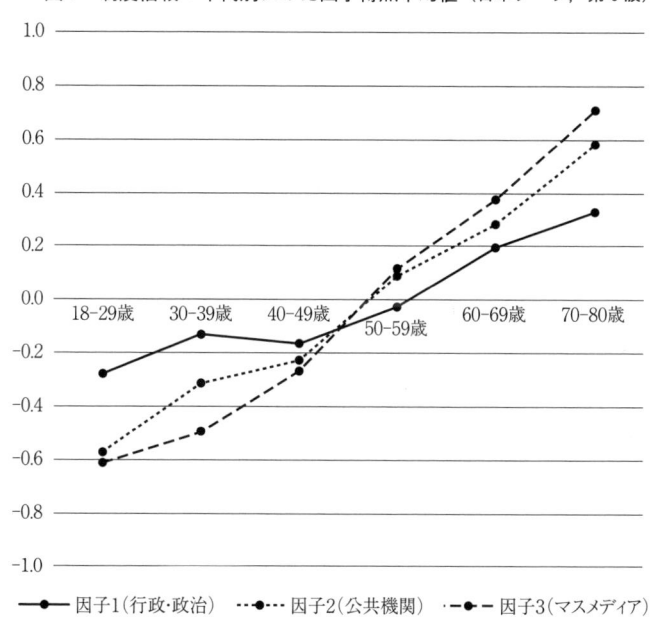

第 3 因子はテレビおよび新聞・雑誌への信頼と関係しており，マスメディアへの信頼を意味している。

図 7 は，これら 3 つの因子得点の平均値を回答者の年齢層別にプロットしたものである。制度信頼の 3 つの因子すべてについて，若い年齢層ほど信頼が低く，年齢が高くなるほど信頼が高まるという傾向が確認された。若年層ほど制度信頼が低くなるということが，若い層ほど民主主義の支持が弱くなるという傾向と関連している可能性がある。

次の節では，民主主義の支持の規定要因を分析する前に，「民主主義」の意味が年齢によって異なるかどうかを検討する。

8.5　「民主主義に必要なこと」

本章第 2 節で報告したように，民主主義の支持が若年層の間で弱まっている傾向があるとしても，そもそも「民主主義」という概念（あるいは用語）の意味するところが，個人や世代によって異なっている可能性がある[17]。本節では，第 6 波の日本データ（2010WVS 調査）を用いて，民主主義の概念を構成する次元について検討する。

世界価値観調査では「民主主義に必要なこと」として，「豊かな人に課税，貧しい人に補助」「最終的に宗教団体が法律を解釈」「国民が指導者を自由選挙で選ぶ」「国民が国から失業手当を受ける」「政府に能力がない場合軍隊が支配」「市民権で，国の弾圧から守られる」「収入が平等になるよう国が統制」「国民が為政者に従順である」「女性が男性と同じ権利を持つ」の 9 項目について，「民主主義に必須ではない（1 点）」〜「民主主義に必須である（10 点）」の 10 点尺度で評価してもらっている。その回答分布を示したものが図 8 である。「わからない」という回答が多かったため，ここでは「民主主義に必須ではな

17　また，遠藤ら（Endo and Jou, 2014）は，政党のイデオロギー的位置の理解が世代によって異なることを指摘している。

18　9 項目全てに「わからない」と回答した 196 名は除し，2247 名の回答を用いて因子分析を行った。なお，安野（2016a）では，第 6 波の調査対象国（57 ヶ国）のそれぞれの平均値を用いて同様の分析を行っているが，そこでも基本的には「権威主義」と「平等・権利」の 2 つの因子が抽出されている（ただし，「女性が男性と同じ権利を持つ」は「権威主義」に負荷量が大きかった）。

図8 民主主義に必要なこと（日本データ，第6波）

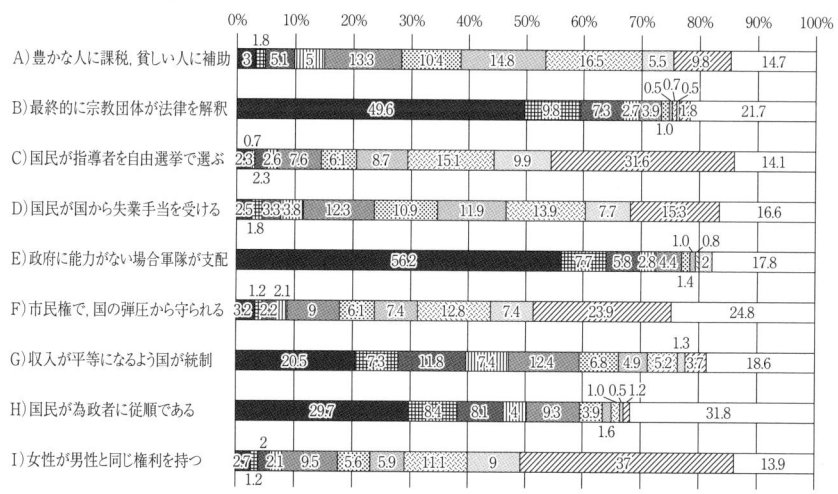

■1民主主義に必須ではない ▦2 ▤3 ▥4 ▦5 ▨6 ▤7 ▧8 ▦9 ▨10民主主義に必須である □わからない

表2 民主主義に重要なこと：因子分析結果（日本データ，第6波）

		第1因子 平等・権利	第2因子 権威主義
国民が国から失業手当を受ける		0.661	0.187
豊かな人に課税，貧しい人に補助		0.584	0.158
国民が指導者を自由選挙で選ぶ		0.508	−0.236
市民権で，国の弾圧から守られる		0.488	−0.128
女性が男性と同じ権利を持つ		0.475	−0.201
政府に能力がない場合軍隊が支配		−0.131	0.634
国民が為政者に従順である		−0.009	0.613
収入が平等になるよう国が統制		0.319	0.581
最終的に宗教団体が法律を解釈		−0.077	0.558
因子間相関	第1因子	1	−0.325
	第2因子	−0.325	1

図9　民主主義にとって重要：「平等・権利」因子得点平均値（年代別）

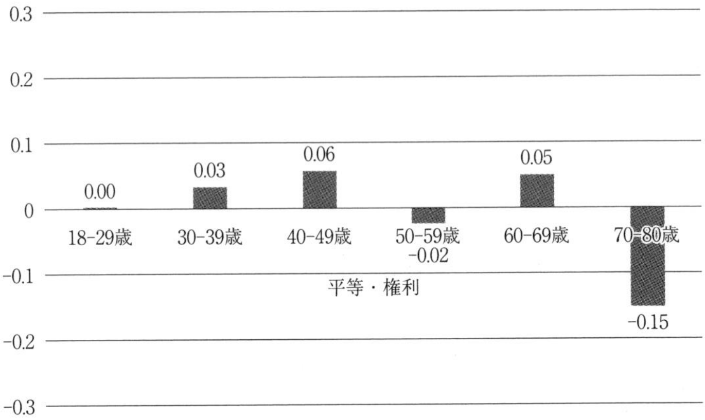

図10　民主主義にとって重要：「権威主義」因子得点平均値（年代別）

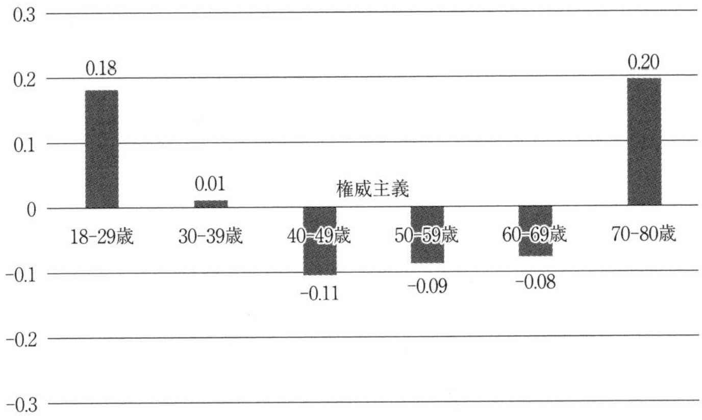

い」を−5点，「民主主義に必須である」を5点，「わからない」を0点として
11点尺度に変換した上で，因子分析（最尤法，プロマックス回転）を行った。
その結果，2つの因子が抽出された（表2)[18]。

　第1の因子は，「国から失業手当を受ける」豊かな人に税金を課して貧しい
人に補助金」「国民が自由選挙で指導者を選ぶ」「市民権によって国の弾圧から
守られる」「「女性が男性と同じ権利を持つ」への賛成意見と強く関連しており，
「平等・権利」を重視する因子と考えられる。ただしこの「平等」には，政治

的平等と経済的平等の2つの要素が混在していることには注意する必要がある

第2の因子は「政府に能力がなければ軍隊が支配」「国民が為政者に従順」「国民の収入が平等になるよう国が調整」「最終的には宗教団体が法律を解釈」への賛成意見と強く関連しており，「権威主義」傾向を意味する因子と考えられる。

この2つの因子得点を，年代別に示したものが図9及び図10である。

民主主義において，「平等・権利」を重視する傾向は，70代以上で低く，30代・40代・60代との間に有意差が見られた（Tukey法）。一方，権威主義的な価値観を支持する（あるいは否定しない）傾向は，20代と60代以上で高く，40代から60代で低い。権威主義因子平均値の年代による差を検定（Tukey法）したところ，20代と60代が他の年齢層より有意に高く，20代と60代の間には有意差が見られなかった。（ただし20代と30代の差は5%有意水準に達しなかった）。

以上の結果は，一口に「民主主義」といってもその意味には個人差や世代差があると言うことを意味している。また，とくに権威主義傾向について，20代では肯定する傾向が60代なみに高いことも興味深い。現代において主流になっているリベラル・デモクラシーの観点からすれば，民主主義の重視に対して，平等志向は正の，権威主義は負の効果を持つことが予測される。

8.6 民主主義観の規定要因

8.6.1 モデルと独立変数

最後に，2010年の日本における，民主主義観の規定要因を検討したい。第1節で見てきたように，検証する仮説は以下の通りである。

仮説1. 権威主義的体制の支持は民主主義体制の支持に負の効果を持つだろう。

仮説2. 年収が低いほど，民主主義体制を支持しないであろう。

仮説3. 一般的信頼感が高い人のほうが民主主義体制を支持するだろう。

仮説4. 政治・行政への信頼が高い人のほうが，民主主義体制を支持するだろう。

仮説 5. 年齢が高い層のほうが，また，学歴が低い人のほうが，権威主義体制を支持するだろう。

仮説 6. インターネットの利用は，権威主義体制の支持に正の効果を持つだろう。またその傾向は，若年層においてより強くなるだろう。

民主主義体制の支持を表す従属変数として，「民主主義の国に住むことの重要度（1〜10 点）を用いた。また，民主主義観に関する変数として，2 つの因子得点（「平等・権利」「権威主義」）を用いた。これら 2 つの因子得点は，民主主義の重要度を説明するモデルの独立変数としても用いる。権威主義傾向は，近年のポピュリズムとも関連が深いことが予測され，民主主義への態度と関連が深いことが予測されるからである。

独立変数は以下の通りである。

まず，社会的属性として，①年齢（交互作用のため標準化して投入），②性別，③大卒ダミー，のほか，世帯年収の変数として，④世帯年収 400 万円以下，⑤世帯年収 900 万円以上，⑥世帯年収無回答をそれぞれダミー変数として投入した。

加えて，価値観や態度の独立変数として，⑦一般的信頼（「一般に人は信用できる」という回答を 1，そのほかを 0 としたダミー変数），制度信頼の 3 つの因子として⑧政治・行政への信頼，⑨公共機関への信頼，⑩マスメディアへの信頼，を投入した。

さらに，情報行動の変数として，情報源としてのインターネット利用を独立変数に加えた。世界価値観調査では，インターネットやソーシャルメディアの利用状況についての詳細な質問は含まれていないが，日頃のニュースの情報源（「われわれは，様々な情報源を通して，国内外で起こっていることを知ります。次にあげる情報源から，あなたはどのくらいの頻度で情報を得ていますか」）に関する設問のうち，新聞・テレビニュース・E メール・インターネット・友人や同僚との会話，の 5 項目[19] を用いて情報源の因子分析（最尤法，プロマックス回転）を行った。度数分布と因子分析結果は表 3 と表 4 のとおりである。無回答は欠損値とした。

19　因子の解釈のしやすさのため，雑誌，携帯電話（通話機能のみ）はここでは除外した。

表3 日頃の情報接触行動

	新聞		テレビニュース		Eメール		インターネット		友人や同僚との会話
	N	%	N	%	N	%	N	%	%
毎日	1774	72.6	2287	93.6	555	22.7	849	34.8	1004	41.1
週1回程度	300	12.3	91	3.7	328	13.4	359	14.7	816	33.4
月1回程度	64	2.6	15	0.6	117	4.8	128	5.2	277	11.3
月1回以下	81	3.3	11	0.5	169	6.9	106	4.3	138	5.6
全くない	204	8.4	20	0.8	1239	50.7	965	39.5	186	7.6
無回答	20	0.8	19	0.8	35	1.4	36	1.5	22	0.9

表4 情報接触行動因子分析（最尤法，プロマックス回転）

		第1因子 ネット・クチコミ	第2因子 マスメディア
Eメール		0.809	−0.023
インターネット		0.67	−0.097
友人や同僚との会話		0.457	0.19
テレビニュース		0.057	0.56
新聞		−0.045	0.501
因子間相関	因子1	1	0.067
	因子2	0.067	1

　情報接触行動の因子分析の結果，インターネット・クチコミの因子と伝統的なマスメディアの利用の因子が見いだされた。ただし，伝統的なマスメディアについては，とりわけテレビニュースの利用頻度は全体的に高いことに注意する必要がある。

　仮説6の検証にあたっては，インターネット・クチコミ因子およびマスメディア因子と，年齢（標準化）との交互作用項もあわせて投入した。交互作用項が有意になれば，情報源の効果が年齢によって異なるということを意味している。

20　回答の分布は，1点22人（0.9%），2点15人（0.6%），3点25人（1.0%），4点21人（0.9%），5点188人（7.7%），6点133人（5.4%），7点186人（7.6%），8点399人（16.3%），9点293人（12.0%），10点882人（36.1%），わからない279人（11.4%）であった。従属変数の分布そのものは偏りが大きいが，残差分析の結果，解釈を妨げるほどの大きな問題はないと判断したので，そのままの値で回帰分析を行っている。

21　VIFの値はすべて2未満であり，多重共線性の問題はないと判断できる。

表 5　「民主主義の重要度」を従属変数とする OLS 重回帰分析結果

	B	SE
性別	0.102	0.078
年齢（Z 得点）	0.429	0.048***
大卒ダミー	0.493	0.097***
世帯年収 400 万未満	−0.012	0.095
世帯年収 900 万円以上	0.228	0.120+
世帯年収わからない	0.025	0.114
情報源：ネット・クチコミ因子得点	0.070	0.052
情報源：マスメディア因子得点	−0.083	0.075
人は信用できる（ダミー）	0.114	0.079
組織信頼因子得点 1（行政・政治）	0.180	0.048***
組織信頼因子得点 2（公共機関）	0.235	0.056***
組織信頼得点 3（マスメディア）	−0.071	0.046
権威主義因子得点	0.554	0.050***
平等因子得点	−0.521	0.052***
年齢×情報源ネットクチコミ	0.085	0.050+
年齢×情報源マスメディア	−0.097	0.066
定数	7.983	
N	2047	
R − sq	0.259	
Adj.R − sq	0.253	

***p < .001, **p < .01, *p < .05, +p < .10

8.6.2　民主主義の重要度の規定要因

　仮説 1 〜仮説 4 の検証のため，民主主義の重要度（1 点〜 10 点）を従属変数とする OLS 回帰分析を行った[20]。「わからない」は分析から除外した。結果は表 5 のとおりである[21]。

　この分析の結果，年齢，大卒ダミー，制度信頼（政治・行政），制度信頼（公共機関）および平等の因子得点がプラスに有意，権威主義因子得点がマイナスに有意であった。この結果は，大卒者および年齢が高い回答者のほうが，また政治・行政や公共機関を信頼している回答者ほど，権威主義体制に否定的な回答者ほど，民主主義を重視していることを意味する。また，弱い効果ながら，世帯年収が 900 万円以上のカテゴリ，ネット・クチコミ利用因子と年齢との交互作用がみられた。この交互作用項で弱いながら正の効果がみられたことは，年齢が高い層で，ネット・クチコミを情報源として利用することが民主主義の支持を高めるということを意味している。

表 6　権威主義および平等・権利因子得点を従属変数とする OLS 重回帰分析結果

	平等・権利因子得点		権威主義因子得点	
	B	SE	B	SE
性別	0.01	0.037	0.057	0.035
年齢（Z 得点）	−0.02	0.022	−0.073	0.021**
大卒ダミー	0.173	0.046***	−0.330	0.044***
世帯年収 400 万未満	0.027	0.045	0.119	0.043**
世帯年収 900 万円以上	−0.064	0.058	−0.122	0.055*
世帯年収わからない	−0.102	0.053+	0.209	0.050***
情報源：ネット・クチコミ因子得点	0.063	0.025*	−0.106	0.023***
情報源：マスメディア因子得点	0.075	0.035*	−0.093	0.033**
人は信用できる（ダミー）	0.095	0.038*	−0.132	0.036***
組織信頼因子得点 1（行政・政治）	−0.036	0.023	0.073	0.022**
組織信頼因子得点 2（公共機関）	0.079	0.027**	−0.132	0.025***
組織信頼得点 3（マスメディア）	−0.043	0.022*	0.121	0.021***
年齢×情報源ネットクチコミ	0.047	0.023*	−0.101	0.022***
年齢×情報源マスメディア	−0.033	0.031	0.027	0.029
定数	−0.052		−0.060	
N	2210		2210	
R − sq	0.033		0.129	
Adj.R − sq	0.027		0.124	

***$p < .001$, **$p < .01$, *$p < .05$, +$p < .10$

したがって，仮説 1 と仮説 4 は支持され，仮説 2 は傾向として支持されたといえる。仮説 3（一般的信頼の効果）については，民主主義の支持には直接の関連が見られなかった。また，年齢・学歴については，権威主義因子得点の効果を統制しても民主主義の支持に直接的な効果を持つことが確認された。

8.6.3　権威主義および平等志向の規定要因

最後に，仮説 5 および仮説 6 の検証のため，権威主義および平等志向の因子得点（表 2 参照）を従属変数とする OLS 重回帰分析を行った（表 6）。

まず権威主義因子についてみると，大学を卒業していない回答者のほうが，また年齢が若いほうが，権威主義傾向が高いという結果になった[22]。世帯年収

22　なお，年齢のかわりに年代ダミー変数を入れた分析でも，20 代 30 代が他の年代にくらべて有意に権威主義傾向が高いという結果が見られていることから，他の変数をコントロールした場合には年齢と権威主義の関係は曲線的ではないと考えられる。

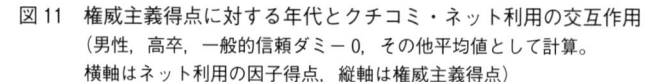

図 11　権威主義得点に対する年代とクチコミ・ネット利用の交互作用
（男性，高卒，一般的信頼ダミー 0，その他平均値として計算。
横軸はネット利用の因子得点，縦軸は権威主義得点）

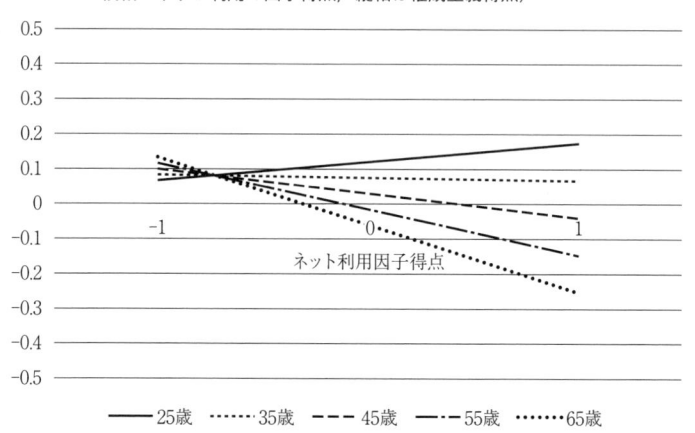

━━ 25歳　　‥‥‥ 35歳　　━ ━ ━ 45歳　　━ ・ ━ 55歳　　‥‥‥ 65歳

については 400 万円未満と無回答が正の，900 万円以上が負の効果を示していた。これは世帯年収が高い回答者ほど権威主義体制に否定的であることを意味する。したがって，仮説 5 のうち，学歴と権威主義との関係は支持されたが，年齢と権威主義との関係は文化の揺り戻し仮説とは逆方向の結果となった。

　情報源については，インターネット・クチコミの利用もマスメディアの利用も負の効果が有意であった。つまり，インターネットであってもマスメディアであっても，（今回同時に投入した他の変数をコントロールすれば）情報に接触するほど権威主義傾向は低くなるということであり，インターネットの効果は仮説 6 の予測とは逆方向の関係である。しかし年齢とインターネット・クチコミ利用の交互作用も負の方向で有意であった。このことは，若い世代においては，インターネット利用やクチコミ利用が権威主義傾向を強めるのに対し，年配世代になるほどインターネットやクチコミ利用が権威主義傾向を弱めるということを意味している。今回の分析結果の交互作用の効果を図示したものが図 11 である。おそらく現実に影響するのは，インターネットの利用それ自体ではなく，そこで参照する情報の内容によると思われるので，単純な判断は危険であるが，インターネットやクチコミ（ソーシャルメディアもおそらく含む）の利用と権威主義との関係は，年齢によって異なる可能性があるということは興味深

い。情報通信白書をはじめとするさまざまな統計・調査が報告するように，一般に若年層ほどインターネットやソーシャルメディアの利用時間が長くなること，また今回有意ではなかったが，年齢とマスメディア利用因子の交互作用は負の方向に有意であることをあわせて考えると，情報源がマスメディアかインターネットかというよりも，情報源の多様性が権威主義を低める（あるいは，情報源が単一に偏ることが権威主義を高める）のではないかというのが1つの解釈である。

　信頼については，一般的信頼と公共機関への信頼が負の効果，政治・行政への信頼とマスメディアへの信頼が権威主義因子と正の効果を示していた。これはおそらく，他者や公共機関を信頼しないほど，また現在の政治を信頼するほど，政府により多くの強制力を求めるということだと解釈できる。マスメディアを信頼するほど権威主義傾向が高くなるという結果は，マスメディアへの信頼が民主主義的価値観にプラスの効果を持つという安野（2016b）の知見に反するものであった。本章の分析は，マスメディア利用を統制した結果（メディア利用を同時に独立変数として投入）であることが一因と考えられるが，今後の検討を要する点である。

　一方，平等・権利の因子得点については，大学卒業が正の効果を示していた。情報行動については，インターネット・クチコミ因子，マスメディア因子がともに有意であった。大学教育を受けること，また情報に積極的に接することは，平等・権利に関する意識を高めるようである。さらに，インターネット・クチコミ利用と年齢との交互作用が正の方向で有意であった。これは，年齢が高いほど，インターネットやクチコミの利用が平等志向を強めることを意味している。

　信頼については，権威主義とは反対に，一般的信頼と公共機関への信頼が正の効果，マスメディアへの信頼が負の効果を示していた。マスメディアへの信頼は，同じく利用行動をコントロールした結果であることには留意すべきである。

　なお，平等・権利の因子得点を従属変数とする分析では説明力が非常に低く，今回のモデルで取り上げなかった要因の効果が大きいと思われるので，解釈には注意が必要である。

8.7　結論

　本章では，アメリカおよびヨーロッパにおいて，民主主義への支持が若年層ほど低下しているというフォアら（Foa & Mounk, 2016）の指摘に基づき，日本でも同様の傾向が確認されるのか，またそうだとすれば何が民主主義への支持の低下と関連しているのかについて，世界価値観調査のデータにもとづき検討した。

　その結果，日本においても若年層（あるいはより若いコーホート）ほど，民主主義の重要度の評価が弱まっていることが確認された。そのほか，大学教育は民主主義の支持を強めること，また，民主主義の支持（重要度の評価）は，権威主義体制の支持と負の相関，平等志向とは正の相関にあり，政治・行政や公共機関への制度信頼とも正の相関にあることが見いだされた。これらの結果は，学校教育と信頼が民主主義観と関連していることを示唆しており，社会関係資本の議論とも整合的である。

　次に，民主主義の支持に関連する 2 つの価値観（権威主義，平等志向）についてもその規定要因の分析を行った。まず権威主義については，性別（女性），年齢（若いほど権威主義傾向），大学教育（大卒でないほうが権威主義傾向）のほか，世帯年収と一般的信頼の効果が確認された。世帯年収と一般的信頼は，権威主義傾向を介して民主主義の支持に影響すると考えられる。一方，制度信頼の効果は一様ではなく，政治・行政およびマスメディアへの信頼は権威主義と正の関連，公共機関への信頼は負の関連を示していた。この結果は，一部の制度信頼が「疑問を持たない傾向」を意味することを示唆している。また情報源については，マスメディア利用もクチコミ・インターネット利用も，負の方向に有意であると同時に年齢とインターネット利用の交互作用も有意であった。結果の解釈には慎重を要するが，インターネット利用と権威主義の関係が年齢によって異なるということは，主効果を含めて考えると，幅広い情報源に接することが権威主義を低める可能性を示唆している。また，世帯年収や学歴の効果は，イングルハートとノリス（Inglehart & Norris, 2016）の「文化の揺り戻し」仮説を部分的に支持するものであった。

　一方，平等志向については，性別・年齢・世帯年収の効果が有意でなかった
ほかは，権威主義と同様の結果であった。

　以上の結果は，2010年の日本において，若年層ほど民主主義への支持が弱く，
権威主義的になっている傾向を示唆するものである。また，大学教育や世帯年
収，メディア接触，信頼といった変数の効果も確認された。結論を出すには今
後の検討を要するが，もし経済的な困難や社会的な孤立，単一の情報源といっ
た要素がリベラル・デモクラシーの否定につながるとすれば，本章の知見は近
年のポピュリズムを考える上で1つの視点を提供すると考えられる。

第 9 章

ナショナリズムの浮上

小林哲郎

　ナショナリズムに関わるニュースが注目を集めるようになって久しい。在日
コリアンに対するヘイトスピーチや中国や韓国に対する感情の悪化など近隣諸
国との関係に関連するものもあれば，政治家の教育勅語に対するスタンスなど
戦前や戦中に関する認識が問われるケースもある。ニュース以外にも，他国と
比較した日本の優位性を強調する「日本礼讃番組」がテレビで増えているとの
指摘もある（富永，2017）。こうしたニュースやテレビ番組に繰り返し接触する
と，なんとなく日本のナショナリズムは高まっているのではないかという印象
を受けることもあるだろう。果たしてそうだろうか。まずは本書で扱う
WASC データを一旦離れて，NHK 放送文化研究所による「日本人の意識」調
査データから関連する指標の時系列的変化から見てみよう。「日本人の意識」
調査データを用いるのは，WASC データよりもより長期の変動を追うことが
できるためである。この調査は 5 年ごとに日本人の生活や社会についての意見
の動きをとらえるために実施され，いずれも個別面接法による全国ランダムサ
ンプリング調査によって代表性の確保されたデータを提供している。この調査
のうち，ナショナリズムに関連するものとして，「日本は一流国だ」と「日本
人は，他の国民に比べて，きわめてすぐれた素質をもっている」という 2 項目
に対して「そう思う」と回答した人の割合の推移を示したものが図 1 である。
　2 つの指標は極めて良く似た推移を示している。1983 年調査までは上昇傾向
にあり，それから 20 年間かけて徐々に低下していく。しかし，2003 年調査を
境に再び上昇を開始し，2013 年時点では 1983 年時点とほぼ同程度にまで回復
する。1980 年代は日本が東アジアにおける経済大国としての地位を確立し，

図1　ナショナリズムの推移（NHK 放送文化研究所「日本人の意識」調査）

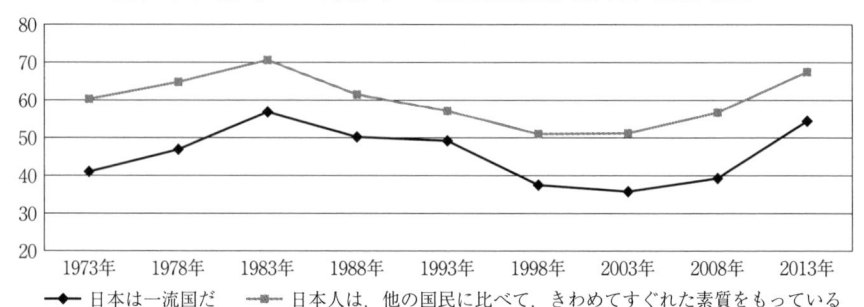

日本人が一流国の仲間入りをしたという認識が広く一般化した時期である。すなわち，「一流国」あるいは「すぐれた素質」という認識の背後に経済力という裏づけがあったことは想像に難くない。しかし，その後のバブル崩壊と失われた 20 年が続くにつれ，こうした「日本が他国よりも優秀である」あるいは「日本人は他国民より優れている」という認識は後退する。長引く不況と景気低迷により，経済大国としての認識に揺らぎが生じたためであろう。しかし奇妙なのは，こうした経済的な低迷は 2000 年代に入っても基本的に続いているにもかかわらず，ナショナリズムに関わる 2 項目に対する肯定的な反応は再び増加に転じていることである。実際には，経済力では 2000 年代から急速に発展した中国に追い上げられ，2010 年には名目 GDP で抜かれて「世界第 2 位の経済大国」の地位から転落した。財政赤字は悪化し，年金など社会保障に関する不安も解消されないままである。つまり，2000 年以降のナショナリズムの上昇は，経済力による裏づけなしに高まっているのである。この点において，2000 年代以降のナショナリズムの高まりは 1980 年代初頭にかけての経済力上昇に裏づけされた上昇とは異質なものである可能性が指摘できるだろう。では，こうしたナショナリズムの上昇はなぜ生じているのだろうか。

9.1　社会的アイデンティティ理論とナショナリズム

　ここまで「日本人の意識」調査データを用いて 40 年にわたる指標の変化を概観したが，ナショナリズムについては明確に定義されていなかった。実際，

ナショナリズム研究において最も困難なのはナショナリズムの定義そのものであろう。ナショナリズムの概念には曖昧さが付きまとい，研究分野や研究者によってさまざまに異なる用法を持つ。したがって，ナショナリズムは最も多義的な概念の1つであり，研究者間で合意が見られるのは，その本質が捉えがたいものであるという点のみにおいてであると指摘される有様である。数多くの中の定義の中で最も有力なものの1つは「政治的単位と民族的単位は一致するべきであるという原理」というゲルナー（Gellner, 1983）によるものであるが，この定義は近年の日本におけるナショナリズムの高まりを説明するにはあまり有用ではないだろう。たとえば在日コリアンをめぐる言説など，日本におけるエスニシティの問題はナショナリズムと確かに結びついてはいるが，国民国家として確立された日本においてエスニシティの問題がナショナリズムの高まりそのものを駆動しているとは考えにくい。むしろ，エスニシティに関する諸問題はナショナリズムの高まりの結果として顕在化してきているといえよう。

　ナショナリズムの研究をする際には，研究対象となる文脈の固有性に注目するエミックなアプローチと，文脈横断的な共通性に注目するエピックなアプローチの双方が考えられる。日本の固有の文脈に依拠したナショナリズム研究としてはすでに吉野（1997）などの優れた論考があるため，本章ではあえて後者のエピックなアプローチを取り，社会心理学的な視点から普遍性を志向する定義を採用する。

　社会心理学における社会的アイデンティティ理論は，集団間文脈における人の心理や行動を説明するための有用なフレームワークとなる。社会的アイデンティティ理論によれば，人は自分に対してポジティブなイメージを持ち，一定の自尊心を維持するように動機付けられている。同時に，人は所属する内集団と自己の間に強い結びつきを感じるため，内集団のイメージが悪化することはアイデンティティに対する脅威となる。自分が所属する職場や学校のことが悪く言われたら良い気持ちがしないのはそのためである。内集団と自己の強い結びつきによって生じる帰結の1つは，内集団びいきである。人は，ほとんど意味を持たないような基準で2つの集団に分けられたときでさえ，内集団のメンバーに対してひいきをすることが知られている。たとえば何らかの報酬を内集団と外集団の間で分配するときに，内集団のメンバーに対して多く配分するよ

うな傾向が見られる。現実の社会では，内集団のメンバーに対してはポジティブな印象を持ち，外集団のメンバーに対してはネガティブなステレオタイプを持っていることが多く，こうした印象の良し悪しが内集団ひいきを引き起こすことがあるが（Hamilton & Trolier, 1986），内集団メンバーの方がさまざまな社会的交換において互酬的な関係を築きやすいということも内集団ひいきを引き起こす原因となる（Yamagishi & Kiyonari, 2000）。

　内集団ひいきは，無意味な基準で集団が形成された場合ですら観測されるので，現実の社会における意味のある集団間文脈ではより強く発現する。特に，ナショナルアイデンティティは人の社会的アイデンティティの中でも特に重要なものの1つである。日本人というアイデンティティは国際的な集団間文脈では特に重要度を増し，内集団ひいきを引き起こすと予想される。それは報酬分配などの具体的な行動に限らず，日本人のほうが他国に人々と比べて優れている，日本は他国よりも良い国だ，といった評価的な認識においても内集団に対する好意的なバイアスを引き起こすことが予想される。したがって，固有の文脈に依存しない社会的アイデンティティ理論および内集団ひいきをベースすれば，ナショナリズムをより普遍的な形で定義することが可能になるだろう。そこで本章では，ナショナリズムを，「他国よりも自国が優れているという意見や態度」として定義する（Conover & Feldman, 1987）。この定義のポイントは，ナショナリズムは常に比較対象となる他国が必要となるという点である。このことは，ナショナリズムと愛国主義（patriotism）を弁別する上で極めて重要である。社会心理学的には，愛国主義は自国に対する深いアタッチメントに根ざしているのに対して，「ナショナリズムは本来的に比較に根ざしたものであり，ほとんど全ての場合下方比較的である」（De Figueiredo & Elkins, 2003, p. 178）。言い換えれば，愛国心が自国言及的であるのに対して，ナショナリズムは本質的に比較対象国を必要とする。この点が，ナショナリズムと社会的アイデンティティ理論および内集団ひいきの高い整合性を裏付ける。限定的な資源をめぐる争いや文化的なステレオタイプなど，一般的な社会的アイデンティティ理論が有効となる集団間文脈は多くの場合国際関係においても見られる。したがって，ナショナリズムに関する社会心理学的な研究はしばしば社会的アイデンティティ理論を援用してきた（e.g. Karasawa, 2002）。

　ナショナリズムを「他国よりも自国が優れているという意見や態度」として定義すると，前述の「日本人の意識」調査の2つの指標がいずれもナショナリズムの指標として適切であることがわかる。すなわち，「一流」であるかどうかは他国との比較に依存するし，2つ目の指標は明確に「他の国民と比べて」と条件付けている。以下の分析で用いる WASC 調査のデータでは「日本人の意識」調査の2項目とは異なる測定を用いるが，本章では「他国よりも自国が優れているという意見や態度」というナショナリズムの定義を一貫して採用する。

9.2　ナショナリズムはなぜ高まっているのか

　本章では，WASC 調査の各波の特徴を生かしてナショナリズムの高まりを説明する要因を探索的に検討していく。しかし，各波の調査には非常に多くの測定項目が含まれているため，ある程度の予測をもって探索していくことが必要となる。そこで以下では近年の日本のナショナリズムを高める要因として不安，経済力の低下，ネットの普及，国際関係の変化の4つに着目し，それぞれが如何にナショナリズムを高めうるかについて概観する。

(1) 不安仮説

　高原（2006）は，日本のナショナリズムの高まりの原因として雇用の流動化や社会的不確実性の高まりを背景とした不安を指摘している。自国の経済成長の成功を称揚する「高度成長型ナショナリズム」が冷戦終結後のグローバル化に伴って妥当性を失う一方，特に若年層において非正規雇用が増加し，終身雇用制に基づいた将来の予測可能性が大きく低下したことにより社会流動性が上昇した。こうした将来の見通しの悪さが不安や不満をもたらし，いわばその擬似的なはけ口として「個別不安型ナショナリズム」が高まっているというのが，高原（2006）の議論の要旨である。たしかに，図1に見られるように1980年代までのナショナリズムの高まりは経済力に裏付けられているという点において「高度成長型ナショナリズム」を反映し，2000年代以降のナショナリズムの高まりはそうした裏づけが弱いため，高度成長型とは異質なメカニズムによ

って再び上昇しているように見える。この2度目の上昇が，高原（2006）の言うように人々の不安や不満に起因しているのかどうかを調べるのが第1の分析目的となる。したがって，基本的な仮説は不安のレベルが高い人ほど，ナショナリズムが高くなるというものである。

(2) 経済力仮説

　ナショナリズムを「他国よりも自国が優れているという意見や態度」として定義した場合，日本の他国に対する優位性は長らく経済大国としての地位にあったといえよう。実際，図1で見たように1980年代後半にかけてのナショナリズムの高まりは経済大国としての地位を築いたことに裏づけされていたであろうことはすでに指摘した。しかし，もしそうだとすれば，失われた20年以降の経済的低迷や，中国の台頭による日本の経済的地位の相対的低下などはナショナリズムを低下させる方向で作用するはずである。なぜ，ナショナリズムは2000年前後から再び上昇に転じたのであろうか。まず，不安仮説と関連して，長引く不況や社会保障制度の揺らぎを背景に個人レベルで経済的な不安が高まったからこそ，アイデンティティのよすがとして国家が前景化し，ナショナリズムが高まった可能性が指摘できる。つまり，経済力の低下が個人レベルでの不安を通してナショナリズムを高めるというルートである。

　さらに，日本の経済的地位の低下は日本人のアイデンティティに対する脅威となるため，ナショナリズムが高まったと考えることもできるだろう。社会的アイデンティティ理論によれば，アイデンティティが脅威にさらされると，人はポジティブな内集団イメージを維持するために内集団の地位向上に励んだり，所属集団を変えたりしようとする。しかし，ナショナルアイデンティティの場合にはこうした戦略は困難である。国家全体の経済力に対して個人は無力であるし，国籍を変更することも難しい。こうした場合，社会的創造性と呼ばれる認知的な戦略がとられることが知られている。すなわち，内集団の方が外集団よりも優れているという認識を保つため，あえて内集団よりも劣っている外集団を比較対象として設定する下方比較を行ったり，比較対象の集団の評価をあえて下げることによって優位性の認知を保とうとしたりする（Crocker, Thompson, McGraw, & Ingerman, 1987）。したがって，日本の相対的な経済的地

位が低下し，東アジアの経済大国としての優勢がゆらいでポジティブな内集団イメージが脅威にさらされたからこそ，それに対処するための社会的創造性の産物としてナショナリズムが高まったという可能性も考えられるだろう。したがって，本章では個人レベルおよび国家レベルでの経済力認知がナショナリズムにどのような効果をもたらすのかについて検証する。

(3) ネット仮説

近年のメディア環境の変化でもっとも重要なものはネットの普及である。ナショナリズムに関連する変化としては，これまでメディアの言説空間には出てきづらかったナショナリスティックな意見がオンライン空間で可視化されたことが挙げられるだろう。既存のマスメディア発のニュース記事であっても，ポータルサイトやソーシャルメディアで一般ユーザーがコメントを付けることが可能になった。特に国際関係に関するニュースではナショナリスティックで極端な意見が注目を集める場合が多く，実際にそのような意見を持っている人の数は少ないとしても，それらが可視化されることで社会的な影響力を持つ可能性がある。さらに，最近では隣国のメディアの記事が日本語訳されてオンラインで掲載されることが珍しくなくなり，日本に批判的な海外紙の社説などが以前よりもユーザの目に留まりやすくなったことも挙げられよう。たとえば，韓国の主要な新聞は記事の一部を日本語訳しており，ソーシャルメディアを通して日本人がこうした記事を読むことが格段に容易になっている。中国の人民日報なども日本語サイトやツイッターアカウントを開設している。

さらに，保守的な団体がインターネットを駆使して運動を展開していることも注目に値する。極端な主張を持つ団体の運動がそのまま全国調査で検出可能なほどの世論のシフトを直接的に引き起こすことは考えにくいが，樋口（2014）のインタビュー調査によれば，極端な右派団体の構成員にとって参加のきっかけとなったものとして，ネットがしばしば挙げられていることは興味深い。実際に運動に参加するまでの効果はなくとも，こうした団体の主張にネットを通じで触れることで意見変容が生じる可能性はあるだろう。

(4) 国際関係仮説

　ナショナリズムが「他国よりも自国が優れているという意見や態度」として定義される以上，他国，特に隣国との関係はナショナリズムに大きなインパクトをもたらすことが予測される。WASC 調査の行われた 2010 年から 2013 年にかけては，尖閣諸島における中国漁船衝突事件（2010 年），尖閣諸島の国有化とそれに対する中国の反発（2012 年），韓国の李博明大統領（当時）による竹島上陸や天皇に対する謝罪要求（2012 年）などによって中国・韓国との関係は悪化した。内閣府の「外交に関する世論調査」では，2009 年時点で中国に親しみを感じる人は 38.5％であったが，2013 年には 18.1％にまで半減している。韓国に対して親しみを感じる人も 2009 年では 63.1％であったが，2013 年には 40.7％に減少している。こうした日中・日韓関係の悪化が外集団（ここでは中国と韓国）に対する評価を下げ，相対的に「日本のほうが良い国」あるいは「日本人のほうが優れている」というナショナリスティックな態度を形成した可能性はあるだろう。樋口（2014）による排外主義の研究においても，在日コリアンがいわば日本国内における韓国の代理人として扱われ，東アジア地政学の変化（特に日韓関係の悪化）が在日コリアンに対する排斥の原因となっていることが指摘されている。

　本章では，以上の 4 つの仮説を念頭に，WASC 調査データで利用可能な変数からナショナリズムを規定する要因を探っていく。

9.3　ナショナリズムの測定

　本書を通して用いられる WASC データでは，2010 年の世界価値観調査（以下，2010WVS 調査），2012 年のソーシャルネットワーク調査（以下，2012SN 調査），2013 年の CSES 調査（以下，2013CSES 調査）の 3 波においてナショナリズムが同一項目で測定されている。この測定項目は ISSP（The International Social Survey Programme）で国際比較用に用いられているものであり，日本でも 1995 年，2003 年，2013 年に同一項目が ISSP 調査で測定されている。具体的な項目は以下の通りである。

a) 他のどんな国の国民であるより，日本国民でいたい

b) 今の日本について恥ずかしいと思うことがいくつかある

c) 一般的にいって，他の国々より日本は良い国だ

d) 他の国の人たちが日本人のようになれば，世界はもっと良くなるだろう

e) たとえ自分の国が間違っている場合でも，国民は自分の国を支持すべきだ

f) 国際的なスポーツ大会で日本選手が良い成績を上げた時，日本を誇りに思う

g) 日本を誇りに思いたいが，そう思えない時がしばしばある

　これらの項目は ISSP 調査で用いられたナショナリズム尺度を踏襲しているが，g) は ISSP に含まれていないこと，b) は他の項目との相関が弱く，ナショナリズムの測定項目として適切ではないことから以下の分析から除外する。残りの5項目で構成されるナショナリズム尺度の信頼性係数（Cronbach's alpha）は，3波の調査を通して 0.64 程度で安定していた。いずれも，比較対象となる他国あるいは他国民が明示あるいは含意されており，「他国よりも自国が優れているという意見や態度」として定義されたナショナリズムと整合的であることに注意されたい。

　まず，ナショナリズム尺度を構成する各項目が 2010 年から 2013 年にかけてどのように変化したのかを確認しよう。図2は各項目が0から1までの値を取るように変換し，その変化を示したものである。値が大きいほど各項目に対して賛成の度合いが強いことを示す。全体的に上昇傾向にあることがわかるが，特に上昇が大きいのは「他の国の人たちが日本人のようになれば，世界はもっと良くなるだろう」（14 ポイント上昇）と「一般的にいって，他の国々より日本は良い国だ」（10 ポイント上昇）である。いずれも，他の国あるいは他の国の人々と比較した上での日本の優位性について肯定的な回答が増えていることを示している。さらにパネル調査の特性を生かし，2010 年 WVS 調査，2012 年 SN 調査，2013 年 CSES 調査のすべてに回答した回答者内での変化を示したものが図3である。基本的な傾向に図2との違いはなく，個人内でも平均的にはナショナリズムの上昇が見られたことを示している。なお，2010 年 WVS 調査時点の測定値と 2013 年 CSES 調査時点の測定値を個人内で比較する対応

図2　ナショナリズム測定項目の推移

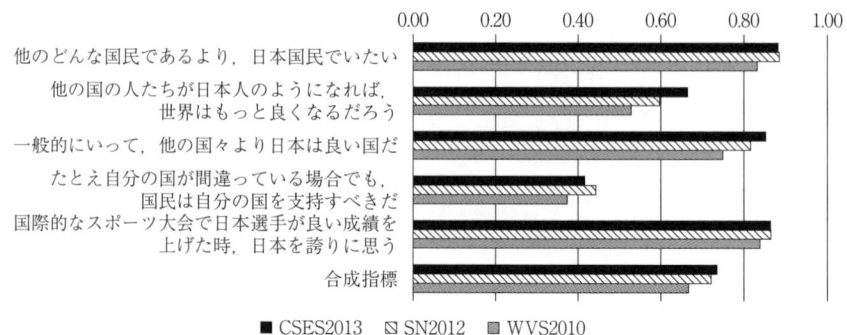

図3　ナショナリズム測定項目の推移（パネルサンプル）

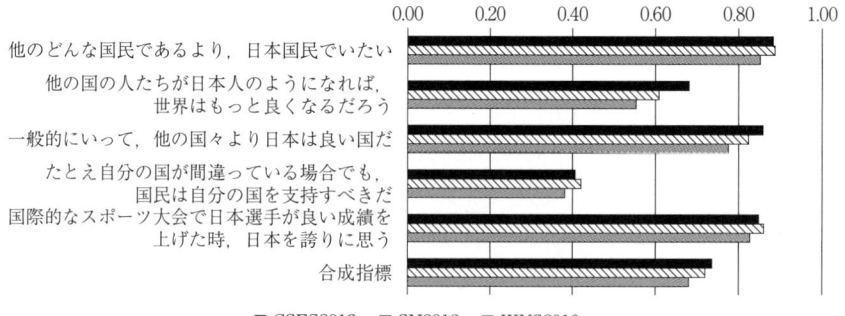

　のあるt検定を行うと「たとえ自分の国が間違っている場合でも，国民は自分の国を支持すべきだ」と「国際的なスポーツ大会で日本選手が良い成績を上げた時，日本を誇りに思う」の2項目以外では1%水準で有意な上昇が見られた。

　次に，合成されたナショナリズム尺度の妥当性を確認するため，関連すると予測される他の変数との相関を確認する。まず，ナショナリズムは他国に対する自国の優越性の認知に根差しているため，結果として自国に対する誇り（ナショナルプラウド）と正相関することが予測される。実際，「あなたは日本人であることにどのくらい誇りを感じますか」という項目との相関は，2010WVS調査で0.44，2013CSES調査で0.63であり，相関は強まる傾向を見せている。また，2011年のAsian Barometer調査（以下，2011ABS調査）では，「日本は，

固有の生活様式を守るべきであり，他の国に似ていくのを避けるべきだ」「海外からの輸入を制限して，日本の農家や労働者を守るべきだ」「外国製品のせいで，地域社会に害が及んでいる」の３項目で文化・経済的保護主義が測定されている（$\alpha = 0.55$）。ナショナリズムは自国優先主義とも関連するため，これらの保護主義とも正相関することが予測される。2011ABS 調査にも回答したパネルサンプルを用いて相関を検討すると，2010WVS 調査のナショナリズム尺度とは 0.22，2012SN 調査とは 0.24 の正相関を示す（いずれも１％水準で有意）。さらにナショナリズムは，2013CSES 調査で測定された「国旗・国歌を教育の場で教えるのは当然である」「子どもたちにもっと愛国心や国民の責務について教えるように，戦後の教育を見直さなければならない」の２項目とも正相関しており（相関係数はそれぞれ 0.49, 0.47），前述のとおり愛国主義との関連も強いことがわかる。最後に，ナショナリズムは保守的なイデオロギーとも正相関している。2010WVS 調査時点でのナショナリズムとイデオロギー（値が大きいほど保守）の相関は 0.27，2013CSES 調査時点では 0.22 であった（いずれも１％水準で有意）。まとめると，ナショナリズム得点が高い人ほど日本人として誇りを感じ，文化的・経済的保護主義と愛国主義が強く，保守的なイデオロギーを持つ傾向がある。

　では，こうしたナショナリズムは何によって規定されているのだろうか。次節では，すでに述べた不安仮説，経済力低下仮説，ネット仮説，国際関係仮説のそれぞれについて，データによって支持されるかどうかを確認していく。

9.4　ポジティブな感情と相関するナショナリズム

　まず，高原（2006）が論じたような，社会的流動性の高まりを背景とした不安によるナショナリズムの高まりはデータから確認できるだろうか。WASCデータでは，2010WVS 調査，2012SN 調査，2013CSES 調査の３波において，（現在の日本の置かれた状況について）怒り，希望，不安，日本という国ならうまくやっていけると感じること（enthusiasm の和訳）の４種類の感情について，「まったくない」から「大変よくある」までの５段階で測定された。ここでは３波それぞれで分析を行うが，共通して用いることのできるコントロール変数

表1　感情の効果

従属変数：	ナショナリズム		
	2010WVS 調査	2012SN 調査	2013CSES 調査
性別	0.02**	0.02**	0.03**
	(0.01)	(0.01)	(0.01)
年齢	0.00**	0.00**	0.00**
	(0.00)	(0.00)	(0.00)
怒り	0.03+	0.02	−0.01
	(0.02)	(0.02)	(0.01)
希望	0.04*	0.00	0.07**
	(0.02)	(0.02)	(0.02)
不安	0.01	0.02	0.01
	(0.02)	(0.02)	(0.01)
日本ならうまく やっていける	0.14**	0.08**	0.11**
	(0.02)	(0.02)	(0.02)
定数	0.44**	0.49**	0.50**
	(0.02)	(0.02)	(0.02)
N	1,684	1,103	1,849
決定係数	0.16	0.11	0.17

Standard errors in parentheses
**$p < 0.01$, *$p < 0.05$, +$p < 0.1$

として性別と年齢のみを投入する。当然，コントロール変数はこれ以外にも投入可能であるが，3波で同一のモデルを推定するためにはこの2つに限定せざるを得ない（たとえば学歴は2012SN調査では測定されていない）。最小二乗法で推定された回帰モデルの結果を表1に示した。

　表1の結果はほぼ一貫して，希望と日本ならうまくやっていけるというポジティブな感情がナショナリズムに正の効果を及ぼしている。一方，怒りと不安というネガティブな感情はナショナリズムとはほとんど関係がない。したがって，WASC調査の尺度を用いる限り，不安が人々をナショナリズムに駆り立てているという仮説は支持されない。社会流動性が不安をもたらしているのは特に若年層である可能性を考慮して年齢と不安の交互作用についても検討したが，いずれの調査においても有意な効果は見られなかった。

　ここでの暫定的な結論は，ナショナリズムは怒りや不安といったネガティブな感情ではなく，むしろ希望や，日本は難局を乗り越えられるといった楽観的なムードと正相関しているということである。WASC調査での感情の測定は

あくまでも現在の日本の置かれた状況に対する感情であり，より個人的な経済状況や雇用状況から生まれる「個別不安型ナショナリズム」（高原，2006）を検討できていないという批判はあり得あるだろう。これについては，次節の経済力仮説で部分的に検証する。

9.5　楽観的なナショナリズム

　経済状況が悪い人ほどナショナリズムが高まるという仮説はどの程度支持されるだろうか。ここでは日本経済全体のマクロな認知と，個人レベルでの経済状況の2種類の変数の効果を検討する。各波で用いることのできる変数が異なるが，可能な限り類似した変数を用いた。「良い方向－悪い方向」という変数は，「社会道徳・倫理観」や「教育水準」，「福祉水準」など13項目において日本が良い方向に向かっていると思うものの数から，悪い方向に向かっていると思うものの数を引いたものである。したがって，数が大きいほど日本は良い方向に向かっているという楽観的な認識が強いことを示している。最小二乗法で推定された回帰モデルの結果を表2に示した。

　結果は，生活満足度が高く，日本は良い方向に向かっていると思う人ほど，ナショナリズムが高くなる傾向を示している。生活満足度は家計状態に対する満足度と強く相関しており（2010WVS調査で相関係数は0.57），個人的な経済状況が良好で生活に満足しているほど，ナショナリズム得点が高くなる。また，収入が減る可能性についてはいずれも効果を持たず，今後の個人的経済状況に関する不安がナショナリズムを押し上げるという仮説は支持されなかった。マクロな認知においても，日本が良い方向に向かっており，10年後には今よりも良くなっているだろうという楽観的な予測に発つ人ほど，ナショナリズム得点の値は高くなる。

　これらの経済力認知の効果は感情の効果とも一貫している。すなわち，経済的に安定し，今後も日本は良くなっていくだろうという希望を持っている人ほど，ナショナリズム得点は高いのである。このことは，社会的な不確実性や流動性の増大，あるいは長引く経済的低迷から将来に対して希望が持てず，経済的に没落していくという悲観的予測によってナショナリズムが強化されている

247

表2　マクロ・マイクロな経済力認知の効果

従属変数：	ナショナリズム		
	2010WVS 調査	2012SN 調査	2013CSES 調査
性別	0.01*	0.02+	0.02**
	(0.01)	(0.01)	(0.01)
年齢	0.00**	0.00**	0.00**
	(0.00)	(0.00)	(0.00)
生活満足度	0.04**	0.04	
	(0.01)	(0.02)	
良い方向−悪い方向	0.01**	0.00**	
	(0.00)	(0.00)	
10年後の日本は今より良くなっている	0.03**		
	(0.01)		
収入が1年で大きく減る可能性		−0.00	
		(0.02)	
今後10年間に生活水準が向上する可能性			0.07**
			(0.02)
今後12か月で生活水準が大きく低下する可能性			−0.02
			(0.01)
定数	0.51**	0.55**	0.52**
	(0.01)	(0.02)	(0.02)
N	2,038	1,109	1,852
決定係数	0.13	0.11	0.11

Standard errors in parentheses
**$p < 0.01$, *$p < 0.05$, +$p < 0.1$

という説明を支持する証拠は，少なくとも WASC 調査からは得られなかったことを意味している。

9.6　ネットよりもテレビと相関するナショナリズム

　次に，メディア環境の変化がナショナリズムを高めているという仮説を検討しよう。WASC 調査の期間中におけるメディア環境の変化で最も顕著なものは，ネット利用，特にソーシャルメディア利用の普及であろう。さらに，スマートフォン利用が急速に進んだのもこの時期である。ただし，代表性のある全国調査でソーシャルメディア利用の詳細な効果を検討することは難しい。中高年層ではソーシャルメディアを利用していない人々が多く，さらに利用される

表3　ネット利用の効果

従属変数：	ナショナリズム			
	2010WVS 調査	2012SN 調査	2012SN 調査	2013CSES 調査
性別	0.01	0.02^{+}	0.02^{*}	0.02^{**}
	(0.01)	(0.01)	(0.01)	(0.01)
年齢	0.00^{**}	0.00^{**}	0.00^{**}	0.00^{**}
	(0.00)	(0.00)	(0.00)	(0.00)
新聞	−0.00	0.02		
	(0.02)	(0.01)		
テレビニュース	0.13^{**}	0.05^{+}		
	(0.04)	(0.03)		
ネットニュース	0.02	-0.02^{*}		
	(0.01)	(0.01)		
SNS			−0.02	−0.01
			(0.01)	(0.01)
動画系サイト			0.01	
			(0.01)	
掲示板系サイト			0.01	−0.00
			(0.02)	(0.01)
ブログ			-0.03^{+}	-0.02^{*}
			(0.01)	(0.01)
定数	0.41^{**}	0.54^{**}	0.56^{**}	0.58^{**}
	(0.04)	(0.03)	(0.02)	(0.02)
N	1,174	1,119	1,119	1,903
決定係数	0.05	0.10	0.10	0.11

Standard errors in parentheses
$^{**}p < 0.01$, $^{*}p < 0.05$, $^{+}p < 0.1$

　ソーシャルメディア自体が多様化しているため，フェイスブックやツイッターなど，個別のサービスの効果を検討するには十分なサンプルサイズを確保することが難しいためである。そこで，各波で測定されたメディア利用変数の中からネット利用に関する変数を可能な限り利用して，どのようなネット利用がナショナリズムとの関連を示すのかを探索的に検討した（表3）。

　まず，ネットを介したニュース接触の相対的な効果をマスメディア接触と比較して検討するため，2010年WVS調査と2012SN調査を用いた分析を行った（表3の左側の結果）。その結果，テレビニュースが概ね正の効果を示す一方（ただし2012SN調査では10%水準で有意），ネットニュースは2010WVS調査では効果を示さず，2012SN調査ではむしろ負の効果を示した。ネットニュースで

はマスメディア発の記事であってもナショナリスティックなユーザーコメント
と合わせて閲覧される可能性があることや，センセーショナルなヘッドライン
でクリック数を稼ごうとすることによって，東アジア諸国との比較を通して日
本を礼賛するような記事が目につくようになっている。こうしたネットニュー
ス利用がナショナリズムと正相関する可能性はあるが，WASC調査では実証
的に支持されなかった。

　2012SN調査と2013CSES調査ではより詳細なネット利用が測定されている。
ここでは，フェイスブックやツイッターなどのSNS（ソーシャルネットワーク
サービス），ユーチューブやニコニコ動画などの動画系サイト，2ちゃんねるな
どの掲示板系サイト，および個人のブログに焦点を当て，ナショナリズムとの
関連を検討した。その結果，個人のブログ利用がナショナリズムと弱い負の相
関を示した以外は，いずれも一貫した効果は見られなかった。したがって，オ
ルタナティブメディアとしてのネット利用についても，ナショナリズムを高め
るような証拠は得られなかったと言える。個人ブログ利用の負の効果が何を意
味しているのかについてはここから判断することは難しい。個人ブログの中に
はナショナリズムと親和性の高いものもあれば，その逆の主張をするものもあ
るためである。

　また，WASC調査ではいわゆるまとめサイトやまとめブログの利用につい
ては測定されなかった。まとめサイトやまとめブログは，ソーシャルメディア
上の投稿をアグリゲートすることでセンセーショナルな記事を作成し，これに
よってクリック数を稼ごうとする広告モデルによって存在感を増しつつある。
これのサイトが一般的に利用されるようになるのはWASC調査が終了した後
であるが，近年，これらのまとめサイトのコンテンツが排外主義と結びついて
いる可能性が指摘されている（Kaigo, 2013; 高，2015）。排外主義とナショナリ
ズムは同一の概念ではないが，こうしたソーシャルメディア利用が一般化した
後に生まれたサービスがナショナリズムと関連している可能性についてはより
新しいデータを用いて検討する必要があるだろう。

表 4 外国人や国際関係に対する態度の効果

従属変数：	ナショナリズム		
	2010WVS 調査	2012SN 調査	2013CSES 調査
性別	0.02^*	0.02^+	0.02^{**}
	(0.01)	(0.01)	(0.01)
年齢	0.00^{**}	0.00^{**}	0.00^{**}
	(0.00)	(0.00)	(0.00)
外国人は増えたほうが良い	-0.08^{**}		
	(0.02)		
外国人と会う頻度	-0.00		
	(0.01)		
アジアにおける中国の悪影響（2011ABS 調査）		-0.00	
		(0.02)	
日本に対する中国の悪影響（2011ABS 調査）		0.07^*	
		(0.03)	
対中感情温度			-0.08^{**}
			(0.02)
対韓感情温度			-0.00
			(0.02)
定数	0.57^{**}	0.52^{**}	0.58^{**}
	(0.02)	(0.02)	(0.01)
N	1,651	1,059	1,872
決定係数	0.11	0.09	0.11

Standard errors in parentheses
$^{**}p < 0.01$, $^*p < 0.05$, $^+p < 0.1$

9.7 国際関係とナショナリズム

　次に，日韓関係や日中関係の悪化がナショナリズムを高めているという説について検討しよう。2010WVS 調査では特定の国に対する態度や感情は測定されていないため，外国人に対する態度，および外国人と日常的に会う頻度の効果を検証した（表4）。その結果，日本に住む外国人が減ったほうが良いと思っている人ほどナショナリズムが高いという連関が見られたが，この結果は逆因果の可能性があるため注意する必要がある。すなわち，ナショナリズムの高い人ほど排外的になるという可能性は十分にある。むしろ，ナショナリズムは排外主義と正の関連を持っていることを示していると理解する方が自然だろう。

　2012SN 調査では，アジアにおける中国の悪影響認知と日本に対する中国の

悪影響認知が測定されている。これらのうち，日本に対する中国の悪影響認知のみがナショナリズムに対してプラスの効果を示した（表4）。2012SN調査は11月に実施されたが，同年8月には尖閣諸島の国有化およびそれに対する中国の報復的反応が大きなニュースになった。こうした背景により，日中関係の悪化がナショナリズムの上昇をもたらした可能性がある。また，この傾向は2013CSES調査にも受け継がれている。中国と韓国に対する包括的な好意度を0点から100点のスケールで測定する感情温度のスコアを独立変数として用いた場合，対中感情温度が低いほどナショナリズムが高い傾向が見られた。興味深いのは，こうした関係は対韓感情では見られない点である。日韓関係も2012年の李明博大統領（当時）の竹島上陸や天皇に対する謝罪要求発言等によって悪化したが，ナショナリズムと一貫して関連しているのは中国の脅威認知とそれに伴う中国に対するネガティブな感情である。

　ここまで，不安仮説，経済力仮説，ネット仮説といずれも実証的に支持されることはなかったが，国際関係仮説に関しては部分的に仮説に沿った結果が得られといえよう。すなわち，ナショナリズムの高まりは東アジアにおける地政学的な変化を反映しており，特に中国の海洋進出に伴う領土問題の顕在化，その結果としての対中感情の悪化が背景にある可能性が指摘できる。このことは，日本の「排斥感情の根底にあるのは外国人に対するネガティブなステレオタイプよりもむしろ，近隣諸国との歴史的関係」とする樋口（2014）の主張とも整合的である。

9.8　ナショナリズムの上昇を説明する要因

　ここまでの分析は，いわば各調査時点でのスナップショットを用いて，ナショナリズムを規定する要因を探索的に検討してきた。ナショナリズムを規定する要因として，不安や経済的不確実性，ネット利用はいずれも明確な実証的な証拠を得ることができなかったが，日中関係の緊張を背景とした中国の脅威認知および対中感情の悪化はナショナリズムを規定する要因として一定の説明力を持つことが明らかとなった。これらの効果はそれぞれの調査実施時期にナショナリズムを説明するのに有効な要因を示しているが，2010年から2013年に

かけてのナショナリズムの上昇を予測するとは限らない。そこで，最後にナショナリズムの「変化」を従属変数として，それを説明する要因を探ってみよう。WASC 調査はパネル設計であるため，同一対象者から複数回の測定を得ることによってさまざまな変数の変化を測定することができる。

　ナショナリズムは 2010WVS 調査，2012SN 調査，2013CSES 調査の 3 波で測定されているため，2010 年から 2012 年にかけての変化と，2010 年から 2013 年にかけての変化を分析対象とする。2012 年から 2013 年にかけての変化はインターバルが短すぎるため，十分な差分が得られない。さらに，パネルデータの特長を生かして，独立変数も同一方法で測定された変数の差分を用いる。従属変数と独立変数の双方で差分変数を用いることにより，ナショナリズムに対する効果が不変であると考えられる個人内で変動のない変数（たとえば性別など）の効果を，観測の有無にかかわらず統制することができる。この方法の欠点としては，同一の測定で複数回測定した変数の差分のみを用いることが可能であるため，独立変数として利用可能な変数の数が限られることである。しかし，2010WVS 調査と 2012SN 調査の両方に回答した人は 440 人，2010WVS 調査と 2012SN 調査の両方に回答した人は 365 人と少ないため，いずれにせよ多くの変数を投入することはできない。

　ナショナリズムの 2010 年から 2012 年にかけての変化と，2010 年から 2013 年にかけての変化を予測する回帰モデルを推定し，表 5 に示した。

　表 5 から明らかなように，イデオロギーの差分を予測する変数は多くない。まず，2010 年から 12 年にかけての変化を予測する変数としては「日本ならうまくやっていける」（enthusiasm）の差分が有意な正の効果を示した。これは不安仮説の検証で見られたように，楽観的な感情・ムードにある人のほうがナショナリズムが高くなるという傾向を示している。一方，2010 年から 13 年にかけての変化ではイデオロギーの差分が有意な正の効果を示した。2010WVS 調査から 2013CSES 調査にかけてはイデオロギー的な保守化が生じている。最も左（革新）の人を 0，最も右（保守）の人を 1 としたイデオロギー尺度得点の平均値は，2010WVS 調査では 0.51 であったが，2013CSES 調査では 0.56 になっている（「わからない」は欠損値として計算から除外）。2010WVS 調査と 2013CSES 調査の両方に回答したパネルサンプルに限定して分析しても 0.52 か

表5　ナショナリズムの変化を予測するパネル分析

従属変数：	ナショナリズム（差分）	
	2012SN － 2010WVS	2013CSES － 2010WVS
良い方向－悪い方向（差分）	0.00	
	(0.00)	
外国人は増えたほうが良い（差分）	－ 0.04	
	(0.03)	
生活満足度（差分）	0.05	
	(0.04)	
怒り（差分）	0.02	－ 0.02
	(0.03)	(0.03)
希望（差分）	－ 0.00	－ 0.00
	(0.03)	(0.03)
不安（差分）	0.02	0.04
	(0.03)	(0.03)
日本ならうまくやっていける（差分）	0.06*	0.04
	(0.03)	(0.03)
イデオロギー（差分）		0.09*
		(0.04)
定数	0.02**	0.05**
	(0.01)	(0.01)
N	298	225
決定係数	0.04	0.04

Standard errors in parentheses
**$p < 0.01$, *$p < 0.05$, +$p < 0.1$

　ら 0.58 と保守化が見られる（N=271; 対応のある t 検定は高度に有意）。表5のパネル分析は，このイデオロギー的保守化とナショナリズムの高まりには関連があることを示唆している。もちろん，パネル分析であるからといって因果関係が明らかになるわけではない。しかし，ナショナリズムに対する効果が一定で，個人内で変動しない変数についての効果がすべて統制されてもなおナショナリズムとイデオロギーの差分に関連が見られるということは，ナショナリズムの高まりがイデオロギー的な現象であり，中国など特定の国に対する単なる一時的な感情の悪化を反映した領域特定的な態度ではなく，そうした外的な環境の変化をきっかけとしつつも，より深い政治的価値観のレベルでの変動を示している可能性がある。

9.9 まとめ

　本章では，2000 年代以降に再上昇を開始した日本のナショナリズムに注目し，2010 年から 2013 年にかけての WASC 調査データからその規定因と上昇を説明する要因の探索的検討を行った。分析の結果，以下のことが明らかになった。

　まず，ISSP などの国際比較調査で用いられる標準的なナショナリズム尺度を用いた場合，不安や怒りなどのネガティブな感情との関連は見出せなかった。むしろ，ナショナリズムと関連するのは希望や「日本ならうまくやっていける」というポジティブで楽観的な感情であった。ヨーロッパを中心として，流入する移民によって国内労働市場での競争が激化して社会福祉の負担が増加するため，自国第一主義の観点からナショナリズムないしは排外主義的な傾向が強まるという議論はよく検討されている。実証的には経済的な競争よりも文化的な脅威のほうが移民政策に対する態度には強い効果をもたらすことが多いことが知られているが，こうした移民の問題に直面している国では個人の経済状況を取り巻く不安や不満が，移民という外集団や移民供給国に向けられると考えることに論理的な整合性はあるだろう。しかし，日本の場合移民の流入は大きな社会問題とはなっておらず，社会流動化によって個人の不安が高まったとしてもそれがナショナリズムに結びつく論理的必然性は曖昧である。個人レベルでの経済的な不安や不満はナショナリズム以外の手段でも解消可能かもしれないからだ。

　もちろん，WASC 調査で測定されていたのは日本の現状に対する感情であり，個人的な経済状況から生じる個人レベルでの不安とは異なるという批判はありえるだろう。しかし，個人レベルあるいは国レベルでの経済状況認知がナショナリズムに及ぼす効果を見ても，経済的に悪化すると予測する人ほどナショナリズムが高まるという傾向は確認されなかった。結果はむしろ逆であり，日本はよい方向に向かっていると思っている人ほど，また生活満足度が高く，今後 10 年間に生活水準が向上すると予測する人ほどナショナリズムが高いという結果が得られた。したがって，個人レベルでの経済状況についても，ネガティブな現状認識や将来予測がナショナリズムを高めているという証拠は得ら

れなかった。本研究の結果は，一貫してポジティブな楽観主義がナショナリズムと正相関していることを示している。

　また，ネットの普及というメディア環境の変化もナショナリズムを説明する要因としては弱いことが示された。回帰係数の大きさという観点からはむしろテレビニュースのほうが大きな正の効果を示しており，ネットニュースやブログの利用はナショナリズムに対して負の効果を見せる場合もあった。したがって，ネットの普及が2000年代以降のナショナリズムの普及に寄与しているという見方も実証的根拠に乏しい。テレビではいわゆる「日本礼賛番組」が増えているとの指摘があり，こうした他国と比較した上での日本の優位性に関する情報がナショナリズムの向上に寄与している可能性はあるだろう。しかし図1で見られるようにナショナリズムの再上昇は2003年以降から始まっており，「日本礼賛番組」の増加時期と一致しているのかについては注意深い検証が必要だろう。

　最も仮説と整合的な結果が得られたのは，東アジアにおける地政学的な変化，特に中国の影響に関する認知の効果であった。日本に対する中国の悪影響を高く見積もるほどナショナリズムが高く，またナショナリズムは対中感情温度と負の関連を示した。この点において，ナショナリズムが必ずしも日本の国力の高い評価とポジティブで楽観的な将来予測のみに基づいているわけではないことが指摘できるだろう。あくまでポジティブな感情や経済状況認知に基づいている一方で，中国に対するネガティブな感情とも結びついているのである。そしてこうした中国の悪影響の認知は，2000年以降の中国の経済的な急成長や積極的な海洋進出に伴う周辺諸国との軋轢に起因しているだろう。こうした国際関係の変化が日本のナショナリズムの高まりに寄与している可能性は高い。この点は，樋口（2014）が指摘するように，日本の排外主義は不安に根ざしているのではなく，東アジアの国際関係が国内問題に投影されることで強化されているという議論と整合的である。

　最後に，パネルデータの特長を生かした分析ではナショナリズムの高まりはイデオロギー的な保守化と関連していることが示唆された。すなわち，ナショナリズムの高まりは東アジアの国際関係の変化が局所的に反映されたものではなく，より深い政治的価値観の変動と関連している可能性がある。ナショナリ

ズムの高まりがイデオロギー的な保守化を招くのか，その逆か，あるいは国際関係の変化などの第3の要因が両者に同時に影響しているのかは本章の分析からは明らかにすることができない。より長いスパンでの時系列的分析や実験的手法を組み合わせることで因果的なプロセスを明らかにすることが求められる。

　最後に，ナショナリズムの尺度について若干の留保が必要だろう。WASC調査ではISSP調査など，広く国際比較に用いられている尺度を用いてナショナリズムを測定した。しかし，果たしてこの尺度は日本のナショナリズムを的確に捉えられているのだろうか。本章の妥当性の検証では，ナショナリズム得点が高い人ほど日本人として誇りを感じ，愛国主義が強く，文化・経済的に保護主義的傾向が強く，保守的なイデオロギーを持つ傾向があることが示された。これらの関連する概念と相関がみられたことは，一定程度ナショナリズム尺度の妥当性を担保するものだろう。しかし，「他国よりも自国が優れているという意見や態度」というナショナリズムの定義そのものが，ナショナリズム尺度と，日本の現状に対する肯定的な感情と将来に対する楽観，および個人の経済状況との正相関をもたらしているとも考えられる。つまり，豊かで明るい未来を想像できる人は経済的な裏づけをもとに「日本の他国に対する優位性」を認知しているのであり，その意味では1980年代までの「高度成長型ナショナリズム」を個人レベルでそのまま引きずっているとも考えられる。一方，2000年代以降のナショナリズムの上昇には，経済成長や豊かさに裏づけされない上昇も含まれる可能性が高い。しかしながら本章で用いたナショナリズム尺度ではこの違い，すなわちマクロな経済力認知や個人の豊かさに裏付けられたナショナリズムと，こうした裏付けがないにもかかわらず日本の優位性を知覚する（あるいはしてしまう）ナショナリズムが，十分に弁別できていないのではないかという懸念が残る。この尺度を惰性的に使い続けるのではなく，国際的な比較可能性も残しつつ日本におけるナショナリズムの操作的定義をより精密に検討していく作業が必要となるだろう。

引用文献

Abelson, Robert P., Kinder, Donald R., Peters, Mark D., & Fiske, Susan T. (1982). Affective and Semantic Components in Political Person Perception. *Journal of Personality and Social Psychology*, 42(4), 619-630.

Almond, Gabriel A. & Verba, Sidney (1963). *The Civic Culture: Political Attitude and Democracy in Five Nations*. Princeton, NJ: Princeton University Press. (石川一雄他訳 (1974). 現代市民の政治文化：五ヵ国における政治的態度と民主主義 勁草書房)

Ariely, Gal & Davidov, Eldad (2010). Can We Rate Public Support for Democracy in a Comparable Way? Cross-National Equivalence of Democratic Attitudes in the World Value Survey. *Social Indicators Research*, 104(2), 271-286.

Aukett, Richard, Ritchie, Jane, & Mill, Kathryn (1988). Gender Differences in Friendship Patterns. *Sex Roles*, 19(1-2), 57-66.

Barr, Robert R. (2009). Populists, Outsiders and Anti-Establishment Politics. *Party Politics*, 15 (1), 29-48.

Bartels, Larry M. (2010). The Study of Electoral Behavior. In J. E. Leighley (Ed.) *The Oxford Handbook of American Elections and Political Behavior*. Oxford, UK: Oxford University Press, pp. 239-261.

Bourdieu, Pierre (1986). The Forms of Capital. In J. G. Richardson (Ed.) *Handbook of Theory and Research for the Sociology of Education*. New York, NY: Greenwood Press, pp. 241-258.

Brader, Ted. (2005). Striking a Responsive Chord: How Political Ads Motivate and Persuade Voters by Appealing to Emotions. *American Journal of Political Science*, 49(2), 388-405.

Braithwaite, Valerie, Makkai, Toni, & Pittelkow, Yvonne (1996). Inglehart's Materialism-Postmaterialism Concept: Clarifying the Dimensionality Debate through Rokeach's Model of Social Values. *Journal of Applied Social Psychology*, 26(17), 1536-1555.

Brambor, Thomas, Clark, William R., & Golder, Matt (2005). Understanding Interaction Models: Improving Empirical Analyses. *Political Analysis*, 14(1), 63-82.

Brass, Daniel J. (1985). Men's and Women's Networks: A Study of Interaction Patterns and Influence in an Organization. *Academy of Management Journal*, 28(2), 327-343.

Burt, Ronald S. (1992). *Structural Holes: The Social Structure of Competition.* Cambridge, MA: Harvard University Press. (安田雪訳 (2006). 競争の社会的構造:構造的空隙の理論 新曜社)

Burt, Ronald S. (2005). *Brokerage and Closure: An Introduction to Social Capital.* Oxford, UK: Oxford University Press.

Campbell, Angus, Converse, Philip E., Miller, Warren E., & Stokes, Donald E. (1960). *The American Voter.* New York, NY: Wiley.

Canovan, Margaret (1999). Trust the People! Populism and the Two Faces of Democracy. *Political Studies*, 47(1), 2-16.

Chu, Yun-han, Diamond, Larry, Nathan, Andrew J., & Shin, Doh Chull (Eds.) (2008). *How East Asians View Democracy.* New York, NY: Columbia University Press.

Clarke, Harold D. & Dutt, Nitish (1991). Measuring Value Change in Western Industrialized Societies: The Impact of Unemployment. *American Political Science Review*, 85(3), 905-920.

Coleman, James S. (1988). Social Capital and the Creation of Human Capital. *American Journal of Sociology*, 94(Supplement), S95-S120.

Conover, Pamela J. & Feldman, Stanley (1987). Memo to NES Board of Overseers regarding 'Measuring patriotism and nationalism'. Retrieved from http://www.electionstudies.org/Library/papers/documents/nes002263.pdf

Converse, Philip E. (1966). The Concept of a Normal Vote. In A. Campbell, P. E. Converce, W. E. Miller & D. E. Stokes (Eds.) *Elections and the Political Order.* New York, NY: Wiley, pp. 9-39.

Cornell, Agnes & Grimes, Marcia (2015). Institutions as Incentives for Civic Action: Bureaucratic Structures, Civil Society, and Disruptive Protests. *The Journal of Politics*, 77(3), 664-678.

Crocker, Jennifer, Thompson, Leigh L., McGraw, Kathleen, & Ingerman, Cindy

(1987). Downward Comparison, Prejudice, and Evaluations of Others: Effects of Self-Esteem and Threat. *Journal of Personality and Social Psychology*, 52 (5), 907-916.

Cukur, Cem S., De Guzman, Maria R. T., & Carlo, Gustavo (2004). Religiosity, Values, and Horizontal and Vertical Individualism-Collectivism: A Study of Turkey, the United States, and the Philippines. *Journal of Social Psychology*, 144(6), 613-634.

Dalton, Russell J. (1977). Was There a Revolution? A Note on Generational versus Life Cycle Explanations of Value Differences. *Comparative Political Studies*, 9 (4), 459-474.

De Figueiredo, Rui J. & Elkins, Zachary (2003). Are Patriots Bigots? An Inquiry into the Vices of In-Group Pride. *American Journal of Political Science*, 47(1), 171-188.

Downs, Anthony (1957). *An Economic Theory of Democracy*. New York, NY: Harper Collins.

Duch, Raymond M. & Taylor, Michaell A. (1993). Postmaterialism and the Economic Condition. *American Journal of Political Science*, 37(3), 747-779.

Electoral Studies (2008). Special Symposium: Public Support for Democracy: Results from the Comparative Study of Electoral Systems Project, 27, Issue 1.

Endo, Masahisa & Willy Jou (2014). How Does Age Affect Perceptions of Party's Ideological Locations? 選挙研究, 30(1), 96-112.

Erickson, Bonnie H. (2008). Why Some Occupation are Better Known than Others. In N. Lin & B. H. Erickson (Eds.) *Social Capital: An International Research Program*, Oxford, UK: Oxford University Press, pp. 331-341.

Foa, Robert S. & Mounk, Yascha (2016). The Democratic Disconnect. *Journal of Democracy*. 27(3), 5-17.

Friedrich, Robert J. (1982). In Defense of Multiplicative Terms in Multiple Regression Equations. *American Journal of Political Science*, 26(4), 797-833.

Galston, William A. (2001). Political Knowledge, Political Engagement, and Civic Education. *Annual Review of Political Science*, 4 (1), 217-234.

Gellner, Ernest (1983). *Nations and Nationalism*. Ithaca, NY: Cornell University Press.

Gerbner, George, Gross, Larry, Morgan, Michael, & Signorielli, Nancy (1980). The

"Mainstreaming" of America: Violence Profile No. 11. *Journal of Communication*, 30(3), 10–29.

Granovetter, Mark (1974). Getting a Job. Chicago, IL: University of Chicago Press.

Gunthur, Richard (2005). Comparative Analysis of the Political Impact of Values and Channels of Information Intermediation. Paper prepared for International Conference on Taiwan's Election and Democratization Study 2005 held at Academia Sinica, Taipei, 12 November, 2005.

Gunther, Richard, Puhle, Hans-Jurgen, & Montero, Josee R. (Eds.) (2007). *Democracy, Intermediation, and Voting on Four Continents*. Oxford, UK: Oxford University Press.

Haller, Max (2002). Theory and Method in the Comparative Study of Values: Critique and Alternative to Inglehart. *European Sociological Review*, 18(2), 139–158.

Hamilton, David L. & Trolier, Tina K. (1986). Stereotypes and Stereotyping: An Overview of the Cognitive Approach. In J. F. Dovidio & S. L. Gaertner (Eds.) *Prejudice, Discrimination, and Racism*. Orlando, FL: Academic Press, pp. 127–163.

Harb, Charles & Smith, Peter B. (2008). Self-Construals across Cultures: Beyond Independence-Interdependence. *Journal of Cross-Cultural Psychology*, 39(2), 178–197.

Heap, Shaun P. H., Tan, Jonathan H. W., & Zizzo, Daniel J. (2013). Trust, Inequality and the Market. *Theory and Decision*, 74(3), 311–333.

Hellevik, Ottar (1993). Postmaterialism as a Dimension of Cultural Change. *International Journal of Public Opinion Research*, 5(3), 211–233.

Hofstede, Geert (1991). *Cultures and Organizations: Software of the Mind*. UK: McGraw-Hill International. (岩井紀子・岩井八郎訳 (1995). 多文化世界 有斐閣)

Homans, George (1961). *Social Behavior: Its Elementary Forms*. New York, NY: Harcourt.

Huckfeldt, Robert & Sprague, John (1995). *Citizens, Politics, and Social Communication*. Cambridge, MA: Cambridge University Press.

Huckfeldt, Robert, Johnson, Paul E., & Sprague, John (2002). Political Environments, Political Dynamics, and the Survival of Disagreement. *The Journal of Politics*,

64(1), 1-21.

Huntington, Samuel P. (1996). *The Clash of Civilizations: And the Remaking of World Order*. New York, NY: Simon & Schuster.

Ikeda, Ken'ichi & Boase, Jeffrey (2011). Multiple Discussion Networks and Their Consequence for Political Participation. *Communication Research*, 38(5), 660-683.

Ikeda, Ken'ichi, Kobayashi, Tetsuro, & Nathan, Andrew (2011). The Impact of Culture. In Yun-han Chu et al. (Eds.) *Ambivalent Democrats* (mimeo).

Ikeda, Ken'ichi & Richey, Sean (2011). *Social Networks and Japanese Democracy: The Beneficial Impact of Interpersonal Communication in East Asia*. London: Routledge.

Ikeda, Ken'ichi & Takemoto, Keisuke (2016). Examining Power in Hierarchical Social Networks in East Asia. In G. Steel (Ed.) *Power in Contemporary Japan*. New York, NY: Palgrave Macmillan, pp. 143-166.

Inglehart, Ronald (1970). Cognitive Mobilization and European Identity. *Comparative Politics*, 3(1), 45-70.

Inglehart, Ronald (1971). The Silent Revolution in Europe: Intergenerational Change in Post-Industrial Societies. *American Political Science Review*, 65(4), 991-1017.

Inglehart, Ronald (1977). *The Silent Revolution: Changing Values and Political Styles among Western Publics*. Princeton, NJ: Princeton University Press. (三宅一郎他訳 (1978). 静かなる革命：政治意識と行動様式の変化　東洋経済新報社)

Inglehart, Ronald (1990). *Culture Shift in Advanced Industrial Society*. Princeton, NJ: Princeton University Press. (村山皓他訳 (1993). カルチャーシフトと政治変動　東洋経済新報社)

Inglehart, Ronald (1997). *Modernization and Postmodernization: Cultural, Economic, and Political Change in 43 Societies*. Princeton, NJ: Princeton University Press.

Inglehart, Ronald & Abramson, Paul R. (1999). Measuring Postmaterialism. *American Political Science Review*, 93(3), 665-677.

Inglehart, Ronald & Baker, Wayne E. (2000). Modernization, Cultural Change, and the Persistence of Traditional Values. *American Sociological Review*, 65(1),

19-51.

Inglehart, Ronald & Welzel, Christian (2005). *Modernization, Cultural Change, and Democracy: The Human Development Sequence*. Cambridge, MA: Cambridge University Press.

Inglehart, Ronald & Norris, Pippa (2016). Trump, Brexit, and the Rise of Populism: Economic Have-Nots and Cultural Backlash. Paper for the roundtable on "Rage against the Machine: Populist Politics in the U. S., Europe, and Latin America", September 2016, Annual meeting of the American Political Science Association.

Johnson, Timothy P. & Van de Vijver, Fons J. R. (2003). Social Desirability in Cross-Cultural Research. In J. A. Harkness, F. J. R. Van de Vijver, & P. Ph. Mohler (Eds.) *Cross-Cultural Survey Methods*. New York, NY: John Wiley & Sons, pp. 195-204.

Kaigo, Muneo (2013). Internet Aggregators Constructing the Political Right Wing in Japan. *JeDEM-eJournal of eDemocracy and Open Government*, 5(1), 59-79.

Karasawa, Minoru (2002). Patriotism, Nationalism, and Internationalism among Japanese Citizens: An Etic-Emic Approach. *Political Psychology*, 23(4), 645-666.

Katz, Elihu & Lazarsfeld, Paul F. (1955). *Personal Influence: The Part Played by People in the Flow of Mass Communications*. Glencoe, IL: Free Press. (竹内郁郎訳 (1965). パーソナル・インフルエンス　培風館)

Knutsen, Oddbjørn (1990). Materialist and Postmaterialist Values and Social Structure in the Nordic Countries: A Comparative Study. *Comparative Politics*, 22(1), 85-104.

Kobayashi, Tetsuro & Inamasu, Kazunari (2015). The Knowledge Leveling Effect of Portal Sites. *Communication Research*, 42(4), 482-502.

Ladd, Jonathan M. (2012). *Why Americans Hate the Media and How It Matters*. Princeton, NJ: Princeton University Press.

Lakatos, Zoltan (2015). Traditional Values and the Inglehart Constructs. *Public Opinion Quarterly*, 79(1), 291-324.

Laumann, Edward O. (1973). *Bonds of Pluralism: The Form and Substance of Urban Social Networks*. New York, NY: John Wiley.

Lazarsfeld, Paul F., Berelson, Bernard, & Gaudet, Hazel (1944). *The People's Choice*.

New York, NY: Columbia University Press.（有吉広介監訳（1987）．ピープル ズ・チョイス　芦書房）

Lin, Nan & Dumin, Mary (1986). Access to Occupations through Social Ties. *Social Networks*, 8(4), 365-385.

Lin, Nan (2001). *Social Capital: A Theory of Social Structure and Action*. Cambridge, UK: Cambridge University Press.

Lin, Nan, Fu, Yang-Chin, & Hsung, Ray-May (2001). The Position Generator: Measurement Techniques for Investigations of Social Capital. In N. Lin, K. Cook, & R. S. Burt, (Eds.) *Social Capital: Theory and Research*. New York, NY: Aldine de Gruyter, pp. 57-81.

MacKuen, Michael, Marcus, George E., Neuman, W. Russell, & Keele, Luke (2007). The Third Way: The Theory of Affective Intelligence and American Democracy. In W. R. Newman, G. E. Marcus, A. N. Crigler, & M. MacKuen (Eds.) *The Affect Effect: Dynamics of Emotion in Political Thinking and Behavior*. Chicago, IL: University of Chicago Press, pp. 124-151.

Marcus, George E., Neuman, W. Russell, & MacKuen, Michael (2000). *Affective Intelligence and Political Judgment*. Chicago, IL: University of Chicago Press.

Marcus, George E. (2013). *Political Psychology: Neuroscience, Genetics, and Politics*. New York, NY: Oxford University Press.

Markus, Hazel R. & Kitayama, Shinobu (1991). Culture and the Self: Implications for Cognition, Emotion, and Motivation. *Psychological Review*, 98(2), 224-253.

Marks, Gary N. (1997). The Formation of Materialist and Postmaterialist Values. *Social Science Research*, 26(1), 52-68.

Marsden, Peter V. (1988). Homogeneity in Confiding Relations. *Social Networks*, 10 (1), 57-76.

Maslow, Abraham H. (1943). A Theory of Human Motivation. *Psychological Review*, 50(4), 370-396.

McPherson, Miller, Smith-Lovin, Lynn, & Cook, James M. (2001). Birds of a Feather: Homophily in Social Networks. *Annual Review of Sociology*, 27(1), 415-444.

Melkas, Helinä & Anker. Richard (2003). Towards Gender Equity in Japanese and Nordic Labour Markets: A Tale of Two Paths. Retrieved from: http://www. ilo.org/public/english/protection/ses/download/docs/2gender.pdf

Molyneux, Maxine (2002). Gender and the Silences of Social Capital: Lessons from

Latin America. *Development and Change*, 33(2), 167-188.

Mudde, Cas, (2007). *Populist Radical Right Parties in Europe*. New York, NY: Cambridge University Press.

Mudde, Cas & Kaltwasser, Cristobal R. (2012). Populism and (Liberal) Democracy: A Framework for Analysis. In C. Mudde & C. R. Kaltwasser (Eds.) *Populism in Europe and the Americas: Threat or Corrective for Democracy?* New York, NY: Cambridge University Press, pp. 1-26.

Mudde, Cas & Kaltwasser, Cristobal R. (2017). *Populism: A Very Short Introduction* (*Very Short Introductions*), Oxford, UK: Oxford University Press.

Müller, Jan-werner (2016). *What is Populism?* Philadelphia, PA: University of Pennsylvania Press. (板橋拓己訳 (2017). ポピュリズムとは何か 岩波書店)

Murthy, Viren (2000). The Democratic Potential of Confucian Minben Thought. *Asian Philosophy*, 10(1), 33-47.

Mutz, Diana, C. (2006). *Hearing the Other Side: Deliberative versus Participatory Democracy*. Cambridge, MA: Cambridge University Press.

Mutz, Diana C. & Young, Lori (2011). Communication and Public Opinon: Plus Ça Change? *Public Opinion Quarterly*, 75(5), 1018-1044.

National Opinion Research Center (2014). General Social Survey, 1996. Ann Arbor, MI: Inter-university Consortium for Political and Social Research [distributor].

Nelson, Michelle R. & Shavitt, Sharon (2002). Horizontal and Vertical Individualism and Achievement Values: A Multimethod Examination of Denmark and the United States. *Journal of Cross-Cultural Psychology*, 33(5), 439-458.

Norris, Pippa & Inglehart, Ronald (2009). *Cosmopolitan Communications: Cultural Diversity in a Globalized World*. Cambridge, MA: Cambridge University Press.

Pariser, Eli (2011). *The Filter Bubble: What the Internet Hiding from You*. London: Penguin Press. (井口耕二訳 (2011). 閉じこもるインターネット 早川書房)

Prior, Markus (2007). *Post-Broadcast Democracy: How Media Choice Increases Inequality in Political Involvement and Polarizes Election*. Cambridge, UK: Cambridge University Press.

Putnam, Robert D. (1993). *Making Democracy Work: Civic Traditions in Modern Italy*. Princeton, NJ: Princeton University Press. (河田潤一訳 (2001). 哲学す

る民主主義：伝統と改革の市民的構造　NTT 出版）

Putnam, Robert D.（2000）. *Bowling Alone: The Collapse and Revival of American Community*. New York, NY: Simon and Schuster.（柴内康文訳（2006）. 孤独なボウリング：米国コミュニティの崩壊と再生　柏書房）

Rahn, Wendy M., Kroeger, Brian, & Kite, Cynthia M.（1996）. A Framework for the Study of Public Mood. *Political Psychology*, 17(1), 29-58.

Rahn, Wendy M.（2000）. Affect as Information: The Role of Public Mood in Political Reasoning. In A. Lupia, M. D. McCubbins, & S. L. Popkin（Eds.）*Elements of Reason: Cognition, Choice, and the Bounds of Rationality*. New York, NY: Cambridge University Press, pp. 130-150.

Rogers, Everett M. & Kincaid, D. Lawrence（1981）. *Communication Networks*. New York, NY: Free Press.

Rohrschneider, Robert（1990）. The Roots of Public Opinion toward New Social Movements: An Empirical Test of Competing Explanations. *American Journal of Political Science*, 34(1), 1-30.

Schuman, Howard & Presser Stanley（1981）. *Questions and Answers in Attitude Surveys : Experiments on Question Form, Wording, and Context*. New York, NY: Academic Press.

Schwartz, Shalom H.（1992）. Universals in the Content and Structure of Values: Theoretical Advances and Empirical Tests in 20 Countries. In M. P. Zanna（Ed.）*Advances in Experimental Social Psychology*. San Diego, CA: Academic Press, pp. 1-65.

Schwartz, Shalom H.（1994）. Beyond Individualism/Collectivism: New Cultural Dimensions of Values: Theoretical and Methodological Approaches to Study of Collectivism and Individualism. In U. Kim, H. C. Triandis, C. Kagitcibasi, S. Choi, & G. Yoon（Eds.）*Individualism and Collectivism: Theory, Method, and Application*. London: Sage, pp. 85-123.

Schwartz, Shalom H.（2012）. An Overview of the Schwartz Theory of Basic Values. *Online Readings in Psychology and Culture*, 2. http://dx.doi.org/10.9707/2307-0919.1116

Shi, Tianjian & Lu, Jie（2010）. The Shadow of Confucianism. *Journal of Democracy*, 21(4), 123-130.

Shin, Doh Chull（2012）. *Confucianism and Democratization in East Asia*. Cambridge,

MA: Cambridge University Press.

Singelis, Theodore M., Triandis, Harry C., Bhawuk, Dharm, & Gelfand, Michele J. (1995). Horizontal and Vertical Dimensions of Individualism and Collectivism: A Theoretical and Measurement Refinement. *Cross-Cultural Research*, 29(3), 240–275.

Spina, Nicholas, Shin, Doh Chull, & Cha, Dana (2011). Confucianism and Democracy: A Review of the Opposing Conceptualizations. *Japanese Journal of Political Science*, 12(1), 143–160.

Stroud, Natalie J., Muddiman, Ashely & Lee, Jae K. (2014). Seeing Media as Group Members: An Evaluation of Partisan Bias Perceptions. *Journal of Communication*, 64(5), 874–894.

Sullivan, John L., Piereson, James, & Marcus, Geoge E. (1981). *Political Tolerance and American Democracy*. Chicago, IL: University of Chicago Press.

Sunstein, Cass (2001). *Republic.Com*. Princeton, NJ: Princeton University Press. (石川幸憲訳 (2003). インターネットは民主主義の敵か 毎日新聞社)

Tsfati, Yariv & Ariely, Gal (2014). Individual and Contextual Correlates of Trust in Media Across 44 Countries. *Communication Research*, 41(6), 760–782.

Uslaner, Eric M. (2002). *The Moral Foundations of Trust*. Cambridge, UK: Cambridge University Press.

Van Deth, Jan W. (1983). Ranking the Ratings: The Case of Materialist and Post-Materialist Value Orientations. *Political Methodology*, 9(4), 407–431.

Verba, Sidney, Nie, Norman H., & Kim, Jae-on (1978). *Participation and Political Equality: A Seven-Nation Comparison*. Chicago, IL: University of Chicago Press. (三宅一郎他訳 (1981). 政治参加と平等 東京大学出版会)

Weaver, David H., Graber, Doris A., McCombs, Maxwell, & Eyal, Chaim H. (1981). *Media Agenda-Setting in a Presidential Election: Issues, Images and Interest*. New York, NY: Praeger.

Welzel, Christian (2013). *Freedom Rising: Human Empowerment and the Quest for Emarcipation*. Cambridge, MA: Cambridge University Press.

Welzel, Christian (2007). Are Levels of Democracy Affected by Mass Attitudes? Testing Attainment and Sustainment Effects on Democracy. *International Political Science Review / Revue internationale de science politique*, 28(4), 397–424.

Wolf, Michael R., Morales, Laura, & Ikeda, Ken'ichi (Eds.) (2010). *Political Discussion in Modern Democracies: A Comparative Perspective.* Abingdon, UK: Routledge.

World Economic Forum (2016). The Global Gender Gap Report 2016. Retrieved, from: http://www3.weforum.org/docs/GGGR16/WEF_Global_Gender_Gap_Report_2016.pdf.

Yamagishi, Toshio & Kiyonari, Toko (2000). The Group as the Container of Generalized Reciprocity. *Social Psychology Quarterly,* 63(2), 116-132.

Yin, Yue (尹月) (2017). *How Chinese People Understand Democracy: A Political Psychology Perspective.* Mimeo for Ph. D disseartation.

テキ, イチタツ (Yida Zhai) (2014). *The Chinese Citizen's Attitudes toward Democracy and Trust in the Current Government.* Ph. D dissertation (The University of Tokyo).

飯田健 (2013). 社会的望ましさバイアス：CASI 効果による軽減　日野愛郎・田中愛治（編）　世論調査の新しい地平　CASI 式世論調査　勁草書房　pp. 235-249.

池田謙一 (2012). アジア的価値を考慮した制度信頼と政治参加の国際比較研究：アジアンバロメータ第 2 波調査データをもとに　選挙研究，28(1), 99-113.

池田謙一（編）(2015). 震災から見える情報メディアとネットワーク（大震災に学ぶ社会科学　第 8 巻）東洋経済新報社

池田謙一 (2016a). グローバル時代における日本人の価値観　池田謙一（編）　日本人の考え方　世界の人の考え方：世界価値観調査から見えるもの　勁草書房　pp. 297-306.

池田謙一 (2016b). 信頼と寛容性に関する意識　池田謙一（編）　日本人の考え方　世界の人の考え方：世界価値観調査から見えるもの　勁草書房　pp. 162-172.

池田謙一（編）(2016). 日本人の考え方　世界の人の考え方：世界価値観調査から見えるもの　勁草書房

池田謙一・唐沢穣・工藤恵理子・村本由紀子 (2010). 社会心理学　有斐閣

池田謙一・小林哲郎 (2007). ネットワーク多様性と政治参加・政治的寛容性　池田謙一（編）　政治のリアリティと社会心理：平成小泉政治のダイナミックス　木鐸社　pp. 167-199.

伊藤裕香子 (2013). 消費税日記：検証増税 786 日の攻防　プレジデント社

稲増一憲 (2015). 政治を語るフレーム：乖離する有権者，政治家，メディア　東京

大学出版会

稲増一憲（2016）．メディア・世論調査への不信の多面性―社会調査データの分析か
　　ら―　放送メディア研究，13, 177-193.

猪口孝・ブロンデル・ジャン（2010）．現代市民の国家観：欧亜18ヵ国調査による
　　実証分析　東京大学出版会

蒲島郁夫・竹中佳彦（2012）．イデオロギー　東京大学出版会

北村行伸（2005）．パネルデータ分析　一橋大学経済研究叢書　岩波書店

小林哲郎（2016a）．マスメディアが世論形成に果たす役割とその揺らぎ　放送メディ
　　ア研究，13, 105-128.

小林哲郎（2016b）．情報に関する意識　池田謙一（編）　日本人の考え方　世界の人
　　の考え方：世界価値観調査から見えるもの　勁草書房　pp. 207-226.

坂本治也（2010）．日本のソーシャル・キャピタルの現状と理論的背景　関西大学経
　　済・政治研究所研究叢書　ソーシャル・キャピタルと市民参加　第1章

佐々木毅・清水真人（2011）．ゼミナール現代日本政治　日本経済新聞出版社

清水裕士（2016）．フリーの統計分析ソフトHAD：機能の紹介と統計学習・教育，
　　研究実践における利用方法の提案　メディア・情報・コミュニケーション研究，
　　1, 59-73.

総務省（2016）．通信利用動向調査　http://www.soumu.go.jp/johotsusintokei/
　　statistics/statistics05a.html（2016年12月27日閲覧）

高田利武（2000）．相互独立的―相互協調的自己観尺度に就いて　奈良大学総合研究
　　所所報，8, 145-163.

高田利武（2004）．「日本人らしさ」の発達社会心理学：自己・社会的比較・文化　ナ
　　カニシヤ出版

高田利武（2012）．日本文化での人格形成：相互独立性・相互協調性の発達的検討
　　ナカニシヤ出版

高田利武・大本美千恵・清家美紀（1996）．相互独立的―相互協調的自己観尺度（改
　　訂版）の作成　奈良大学紀要，24, 157-173.

高野陽太郎（2008）．「集団主義」という錯覚：日本人論の思い違いとその由来　新曜
　　社

高原基彰（2006）．不安型ナショナリズムの時代：日韓中のネット世代が憎みあう本
　　当の理由（Vol. 151）　洋泉社

高史明（2015）．レイシズムを解剖する：在日コリアンへの偏見とインターネット
　　勁草書房

田中愛治（1998）．選挙研究における「争点態度」の現状と課題　選挙研究, 13, 17-27.

田中幹人・丸山紀一朗・標葉隆馬（2012）．災害弱者と情報弱者：3・11後，何が見過ごされたのか　筑摩書房

月元敬・橋本剛明・唐沢かおり（2011）．間接的連想関係による虚記憶：職業ジェンダーを用いた検討　心理学研究, 82, 49-55.

筒井淳也・不破麻紀子（2008）．マルチレベル・モデルの考え方と実践　理論と方法, 23(2), 139-149.

都築一治（編）(1998)．職業評価の構造と職業威信スコア（1995年SSM調査シリーズ5）1995年SSM調査研究会

都築一治（2000）．人は何になりたいのか：職業魅力の構造　海野道郎（編）　日本の階層システム2：公平感と政治意識　東京大学出版会

富永京子（2017）．富永ゼミグループ研究「日本礼讃番組はなぜ増加したのか」Retrieved from http://kyokotominaga.com/

富永健一（編）(1979)．日本の階層構造　東京大学出版会

内閣府（2007）．平成19年度版国民生活白書　時事画報社

西澤由隆（2004）．政治の二重構造と「関わりたくない」意識：Who said I wanted to participate?　同志社法學, 55(5), 1215-1243.

西澤由隆・栗山浩一（2010）．面接調査におけるSocial Desirability Bias：その軽減へのfull-scale CASIの試み　レヴァイアサン, 46, 51-74.

林知己夫・林文（1995）．国民性の国際比較　統計数理, 43(1), 27-80.

樋口直人（2014）．日本型排外主義―在特会・外国人参政権・東アジア地政学―　名古屋大学出版会

藤竹暁（1968）．現代マス・コミュニケーションの理論　日本放送出版協会

前田幸男・堤英敬（2015）．統治の条件：民主党に見る政権運営と党内統治　千倉書房

御厨貴（2011）．「戦後」が終わり，「災後」が始まる。　千倉書房

水島治郎（2016）．ポピュリズムとは何か：民主主義の的か，改革の希望か　中公新書.

宮田加久子（2005）．きずなをつなぐメディア：ネット時代の社会関係資本　NTT出版.

宮田加久子・池田謙一（2011）．社会関係資本が政治参加に及ぼす効果：ジェンダーの視点からの因果分析　明治学院大学社会学・社会福祉学研究, 136, 1-25.

安野智子（2016a）．民主主義および政治制度に関する意識　池田謙一（編）　日本人

の考え方　世界の人の考え方：世界価値観調査から見えるもの　勁草書房　pp. 240-272.

安野智子（2016b）．メディアへの信頼と民主主義への期待　日本選挙学会 2016 年度大会報告論文

山岸俊男（1998）．信頼の構造：心と社会の進化ゲーム　東京大学出版会

山崎聖子（2016）．世界価値観調査とは　池田謙一（編）　日本人の考え方　世界の人の考え方：世界価値観調査から見えるもの　勁草書房　pp. 3-35.

山田真裕（2002）．政党動員：政治的領域からの退出？　樋渡展洋・三浦まり（編）流動期の日本政治：「失われた十年」の政治学的検証　東京大学出版会　pp. 31-49.

山田真裕（2004）．投票外参加の論理　選挙研究, 19, 85-99.

山田真裕（2016a）．政治参加と民主政治　東京大学出版会

山田真裕（2016b）．政治に関する意識　池田謙一（編）　日本人の考え方　世界の人の考え方：界価値観調査から見えるもの　勁草書房　pp. 227-240.

山田真裕・尾野嘉邦（2015）．DK 回答と社会的望ましさ　日本選挙学会 2015 年度大会報告論文.

結城雅樹（1999）．*Transrelational Reciprocity as a Principle of Intergenerational Justice.* Ph. D dissertation（The University of Tokyo）.

吉野耕作（1997）．文化ナショナリズムの社会学：現代日本のアイデンティティの行方　名古屋大学出版会

読売新聞政治部（2011）．亡国の宰相：官邸機能停止の 180 日　新潮社

脇田彩（2012）．職業威信スコアのジェンダー中立性：男女別職業評価調査に基づく一考察　ソシオロジ, 57, 3-18.

編著者略歴
池田謙一（いけだけんいち）
同志社大学社会学部・大学院教授。博士（社会心理学）。東京大学文学部卒業，東京大学大学院人文社会系研究科教授などを経て，2013 年より現職。編著書に『震災から見える情報メディアとネットワーク』（震災に学ぶ社会科学シリーズ 8 巻，東洋経済新報社，2015），『新版：社会のイメージの心理学』（サイエンス社，2013），*Social Network & Japanese Democracy*（Routledge, 2011）他，著書・論文多数。

執筆者略歴
稲増一憲（いなますかずのり）
関西学院大学社会学部准教授。博士（社会心理学）。東京大学大学院人文社会系研究科修了，武蔵大学社会学部助教などを経て，2014 年より現職。著書に『政治を語るフレーム』（東京大学出版会，2015），共著に『アクセス日本政治論』（日本経済評論社，2011）他。

小林哲郎（こばやしてつろう）
香港城市大学メディア・コミュニケーション学部准教授。博士（社会心理学）。東京大学文学部卒業，国立情報学研究所准教授などを経て，2015 年より現職。著書に『寛容な社会を支える情報通信技術——ゆるやかにつながり合うネット時代の社会心理』（多賀出版，2010）。その他，*Political Communication, Communication Research, Journal of Computer-Mediated Communication* 等に論文掲載。

繁桝江里（しげますえり）
青山学院大学教育人間科学部准教授。博士（社会心理学）。早稲田大学第一文学部卒業，東京大学大学院人文社会系研究科博士課程修了。山梨学院大学法学部専任講師，准教授を経て，2010 年より現職。著書に『ダメ出しコミュニケーションの社会心理——対人関係におけるネガティブ・フィードバックの効果』（誠信書房，2010），『ダメ出しの力——職場から友人・知人，夫婦関係まで』（中公新書，2014）他。

竹本圭佑（たけもとけいすけ）
東京工業大学大学院社会理工学研究科博士後期課程在学中。修士（社会心理学）。東京大学文学部卒業，2015 〜 16 年度，日本学術振興会特別研究員。

谷口尚子（たにぐちなおこ）
慶應義塾大学大学院システムデザイン・マネジメント研究科准教授。博士（法学）。

慶應義塾大学大学院法学研究科単位取得退学後，東京工業大学准教授などを経て，2016年度より現職。単著に『現代日本の投票行動』（慶應義塾大学出版会，2005年)，共著に *A Natural Experiment on Electoral Law Reform*（Springer, 2011）他。

栃原修（とちはらしゅう）
株式会社博報堂勤務。現在、博報堂DYホールディングG情報システム局出向中。修士（学術）。東京工業大学大学院価値システム専攻修了。

前田幸男（まえだゆきお）
東京大学大学院情報学環教授。Ph.D.（Political Science），University of Michigan. 首都大学東京都市教養学部准教授などを経て，2016年より現職。編著書に『統治の条件——民主党における政権運営と党内統治』（千倉書房，2015)，共著に『政治学』（東京大学出版会，2012）他。

山田真裕（やまだまさひろ）
関西学院大学法学部教授。筑波大学大学院社会科学研究科修了。博士（法学）。筑波大学社会工学系助手，関西学院大学法学部助教授を経て，2005年より現職。主要著作として『政治参加と民主政治』（東京大学出版会，2016)，『投票行動研究のフロンティア』（共編著，おうふう，2009)，『計量政治分析入門』（共著，東京大学出版会，2004)。

安野智子（やすのさとこ）
中央大学文学部教授。お茶の水女子大学文教育学部卒業。東京大学人文社会系研究科博士課程単位取得退学。博士（社会心理学）。香川大学経済学部専任講師などを経て，2011年より現職。著書に『重層的な世論形成過程——メディア・ネットワーク・公共性』（東京大学出版会，2006)，編著に『民意と社会』（中央大学出版部，2016）他。

「日本人」は変化しているのか
価値観・ソーシャルネットワーク・民主主義

2018年1月20日　第1版第1刷発行

編著者　池<small>いけ</small>田<small>だ</small>　謙<small>けん</small>一<small>いち</small>

発行者　井　村　寿　人

発行所　株式会社　勁<small>けい</small>草<small>そう</small>書　房

112-0005 東京都文京区水道2-1-1　振替　00150-2-175253
（編集）電話 03-3815-5277／FAX 03-3814-6968
（営業）電話 03-3814-6861／FAX 03-3814-6854
本文組版 プログレス・日本フィニッシュ・中永製本

©IKEDA Kenichi　2018

ISBN978-4-326-25124-7　　Printed in Japan

池田謙一 編著
日本人の考え方 世界の人の考え方 　A 5 判　4,300 円
──世界価値観調査から見えるもの　25116-2

高　史明
レ イ シ ズ ム を 解 剖 す る 　四六判　2,300 円
──在日コリアンへの偏見とインターネット　29908-9

【フロンティア実験社会科学】
西條辰義・清水和巳 編著 　A 5 判　3,000 円
①実験が切り開く 21 世紀の社会科学　34911-1

清水和巳・磯辺剛彦 編著
④社 会 関 係 資 本 の 機 能 と 創 出 　A 5 判　3,000 円
──効率的な組織と社会　34914-2

亀田達也 編著
⑥「社会の決まり」はどのように決まるか 　A 5 判　3,000 円
　34916-6

山岸俊男 編著
⑦文 　化 　を 　実 　験 　す 　る 　A 5 判　3,200 円
──社会行動の文化・制度的基盤　34917-3

勁草書房刊

＊表示価格は 2018 年 1 月現在。消費税は含まれておりません。